共情领导力

最好的管理是相互成就

管　奇　吴默冬　著

中国铁道出版社有限公司
CHINA RAILWAY PUBLISHING HOUSE CO., LTD.

图书在版编目（CIP）数据

共情领导力：最好的管理是相互成就 / 管奇，吴默冬著 .—北京：中国铁道出版社有限公司，2020.9
ISBN 978-7-113-27019-3

Ⅰ. ①共… Ⅱ. ①管… ②吴… Ⅲ. ①团队管理 Ⅳ. ① C936

中国版本图书馆 CIP 数据核字（2020）第 114136 号

书　　名：共情领导力：最好的管理是相互成就
GONGQING LINGDAOLI: ZUIHAO DE GUANLI SHI XIANGHU CHENGJIU
作　　者：管　奇　吴默冬

责任编辑：王　佩　张文静　　**读者热线电话：**（010）63560056
责任校对：焦桂荣
责任印制：赵星辰　　**封面设计：**仙　境

出版发行：中国铁道出版社有限公司（100054，北京市西城区右安门西街 8 号）
印　　刷：三河市兴达印务有限公司
版　　次：2020 年 9 月第 1 版　2020 年 9 月第 1 次印刷
开　　本：700 mm × 1 000 mm　1/16　**印张：**19.25　**字数：**300 千
书　　号：ISBN 978-7-113-27019-3
定　　价：59.80 元

前言

查尔斯·狄更斯在《双城记》中写道："这是一个最好的时代，也是一个最坏的时代"。在VUCA时代下，变化与不确定成为一种常态，可以毫不夸张地说，未来10年将是企业和个人转型的加速期。技术的变迁也加快了这一进程，这是管理学大师彼得·德鲁克和哲学家齐格蒙特·鲍曼等人预测的结果。

随着人工智能、大数据、区块链、物联网等技术的不断渗透，企业的组织形态、商业模式、人才管理模式、生态链都将面临着巨大的变革。一方面，商业环境变化越来越快，企业之间的竞争越来越激烈，组织的变革创新与领导力发展显得非常重要。另一方面，由于外界环境的巨变，带来整个社会群体的普遍焦虑感，这种焦虑感在企业中表现为员工的跳槽率高、忠诚度低，工作时浮躁激进。与此同时，在职场中，大家都抱着赚快钱的思维，潜下心来主动学习的员工少之又少，导致企业中部分员工的技能与思维可能跟不上时代的发展，从而造成企业经营的一系列困惑：人才短缺、市场竞争激烈、管理无力、创新乏力、人效低下。

基于以上种种经营困惑，我认为应从三个方面来入手：一是根据外界环境进行有效的变革与创新；二是提升组织中领导者的管理水平，提升战略管控与执行水平；三是聚焦人效，关注人才的健康可持续发展，以实现组织发展与员工成长的双赢局面。

彼得·德鲁克说："营销与创新才是企业的根本"。企业要想立于不败之地，领导者必须积极推行变革与创新。变革的主旨在于，必须时刻保持敢于冒险的创业精神，大胆尝试新型商业模式、组织形态，进行有效的盈利系统设计。围绕企业新的战略及时进行内部组织变革、人才变革、文化变革，以适应商业环境变化带来的挑战。

关于创新变革方面的书籍市面上已有很多，本书着重从领导力及员工健康可持续发展方面进行探讨。

以前很多关于领导力的理念、技巧和工具等都是基于工业时代的研究成果，现在时代变了，领导力也需要变。如今，企业的核心产品和发展方向都是基于互联网的，无论是作为用户、客户还是员工，新时代的人正在以新的特点、更大的能量深刻地改变着企业。在 VUCA 时代下，更加强调个体自由，对于领导力提出了更多的挑战，重视员工、尊重员工，激发员工成为增加企业活力的必然趋势。

对于 VUCA 时代下的企业所需的领导力及员工的健康可持续成长，本书给出了一个完整的路径：

第一，在领导者要求上，我们要研究 VUCA 时代企业领导力的变革，明确领导者的新任务，重塑领导者的心智模式，由管控式领导向共情式领导、赋能式领导转变。并在此基础上提出了适应新时代发展的“共情领导力”概念，打造“四位一体”的新时代领导者。

第二，领导者自我修炼维度，做好管理角色的重新定位，有效提升工作、人际、情绪管理技巧，提升自己的情商。

第三，系统阐述了共情领导力的 7 个核心能力，涵盖丰富的领导力、教练、情商管理工具、模型以及方法论。

第四，做好团队愿景塑造与团队协同管理，共启愿景、达成共识、深度融合，使众人行。

第五，精准识人用人，找准员工的差异化优势，提升人岗匹配率，打造完美团队。

第六，如何让员工敞开心扉，如何激发人性善意，书中提出了可供参考的意见。彼得•德鲁克始终认为，管理应该激发人性的善意，这也是本书的立意所在。的确，个人和组织的“潜能”都需要一种合理的管理模式来“激发”。与员工共情，然后才能与员工共舞，进而与员工共创。

第七，做员工成长的教练与问题解决的支持者，持续为员工赋能，挖掘员工的智慧，做问题的终结者。

第八，要见贤思齐，在工作中修行。全面提高领导者自身的素质，提高领导力水平，锻炼在危机中快速解决问题的能力。

本书的特色主要有三点：

一是将情商领导力、教练领导力与中国式管理相结合，力求给大家提供一套科学有效、方便操作的领导力心法与技能。也可以说它是一套综合管理技法，它不拘泥于传统的管理手法。投资大师查理·芒格说过，如果一个手里只有锤子作为武器的人，那么他解决问题的方式就是只会使用锤子。当我们管理者习惯于运用一个心智模式来思考并以此指导实践的时候，容易导致思维定式或者错误决定，本书可以帮助大家打开思路，从人的维度入手解决企业的种种困惑。

二是本书兼顾可读性与实操性，每一章节几乎都是按照“问题—原理—案例—工具”的思路来展开叙述，力求对大家有所帮助。

三是本书更加关注对员工潜能的激活与人性的探讨。同频才能共振，不同频的管理等于零。用心管理才能成功，共情是最好的陪伴，支持员工成长是最好的善意。再过几年，职场中 3/4 的员工是 90 后、00 后，他们将成为职场的主力军，让我们做一个更懂他们的新型领导者。

感谢在写作过程中给过我们帮助的企业家、咨询培训界的老师及朋友。他们是海轩商学院的吴群学院长、DISC 双证班社群创始人李海峰老师、迈士顿教练大学的陈序老师、秋叶商学院创始人秋叶大叔、格诺威（中国）咨询公司创始人段烨老师、培训杂志主编白静恩老师、资深生涯咨询师赵昂老师，三川智慧股份科技有限公司董事长李建林、众帮物流董事长张智平。

感谢多年来支持我们成长的挚友，他们是：张鹏彪、罗振华、温建华、张国芬、万勇华、扶祥荣、饶美霞、史贤德、曹远金、周洁、朱清。

更衷心感谢出版社的各位编辑，尤其是王佩编辑的大力支持与多次帮助。

由于能力与水平有限，书中可能会有不足之处，还请各位读者朋友指正，以便再版时修正！（电子邮箱：18360282@qq.com ）

管　奇　吴默冬

2020 年 5 月

目录

第 1 章

把握趋势：VUCA 时代的领导力新思维

1.1 VUCA 时代企业领导力的变革

时下有一个非常流行的词汇叫“VUCA 时代”，VUCA 是四个英文单词的首字母，分别为 Volatility（易变性）、Uncertainty（不确定性）、Complexity(复杂性)、Ambiguity（模糊性），这四个特性，也是当今时代鲜明的写照。

如今的时代,外界环境急剧变化,原本发生概率很小的“黑天鹅”“灰犀牛”事件频发，导致不确定因素增加。企业经营的商业环境变化越来越快，企业之间的竞争越来越激烈，新的商业模式层出不穷，一批原来很优秀的传统企业不断走向倒闭，而另一批新兴的互联网企业不断崛起，并走向卓越。

几十年前，管理学大师彼得•德鲁克在提出“知识经济时代”这个概念的时候，他就认为，人类社会进入知识经济时代，世界的不确定性是一种常态。最新的量子力学观点认为，整个社会是一个确定与不确定叠加的状态，是一个确定与不确定并存的世界。如何应对这个世界，从哲学上讲，叫作以不变应万变。对企业来说，面对一个确定和不确定并存的未来世界，如果我们不主动拥抱变化，不去洞悉未来的发展趋势，那企业是死是活也是不可知的。企业要实现未来的追求，把未来的使命追求变成确定性，只有一个办法，那就是拥抱变化，主动求变与创新，才可能改变我们现实中的状态。

彼得•德鲁克曾说“营销与创新才是企业的根本”。在 VUCA 时代下，企业要想立于不败之地，必须积极推行变革与创新，变革的主旨在于，必须时刻保持敢于冒险的企业家精神，大胆尝试新型商业模式，进行有效的营利系统设计。围绕新战略快速进行内部组织变革、人才变革、文化变革，以适应商业环境变化的挑战。对于变革领导力来说，企业需要从以下几个大的方面入手。

1.1.1 变革企业的发展战略

如今，企业的各类商业模式层出不穷，许多优秀的企业不是被竞争对手打败，而是被跨界的第三者打败。移动互联网技术、5G 技术、大数据、区块链技术给商业发展带来无穷的想象空间，也使得企业的发展态势越来越变得扑朔迷离。

在不确定时代，企业战略的制定不再是对未来预先设定具体而详尽的规划过程，因为这样已没有太大意义；如今的企业战略仅是一种方向选择，是一种企业家对未来的洞察与创新的假设，这就需要企业家有超级战略的思维。这也意味着企业的战略思维不能拘泥于传统的企业经营经验，而是要勇于走出经验的舒服区，大胆创新，关注小概率事件的突变性，跳出连续成长曲线，寻找跃迁式成长路径，实现弯道超车；要敢于突破现有资源和能力，创造性地实现目标，寻找新的战略增长点；要跳出企业看企业，敢于跨界或破界，保持开放与融合。

《孙子兵法》云："善战者，求之于势，而不责于人"。优秀的企业在制定战略时，一定懂得紧跟时代的趋势与行业的变化，善于守正出奇，弯道超车。正如互联网思想家尼古拉斯·尼葛洛庞帝说的那句话：预测未来的最好方法，是把它创造出来。

2019 年对华为来说是非常困难的一年，却也是华为成为大赢家的一年。2019 年上半年的华为，在 5G 技术确定能大幅度领先后，遭到世界强国的各种打压，但华为并没有倒下，反而在风暴中更加坚挺。

自从 2019 年 1 月，美国就不断对华施压，对很多中国企业（包括中兴、华为等著名企业）也是万般阻挠，华为原本打算在美国上市智能手机产品，可在特朗普一道禁令下，美国电信巨头 AT&T 宣布停止合作，华为手机最终也是无缘美国市场。随后，华为又被美国列为所谓的"实体名单"，在实体名单的影响下，众多美国企业不得不停止给华为供货，包括高通、英特尔、ARM、安森美、泰瑞达，甚至谷歌公司公开宣布停止与华为在手机安卓系统中的合作，对于任何一家手机厂商来说，无法和谷歌进行深度合作，是非常大的打击。

在这种情况下，华为没有被打倒，果断启动备胎计划，不断推出自主研发的 5G 麒麟芯片、鸿蒙操作系统等，同时加强与多国客户间的沟通与合作，大大提升了华为的影响力与 5G 产品的销售量。2019 年华为全年销售突破 8 500 亿元人民币，实现逆势增长 18%。

在记者关于华为的战略问题采访任正非时，任正非说："世界上没有最佳战略，只有最柔性、最韧性的战略，或者说，生生不息的战略。”

谈到备胎战略的本质，其实是蓝军战略，在《蓝军战略》一书中，任正非把它定义为奇正相生中“奇”的战略部队，不仅可以激励红军的战术磨炼、加强“料敌机先”的竞争能力，也可以奇正转化，成为歼敌的主要力量。

华为的战略主张以生生不息为导向，而非利润最大化。战略管理里有一个著名的伊卡洛斯悖论，这个希腊神话中的人物带着父亲做的人工翅膀，飞离了克里特岛的监狱，但他飞得越高，越接近太阳的时候，翅膀上用来粘连的蜡就熔化得越厉害，导致他掉进爱琴海而死。管理学家丹尼·米勒用这个案例说明企业如果不能不断创新、学习、试验、试错及承担变革的风险，就会难以适应迅速变化的环境，在新的竞争中失去优势。

1.1.2 变革企业的组织形态

企业战略与系统变革的核心应是组织与人。为适应外界环境的变化，有效改善组织的形态，打造一支敢打胜仗、能打胜仗的人才队伍是保障企业不断持续向前发展的有力保障。企业变革的核心目标是如何使组织与人始终充满活力和价值创造力。

在 VUCA 时代下，即使企业的战略非常正确，但组织僵化，人才跟不上战略的要求，也会失去战略性的发展机遇，因此说，组织形态的变革是仅次于企业战略变革的第二大变革。许多企业失败的原因，并不是源于对外部机会的误判，而是无法及时调整内部的组织以适应已经改变的世界与新机会。

接下来我们看一下小米组织形态的发展历程。

早期，小米作为初创型公司，为了能向广大发烧友提供极致的产品，在管理上奉行极致的扁平化，整个公司只有“创始人—部门领导—普通员工”三层组织架构。公司最核心的是围绕在雷军以及总裁林斌周围的创始人团队，各创始人直接负责相关业务部门，各业务部门内部只有一个没有职级的 Leader（领导）。

这种扁平化组织构架的优势是：适应市场变化的能力长足提高；节约管理成本，优秀的人才资源更容易成长；并让公司领导能直接接触到用户的第一手信息。

随着小米的发展，其整个管理团队相对创业初期已经庞大了不少，之前的三层扁平化管理方式也突显出其弊病——扁平化将无限消耗核心人员的精力。因此，雷军在这个阶段提出小米要去扁平化，告别三层构架，迈入事业部制。另外，小米公司员工职级评定也自此开始。

随着小米的发展，事业部制管理方式的弊病又突显出来，使得其无法大肆扩张。在手机以外的智能产品发展起来后，小米选择向外扩展——投资生态链公司。在生态链的构架下，小米可以在维持自身精简的组织架构的前提下，最大限度地渗透到智能家居等方方面面。同时，内部组织的局部频繁调整是小米的组织常态。

2017 年小米发展互联网和新零售模式，构建新"铁人三项"，硬件生态链 + 新零售成为小米生态最具扩展性的板块之一。这是小米的一次战略升级，从而使小米上升到一个崭新的发展阶段，组织也因此发生了一系列变化。从此，小米开始问鼎 IPO（首次公开募股）。

1.1.3　变革企业的经营策略

企业经营的核心是盈利，其经营战略一般有三种：成本领先战略、差异化战略和目标战略，但本质都是为了构建企业的核心竞争力。如今企业的商业模式、业务模式也是层出不穷，但万变不离其根本：一切以客户为中心，为客户创造最大的价值与最佳的用户体验。因此，我把时下企业要思考的经营策略总结为以下几种，如图 1-1 所示。

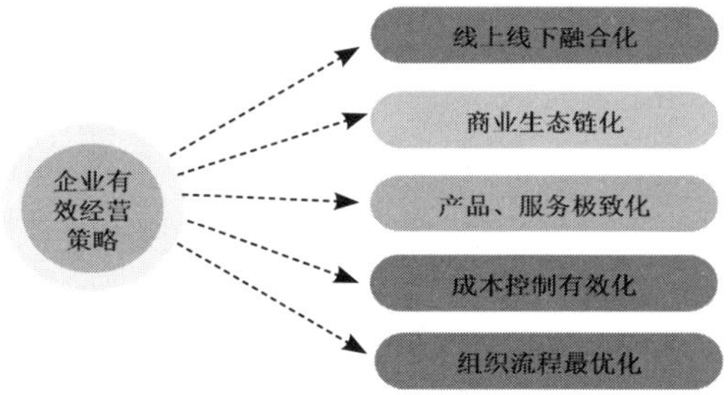

图 1-1　VUCA 时代下的企业经营思考策略

1. 线上线下融合化

2020 年许多企业由于受疫情的影响，传统线下生意的经营非常困难，部分抗风险能力弱的小微企业面临倒闭。许多企业大规模开展线上办公与线上营销模式，“直播带货”“线上远程办公”成为新的流行词汇，甚至许多企业的领导人主动站出来做直播，到线上开展营销活动。

因此，时下企业的业务模式一定要考虑线上线下融合，线上营销方便、快捷，符合年轻一代消费者的消费习惯；线下营销体验感强，可以让客户享受极致的产品与服务体验；两者都有着天然的优势，企业应紧紧围绕“以客户为中心”创新商业模式、业务模式等相关工作。

2. 商业生态链化

VUCA 时代业务设计的关键是商业生态链的利益设计，传统的业务模式设计认为：战略就是发挥和整合自己的优势去满足客户的某种利益，组织只要紧盯自己的细分市场，设计好最终客户利益，整合资源服务好自己的客户就万事大吉了。而 VUCA 时代提供了丰富的信息、多样的选择和迅捷的响应条件，使得快速、廉价地满足个性化需求成为可能。越来越挑剔的客户会倒逼企业转型，企业不仅要把自己的优势发挥到极致，而且要把员工的积极性调动到极致，还要尽可能横向整合资源，把企业拓展成生态链，调动整个生态链的资源来满足客户的需求，这样才能持续满足客户日益苛刻的要求。

VUCA 时代，商业模式不再是组织与客户之间的事，还要涉及团队、产业链甚至社会的利益，商业设计就升级为商业生态链设计了，设计者要为全生态链上的所有玩家设计生存模式和利益模式。比如，淘宝、拼多多不仅让终端消费者高高兴兴，也让千万个网店的店主开开心心，自己还赚得钵满盆满。

3. 产品、服务极致化

随着产品过剩时代的到来，消费者在选购商品时不再仅仅看商品的价格，更注重产品的质量与服务，时下是“产品为王”的时代，与低价格相比，消费者更追求极致的产品与客户体验。因此有人说，极致化的产品与服务是企业走向客户的唯一通行证。

极致化包括产品极致、传播极致和服务极致。产品极致就是让消费者看到你的产品时情不自禁地发出“哇”的声音，并且义无反顾地爱上你的产品，比如苹果手机；服务极致是践行“服务即营销”理念的有力行动，在服务过程中超越客户期望，以同理心与客户产生情感的共鸣，让客户得到极大的尊重与体验感，比如海底捞。

4. 成本控制有效化

巴菲特说：“当潮水退去的时候，才知道谁在裸泳。”在如今产品严重过剩、竞争异常激烈、客户异常苛刻的情况下，企业的降本增效成为重要话题，谁的企业效率越高且成本越低，谁就可能成为最后的大赢家。时下，许多企业开始向轻资产、灵活化经营模式转变，这样既能防止大量固定资产投入带来的资金压力，又能实现灵活的商业模式转变。

彼得·德鲁克说过，企业经营者只要做两件事：第一件是销售，第二件是控制成本。每个企业的运作都要遵循这样一个公式，那就是：收入 - 成本 = 利润。从等式来看，追求利润的方法有两种：一种是增长收入；另一种是降低成本。但在如今的商业竞争环境下，通过增加销售来提高收入变得越来越难，要保有利润，降低成本已经成为关键。于是许多企业通过预算管理、精益管理、成本的有效控制来降低企业的运营成本，减少浪费，让企业的钱花在刀刃上。

5. 组织流程最优化

流程优化不仅指做正确的事，还包括正确地做事。流程优化是一项重要的策略，通过不断发展、完善、优化业务流程保持企业的竞争优势。

通过组织流程的优化一方面防止组织僵化，另一方面能有效减少浪费、提升效率。《孙子兵法》云：“激水之疾，至于漂石者，势也。”快速的水流能让石头漂起来。VUCA 时代，速度是决定企业是否能跃上下一高峰的关键。流程管理的本质就是为了提高协作效益而进行的有效管理。比如，海尔、华为、京东等知名公司纷纷采取流程优化、流程再造等方式，以流程为导向，注重过程效率，把所有人从海量的、低价值的、简单重复的劳动中解放出来，将紧紧围绕客户服务与企业效益提升设定为最终目标。

海尔的营销流程是在一个闭环的系统上，从市场上获得的订单信息流在系统上流动——海尔力求在每个环节都实现围绕订单服务。从采购原材料到产品卖到用户手中，整个过程都是一种买卖关系：用负债的方式把上一环节的订单买下来，再卖给自己的下一环节，投入的数量和产出的数量必须吻合。

只有当产品卖出去，得到用户的钱，签字后才能得到报酬。海尔将这种“投入产出一致”的模式戏称为“给杨贵妃送荔枝”，也就是“一票到底”。不管行程多远，歇马不歇人，必须将荔枝完好无损并及时地送到贵妃（用户）手中。

1.1.4 变革企业的人才管理模式

经营企业的核心是经营人。如今的时代，人才的价值越来越凸显，越来越多的管理理念强调企业要尊重个体的价值和力量，鼓励员工参与；强调鼓励创业的心态、个体自由创新的思维；强调要释放个体的活力，机制大于管理，激活就是价值；强调突出精神的力量，放弃强制性管控；强调自我驱动与价值驱动。我把当下企业的人才管理模式总结为四个步骤，分别是精准选配、有效激活、加速成长、聚焦人效，如图 1-2 所示。

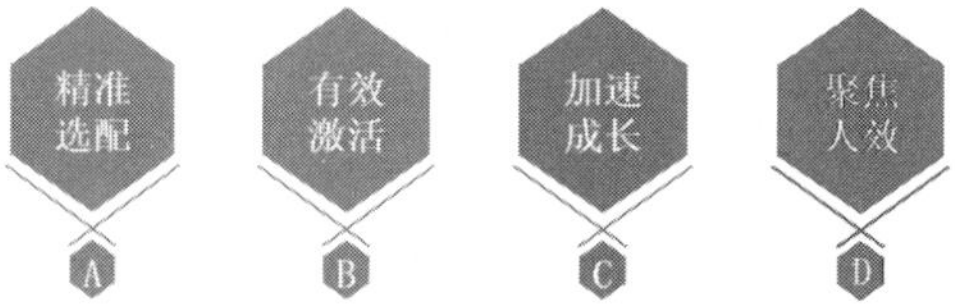

图 1-2 企业人才管理模式

第一步是精准选配。精准选配是发挥人才价值的前提，通过识岗、识人、能岗匹配三步达到精准的人才选配，使得人尽其才，才得其所。

第二步是有效激活。通过有效的机制、制度、激励措施，充分激活广大员工干事创业的积极性，调动员工的主动意识，提高员工的敬业度，这是员工高效创造价值的保障。

第三步是加速成长。通过导师带徒、OJT（On the Job Training，在岗培训）、技能比武、轮岗锻炼、经验复制等方式，加速员工的成长，训战结合，在实践中培育员工，提升员工的岗位胜任力与适应能力。

第四步是聚焦人效。所谓人效是指人力资源的投入产出比，比如人均销售额、人均劳动生产率等指标。聚焦人效才能让我们清晰量化公司的人才管理水平，减少无效的劳动行为，聚焦业务目标与人效提升。

1.1.5 变革企业的文化

华为的任正非说："物质资源终会枯竭，唯有文化生生不息。"文化建设是企业的灵魂，当今时代企业领导力变革最大的挑战是打造企业文化，当企业原有的战略、组织结构发生变化后，原有的企业文化也需要经历剧烈的变革。

在推行变革的过程中，企业需要的不是别的，而是完全彻底的转变，其中企业领导者必须学会新的行为模式、思维模式，在打造企业文化的过程中，企业的领导者需要说服员工，需要以身作则。比如企业变革需要打造高效的执行文化，那么领导者就需要成为"快速执行力"的榜样，养成高效的习惯，拒绝拖延与找借口。如果企业变革需要引进线上营销、新媒体营销，那么领导者需要主动学习、带头使用这些新工具和新方法。

马云说，阿里巴巴走到今天，他越来越相信，"没有阿里巴巴合伙人的思考，共同坚信这个公司的文化，不可能有今天"。他承认，公司离开任何一个人都没有问题，但是没有了公司文化就彻底完了。

1.2　VUCA 时代下领导者的新任务与新要求

约翰·科特在《领导者应该做什么》一书中对领导进行了定义，他认为好的领导应能"鼓励人们朝着真正能给他们带来长期最大利益的方向努力，而不是把他们引向绝境"。按照他的观点，成功的领导通过设定方向来应对变化，鼓舞和激励员工以促进变革。因此说，"领导力"是指以最小的成本和最高的效率完成这一过程的能力，是领导者凭借其个人素质的综合作用在一定条件下，对特定人或组织所产生的人格凝聚力和感召力，是保持组织卓越成长和可持续发展的重要驱动力量。

在 VUCA 时代下，由于不确定性成为一种常态，领导者除了担当一般意义上的领导职责之外，他们还必须面对不确定性以及未来的挑战，这给领导者又带来了哪些新的任务与要求呢？这不能用一两句话就能概括出来，经过与众多优秀企业的领导者沟通交流及听取管理界专家的建议，我总结出在 VUCA 时代下组织对领导力的新要求起码应包括以下五个方面，如图 1-3 所示。

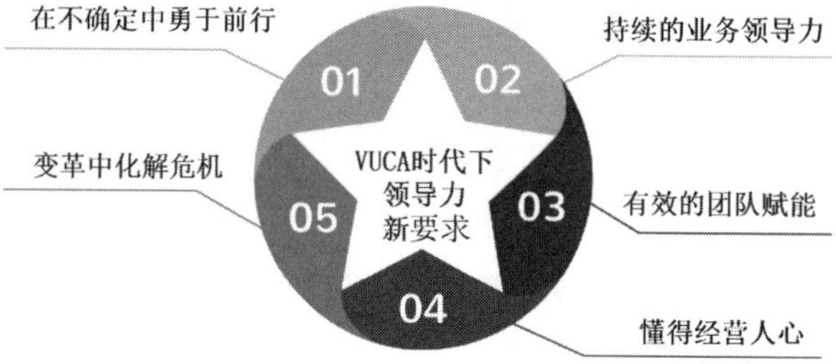

图 1-3　VUCA 时代下组织对领导力的新要求

1.2.1　在不确定中勇于前行

在 VUCA 时代下，一切处在不确定与变化之中，对绝大多数领导者而言，无论怎样的技术敏锐、商业洞察，都已经很难完全做到谋定而后动，环境的不确定性加上内心的失控感已是领导者的工作常态。工业化时代下的商业环境与市场模式，在一定程度上成就了组织天然对方向、资源、工作职责的各种明确性和控制性的要求。但现在，领导者要在不确定的、模糊的感知中，彰显镇定与勇气，带领团队前行，并在过程中与团队一起分享、进化、成长，这对领导者的远见卓识、坚忍不拔，乃至逆境中崛起提出了很高的要求。

在 VUCA 时代下，作为公司的领导者，有时自己也可能不明确企业的发展方向。华为的任正非曾说过："活下去，永远是企业发展的硬道理。"因此，在面对不确定的商业环境与社会环境时，我们可以改用任正非的话来作为企业发展方向的参考：企业最重要的不是做大做强，而是要考虑如何能长久地活下去，能持续赚钱、营利。

1.2.2　持续的业务领导力

在对手都在跨界而来、奶酪都必然被拿走（全部或部分）的今天，经年不变的价值环节在不经意间被打散、揉碎，企业的生命周期被缩短。据调研数据显示，中国中小微企业的平均寿命不足 3 年，可谓创业是"九死一生"！面对这些现实挑战，持续的业务领导力就是放弃对既有商业模式的依赖，领导者能以敏锐的洞察力，预测商业模式的创新与迭代，让企业未雨绸缪，从而实现组织业务持续发展。

对于这一点，史蒂夫·乔布斯似乎是这一领导力特质的典范。史蒂夫·乔布斯一直秉承“创新”与“坚持”的优秀品质，用一颗瞄准未来的心支撑他走向成功与伟大。他的两句名言：“活着就要改变世界”“领袖与跟风者的区别应在于创新”，是他始终秉持的理念。

1996 年苹果公司濒临绝境，史蒂夫·乔布斯在苹果危难之际重新归来，苹果公司上下皆大欢喜。受命于危难之际，史蒂夫·乔布斯果敢地发挥了行政总裁的权威，大刀阔斧地进行改革。他首先改组了董事会，然后又做出一件令人瞠目结舌的大事——抛弃旧怨，与苹果公司的宿敌微软公司握手言欢，缔结了举世瞩目的“世纪之盟”，达成战略性的全面交叉授权协议。

接着，他开始推出了新的电脑。1998 年，iMac 背负着苹果公司的希望，凝结着员工的汗水，寄托着史蒂夫·乔布斯振兴苹果的梦想，呈现在世人面前。它是一台全新的电脑，代表着一种未来的理念。半透明的外包装，一扫千篇一律的、单调的灰褐色，似太空时代的产物，加上发光的鼠标，以及 1 299 美元的价格标签，令人赏心悦目……不愧是苹果设计，标新立异，非同凡响。

1999 年史蒂夫·乔布斯又推出了第二代 iMac，有着红、黄、蓝、绿、紫 5 种颜色的款式供选择，一经面市就受到用户的热烈欢迎。

1999 年 10 月 iBook 夺得“美国消费类便携电脑”市场第一名，还在《时代》杂志举行的“1999 年度世界之最”评选中，荣获“年度最佳设计奖”。

在史蒂夫·乔布斯的改革之下，苹果终于实现营利。史蒂夫·乔布斯刚上任时，苹果公司的亏损高达 10 亿美元，一年后却奇迹般地营利 3.09 亿美元。

之后，在史蒂夫·乔布斯的带领下，苹果公司创造了一系列辉煌的业绩。

1.2.3　有效的团队赋能

“赋能”一词由阿里巴巴集团学术委员会主席曾鸣教授在《重新定义公司》中提出：未来组织最重要的功能已经越来越清楚，那就是赋能，而不是管理或激励。

赋能型团队的核心特征是自下而上，激发每一名员工的内驱力，在尊重个人意愿与观点的基础上，共启愿景与价值观，形成团队合力。海尔张瑞敏说：“以人为本，以人为中心，一定是无限的成长，因为人的价值是无限的，企业即人。”在 VUCA 时代下，企业必须改变自己的思想、行为和经营模式，为组织和团队赋能，重视人的价值，彻底激活每一位员工。只有这样，才能真正拥有未来。

我的一位企业家朋友曾经非常苦恼地向我倾诉经营过程中的烦恼，“我的那些员工，什么都做不好，事事都要我亲自上阵。”“等员工经验丰富了，我才放心让他们去干，免得出了错误而造成损失。”

我感觉他的经营正处在疲于应付的状态，他每天工作 12 小时以上，事无巨细，凡事亲力亲为，对谁都不放心，舍不得授权。而员工则什么事都做不了主。

实际上，领导者这样做的结果有三个：一是公司全部事情都依靠领导者，导致领导很累，不能聚焦时间做重点工作；二是员工会形成懒惰心理，不愿意主动思考与担责；三是下属得不到成长，下属活力得不到有效发挥。

因此，作为团队的领导者，你赋予团队不同的内涵，团队便会得到不同的结果。假如企业是船，员工是船上的人，船上坐的人群不一样，这艘船的名字就可能不同。

如果船上的人是渔夫，这艘船就是渔船；

如果船上的人是游客，这艘船就是游船；

如果船上的人是强盗，这艘船就是贼船；

如果船上的人是商人，这艘船就是商船；

如果船上的人是赛手，这艘船就是龙舟；

如果船上的人是战士，这艘船就是战船。

1.2.4 懂得经营人心

所谓经营企业就是经营人心，在 VUCA 时代下，领导者懂得经营人心才能收获人才，驾驭人才。

看过《三国演义》之后，有人可能会问：刘备文不如诸葛亮、庞统，武不如“五虎上将”，为什么他可以成为蜀国的领导？

刘备是靠什么打天下的？答案是“情义”“仁义”与“诚意”。

桃园结义，核心是一个“义”字，这场结义，让刘备拥有了两个忠诚度极高的优质人才：张飞和关羽。

“摔阿斗”，核心是一个“情”字，用“情”换来了虎将赵云的一生忠诚。

“新野之败”时，不愿抛下老百姓独自求生，是他的“仁义”。

而放下身段、三顾茅庐，核心是“诚意”，让他得到了一位可遇不可求的“职业经理人”。

所谓“小胜凭智，大胜靠德”。刘备对待下属和百姓所表现出的“情义、仁义与诚意”，就是他能从“草鞋郎”一跃而称帝的秘诀。

1.2.5　变革中化解危机

在 VUCA 时代下引领组织与业务变革成为领导者的一种重要使命，组织变革一般有三个核心：效益提升、管理改进、竞争优势提升。

（1）效能提升：通过组织变革，提升组织的管理效能，为组织目标的实现打下坚实的基础。

（2）业绩与管理双丰收：通过组织变革，既实现组织管理改进和提升，又实现组织经营业绩的大幅提高。

（3）竞争优势提升：通过组织变革，重塑和巩固组织的市场地位，提升员工的能力水平和组织的竞争优势。

在 VUCA 时代下，领导者不断在变革中化解一场场危机，不仅可以提升组织应对外界变化的能力，也可以提升领导者自己的管理水平。

经常有管理者抱怨：“现在做企业真难，企业要成功必须把方方面面都做好，只要企业这个系统中有那么一块短板出现问题，就可能导致企业整个系统崩盘。”

古希腊神话中，有一位伟大的英雄，叫阿喀琉斯，他有超出普通人的神力和刀枪不入的身体。在激烈的特洛伊战争中，他战无不胜。但有一次，就在阿喀琉斯奋勇作战的时候，对手阿波罗一箭射中了他，居然一下子把他射死了。

原来，箭射中了他的右脚后跟。他的母亲曾捏着他的右脚后跟，把他全身浸在神奇的河水中，被河水浸过的身体变得刀枪不入。可被母亲捏着的脚后跟由于浸不到河水，就成了他身上的弱点，这一弱点就要了他的命！

因此说，企业管理的过程也是补短板的过程，减少自己的致命弱点，不断提升企业的综合竞争力，才能让企业永久立于不败之地。

1.3 成就卓越领导力的秘诀

我们首先来梳理一下领导者的管理运行逻辑，一般来说，领导者通过“管事”“理人”两大模块的工作来完成组织目标。管事偏理性，力求标准化、制度化、流程化，讲究打造完美的系统；理人偏感性，就是经营人心，主要通过沟通、激励、监控、指导等工作来完成，而影响人的背后是心智模式，如图 1-4 所示。

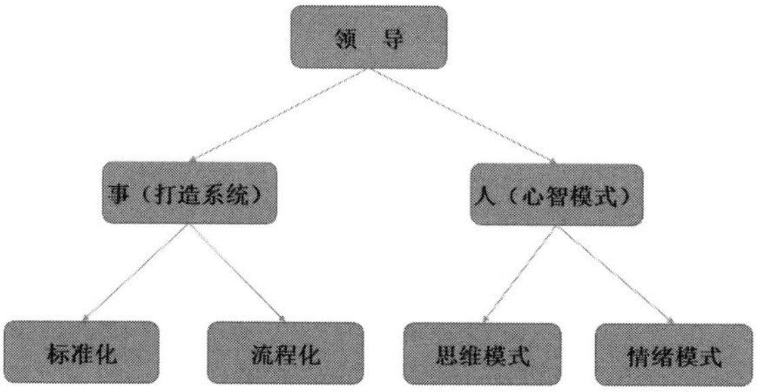

图 1-4　领导者的管理运行逻辑

俗话说：“人对了，世界就对了。”在企业的发展过程中，会遇到很多问题。然而企业里所有的问题本质上都是人的问题，尤其是领导人的问题，而领导人的问题都是他们心智模式的问题。

何谓心智模式呢？心智模式就是对待事情的态度和惯性模式。它存在于人的内心深处，是人的思想所依据的“标准”，也就是我们常说的“三观”——世界观、人生观、价值观。

心智模式决定一个人的思维模式与情绪模式，即在面对人、事、物时如何思考、行动，并达到何种效果。它存在于一个人的潜意识中，不知不觉影响着你的言行。因此，对于领导者来说，事实上你的心智模式已经操控了你怎么想以及当时的情绪，也许你还未觉察。

1.3.1 重塑领导者的心智模式

在 VUCA 时代下，为了应对外界不确定的环境和越来越激烈的竞争模式，领导者需要重塑我们的心智模式，不断精进，砥砺未来。未来的领导者应重塑以下八个心智模式，如图 1-5 所示。

图 1-5　VUCA 时代重塑领导者的 8 个心智模式

1. 把焦点放在未来

领导力就是“领”+“导”+“力”，“领”代表引领、拉动，跟方向与目标有关；“导”代表沟通、疏导，跟过程有关；“力”代表执行的能力，跟团队与结果有关。

领导与管理的区别在于：领导者更多关注未来，关注方向。在 VUCA 时代下，作为领导者，不能光低头拉车，更要抬头看路，要留出足够的时间来思考组织的发展与团队的发展。

领导者如果总抱着“过去”“想当初”的心智模式，总怀念那些辉煌的过去，总吹嘘自己过往的经验有多丰富，这是很危险的。恰恰相反，领导者应时刻抱着“如何面对未来”或者“未来将会怎样”的心智模式，把焦点放在未来，面对未来的各种挑战。

2. 享受挑战的乐趣

优秀的领导者不仅不害怕创新与变革，而更喜欢享受挑战带来的乐趣，就像极限运动员总以挑战为乐趣。由于我从事管理培训与咨询的职业之便，能接触到许多优秀企业的领导者，他们在遇到困难与挫折时，总是呈现出越战越勇的气魄，他们最优秀的地方就是知道如何转化，即把遇到的问题、困难和挑战，进行正面意义的转化，而不是为了做而做，为了工作而工作。他们更倾向于从这些所谓的逆境中找到乐趣。这就是他们呈现出来的积极正面的、视挑战为乐趣的心智模式。

3．建立动车型团队

这个时代有一个伟大的发明，那就是动车。动车的出现，大大提高了人们出行的效率。

动车组为何比普通的列车快？答案是：每节车厢都有自己的动力，都发挥火车头的作用。想想看，如果每个人都成为“火车头”，那这个企业会怎样？定会成为飞速发展的优秀企业。

作为领导者不仅要学会管理企业，更要激发员工的动力！企业也不仅仅是创造利润的平台，更是成就每位员工梦想的舞台。点燃每个人的梦想，激活每个人的潜能，团队才能成为动车组。

4．增长是王道

这几年，中国的实体经济出现了一些问题，全国各地的一些中小微企业经营困难，即便大力压缩各项开支和成本，有的企业也已经撑不下去，到了关门的边缘。

一家企业的运营，最核心的不是利润，不是成本，而是收入，尤其是收入的增长。GE（美国通用电气公司）的前 CEO 也是管理大师杰克·韦尔奇在《商业的本质》一书中提出“增长是王道”，混沌大学的李善友教授也认为企业第一重要的事情就是增长，并将增长分为稳定的线性增长和第二曲线的增长。前者是原有曲线里面逐渐地增长，只能产生 10% 左右的增长速度；而后者并不是在原有曲线里连续地进步，而是“非线性连续地”跳到第二曲线里面。显然，后者的增长难度更大。

5．学会抓大放小

由于领导者要腾出更多的时间来思考团队的发展方向，做全局性的工作。因此，作为领导者要学会抓大放小，懂得有效授权，紧紧围绕自己工作中的核心任务要求，做好领导者的本职工作。

汉朝宰相丙吉在一次出行途中，看到两个人在街上打架，打得头破血流。结果他一言不发，绕道走开。可是走了一会儿，当他看到路边有一头牛在不停地喘气时，却停下来仔细观察。

随从感到很奇怪，就问他为什么不关心人而关心牛，难道牛比人重要吗？丙吉回答说：“打架的事由衙门管，这是考验衙门官员是否称职的机会；而牛喘气，可能是天气出了问题，可能有灾害，事关天下的收成，这是我的职责，我自然需要特别关心。”

领导者需要抓大放小，聚焦重点，并且要让相应的人对自己负责。这位汉朝宰相是真正懂得自我定位的典范。

6. 情绪能力更重要

人们的心智模式主要包括思维模式和情绪模式，往往人们的思维模式与情绪模式影响人的行为，不同的行为又带来不同的结果。

研究表明，情绪作为大脑对外界刺激的一种自动的、生理反应，决定了 93% 的领导力、27% 的组织利润、43% 的生活品质和 25% 的健康状况。情绪比思考的速度快 8 000 倍，也就是说，对于外界的一个反应，人首先链接的是情绪脑而产生情绪，再链接智力脑产生思考，这个时间大约差 6 秒。因此，对于领导者而言，情绪能力比思维能力更重要。

人的能力一般包括：思维能力、行动能力以及情绪能力。

诸葛亮、吴用、庞统这类谋士，实际上相当于今天的参谋或顾问，属于思维能力很强的人；蜀国“五虎上将”和梁山好汉李逵、鲁智深这类武将，属于行动力很强、身体素质极佳的人；而刘备、宋江、刘邦这类人，则属于情绪能力非常强的人。最后这类人往往容易成为领袖型人物。

7. 善于借力

韩非子曾言：下君尽己之能，中君尽人之力，上君尽人之智。

意思是说，三流的领导凭自己的能力做事，二流的领导能够发挥他人的能力，一流的领导则善于激发和运用他人的智慧。这么说来，项羽应属于三流领导，因为他只凭自己的能力做事。虽然他自己是武功天下第一的楚霸王，却不会用身边的人才。而刘邦属于一流领导，虽然自己的专业能力不强，却能吸引和善用各个领域的高手，因而最终得了天下。

成就人心才能成就人才，成就人才方能成就企业。领导自身的境界如何，企业的境界就应当会如何。

8. 不要低估风险

一只每天有人喂食的火鸡，每次喂食都使它更加相信生命的一般法则，就是每天得到的所谓友善人类的喂食。这个友善的人持续喂它，火鸡由过去经验得到的结论是：人类非常友善且可依靠，因为这种情况已经持续了10 000天。

直到感恩节前的一个星期三（第10 001天）下午，某件预想不到的事发生在它的身上……

这就是单纯的依赖所谓经验带来的风险意识的缺陷。

在企业管理中，许多领导者过分依赖过去成功的经验做事，并坚信这些成功的经验能帮助其解决未来所有的危机或问题，其实这是一种错误的思想。还有一部分领导者缺乏危机意识，总认为不幸或危机不会发生在自己的企业中。在他们眼里，即便别人的公司全部倒闭都不会轮到自己。

基本上，每年A股都有几次涨跌，大批散户因此造成财务损失。其实，A股从创立那天起，这样的故事一直在上演，我们开设股票账户目的都是赚钱。然而，事实上大部分投资者是亏钱的，甚至有人总结：十个人炒股，七输二平一赢。

为什么会造成这样的局面？很重要的一个原因是：低估了股市的风险，散户总认为自己的能力超强，可以快速发家致富，所以炒短线的投资者居多。实际上，就连股神巴菲特都说："我不喜欢对股市进行预测，我再次强调，我对股市的短期行情一无所知。"

1.3.2 共情是领导力的终极奥秘

所谓共情，就是同理心，又叫换位思考、神入。是指站在对方立场设身处地地思考的一种方式，即与人交往过程中，能够体会他人的情绪和想法，理解他人的立场和感受，并站在他人的角度思考和处理问题。主要体现在情绪自控、换位思考、倾听能力、表达尊重与情商、领导力等方面。

只要涉及人与人之间的关系就得靠同理心，而领导力也是人与人之间的关系，没有同理心就是巧妇难为无米之炊，领导力的"米"就是共情，也就是同理心。

同理心被称为微软新 CEO 萨蒂亚·纳德拉领导力的独家心法。

2014 年 2 月，萨蒂亚·纳德拉出任微软公司首席执行官，他是微软的第三任 CEO，比起比尔·盖茨和史蒂夫·鲍尔默，相信很多人还不知道他的名字。这位低调的、近乎无我境界的印度裔 CEO，在上任几年中，带领微软完成了一个巨大的转型，将微软的市值从 2 000 多亿带向 7 000 多亿，甚至很多业内人士预测，未来微软有可能重回第一的位置。

萨蒂亚·纳德拉接任 CEO 后，除了对微软这部“臃肿的机器”进行战略转型，最重要的是“刷新”了微软的文化。他刚上任不久，就在公司内部向所有高管推荐马歇尔·卢森堡的《非暴力沟通》一书。《非暴力沟通》认为：在交流过程中，通过专注于自己和他人的感受和需要，可以减少争辩和对抗，培育彼此的尊重与爱；这样，通过建立双方的感情联系并促进理解，矛盾就能以非暴力的方式得以解决。

在萨提亚·纳德拉上任之前，微软内部企业内斗和各自为政的文化已经非常严重。那时，微软对员工的考核非常看重个人能力和成就，这助长了很多人的傲慢态度和攻击性。内部高管说：微软早期的文化，是倡导“建设性冲突”，但后来，过多的“冲突性”，少有建设性。

而萨提亚·纳德拉改变了这一切，他的方法相当温和。在绩效管理中，他要求员工不仅写明个人对团队的贡献，还要呈现对他人及其他团队提供的价值；他相信人类天生就有同理心，这不仅是为了创造和谐的工作环境，同时也是为了制造能够引起共鸣的产品。他一上来就用各种各样的流程制度，并且以身作则，把这种同理心及共情力渗透到微软的上上下下。

萨蒂亚·纳德拉的成功在于，他不只是关注商业战略，还善于运用同理心提升组织文化，实现弯道超车。他把共情与同理心运用到多个维度：微软的产品、组织、团队、未来的发展方向。纳德拉认为要想制造出引起客户共鸣的产品，需要保持好奇心和对客户的同理心，用不断革新的技术去满足客户潜在的隐藏需求。其次，纳德拉特别强调每个人尤其是团队中的领导者要有共情和同理心。他的前任 CEO 鲍尔默造就了微软强有力的执行文化作风，但这种执行力有时是带有暴力性的。再次，在纳德拉看来，未来的科技产业趋势需要有共情和同理心，比如：人工智能。因此纳德拉认为，未来的微软就应该从共情和同理心来突破。它既是一种产品思维，也是一种管理思维，更是一种微软面对未来的整体方向。如果微软没有办法做到共情力和同理心，那微软就没有未来。

1.3.3 领导力破局：升维思考，降维打击

爱因斯坦曾说："这个层次的问题，很难用这个层次的思考来解决。"用升维思考来降维打击，是完成人生破局的秘诀，更是领导力破局的秘诀。

1. 升级思考：加维解决困境

形而上者谓之道，形而下者谓之器。形而上的是无形的道体，从二维平面凸显出来，能够发现每个行为中的那个看不见的部分；形而下是万物各自的相，如果我们都只关注冰山上的行为层面，那只是在器物的层面。

企业管理方面的问题，本质上可通过提升思考的维度来解决，二维的问题用三维解决，三维的问题用四维解决。原本这个世界是简单的，不需要红绿灯，车也比较少，遇到交叉路都没有关系。但是慢慢地我们的世界变得复杂了，如果没有红绿灯，交通就混乱不堪。设置红绿灯其实是一种妥协，也是我们现有的管理方式：通过调配资源来满足我们日益增长的管理难题。但这解决不了根本问题，还会堵车，当我们建立立交桥，增加了一个维度，把二维的问题变成三维后，就容易解决了。

同理，在我们的日常管理工作中，我们往往习惯于就事论事，只针对员工的行为本身提出你的管理方式，这是二维解决问题的方式，治标不治本。如果我们把心的层面加进去，就把二维的问题变成三维了，通过同理心了解员工的需求、心里所思所想，这时我们不仅看到员工的行为，而且能够看到行为之下的需要的时候，原来不可理解的部分就能够理解了，管理者与下属的冲突及对立情绪就会得到缓解，创造多赢的可能，如图 1-6 所示。

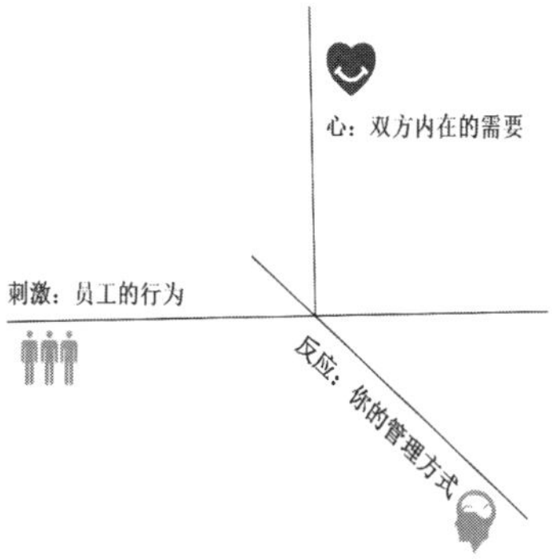

图 1-6　管理的加维（二维的问题三维解决）

2. 降维打击：降维从容破局

“降维打击”这个词来自刘慈欣的科幻小说《三体 2：死神永生》。所谓降维打击从字面上来理解就是下降一个维度进行攻击。也就是说，你具备的能力远高于问题本身，或者说你用你的边际能力来对抗别人的核心能力。比如某公司招聘一名储备干部，学历要求是专科以上，而你是研究生毕业，那你对专科生毕业的应聘者就是降维打击。

在商业运作中，当你用产品的附加价值对抗别人产品的核心价值时，那就是降维打击。

比如，汽车的出现对马车是一种降维打击；电话的出现对电报是一种降维打击；微信的出现对短信是一种降维打击；智能手机的出现对功能机是一种降维打击；360 杀毒软件的免费模式对其他杀毒软件的收费模式是一种降维打击。

一家公司的运转需要多个要件，比如供应链、人力资源、软件、硬件、仓库、专利、线下渠道……这些要件就是“维度”，这样来说，每家公司就有 *n* 维向量组成。我们在面对问题时，可以运用“*n*+1 维”的思维方式来解决当下 *n* 维的问题。

1.4 共情领导力解读

心理学研究表明，人们在面对变革的时候，通常会经历焦虑、兴奋、害怕、否定、愤怒、沮丧、抑郁、敌对、幻灭、讨价还价、逐渐接受、继续前进等各种复杂情绪。作为领导者，需要有能力认知变革中不同阶段、不同类型的员工的情绪状态，从而有效管理这些情绪。

共情领导力给领导者提供了一个全新的视野，在复杂多变的环境中，认知自我情绪波动的来源，理解他人情绪变化的原因，更好地管理自我和他人的情绪，产生自我激励和积极的影响。通过同理心与他人建立更好的连接；通过有效的情感表达与推理形成默契的协作关系，最终应对变革，用创造力形成新的局面，带领团队持续向前。

美国未来学家丹尼尔·平克在《全新思维：决定未来的 6 大能力》中说道："世界已经从过去的高理性时代，进入一个高感情和高概念的时代，有 6 种能力是非常稀缺且重要的。

它们分别是：设计感、共情能力、讲故事的能力、整合事物的能力、娱乐感和意义感。而这 6 种能力是现在许多领导者普遍缺乏的。

1.4.1 共情的力量

共情力是一种高情商，更是一种有效的领导力。它可以运用在我们工作、生活的多个维度，如图 1-7 所示。没有共情，每个人都生活得像一座孤岛，那是一种悲哀。只有将心比心，掌握共情的力量，在与人交往中才能让人如沐春风；在管理中运用共情的技巧，才能让员工感觉到：你很懂他 / 她，从而形成良性互动；在产品设计时运用共情技巧，才能设计出让用户共鸣、尖叫的产品；在有效处理自我情绪与他人情绪维度，运用共情技巧，能有效化解不良的情绪与进行自我激励；在团队引领时，运用共情技巧才能共启愿景，使众人行。

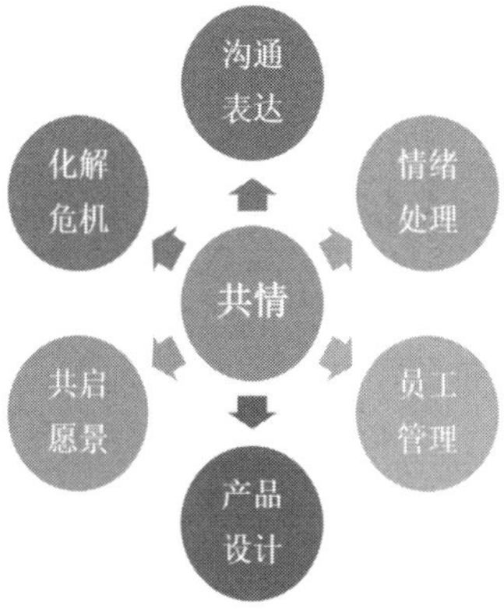

图 1-7　共情力在企业的六大基本运用维度

1. 共情是沟通表达的基石

有人说，情商高就是好好说话，认真倾听；有人说，情商高就是“让别人舒服”；有人说，情商高就是顾及别人的感受。而这些，其实都离不开共情的力量，共情力是一种高情商。

共情是沟通表达的基石，站在对方的角度思考，感受对方的情绪，走进对方的心，让对方感觉到你说的话就好像是从他嘴里说出来的一样。

《红楼梦》中，刘姥姥进大观园，临走时贾府送了很多东西，平儿和她一一交代。

刘姥姥千恩万谢，平儿笑道：“休说外话，咱们都是自己人，我才这样。你放心收了罢，我还和你要东西呢，到年下，你只把你们晒的那个灰条菜干子和豇豆、扁豆、茄子、葫芦条儿各样干菜带些来，我们这里上上下下都爱吃……”

短短一段话，就透出平儿的高情商，既让刘姥姥感觉是一家人，又减轻了刘姥姥的心理负担。

可见，说话不一定要技巧多高明，而是要善于运用共情，让对方听起来舒服，让别人喜欢与你讲话，有一种“他乡遇故知”“酒逢知己千杯少”的感觉。

同时，共情在演讲中运用非常广泛，无论是比赛型演讲，还是工作汇报演讲、竞聘演讲。如果能有效掌握共情技巧，能让你在演讲中如虎添翼，能够充分调动听众情绪的演讲一定让人印象深刻。

具体来说，我们演讲时可以深入调动听众的六大情绪，包括愤怒、厌恶、恐惧、快乐、喜爱和悲伤。如果一种情绪的力量显得有点单薄，那往往两种以上的情绪混合在一起就能产生听众有效的共鸣。

2. 共情是情绪处理的有效手段

不良情绪不仅会影响员工的个人心理，更会影响其个人工作的积极性。如果员工的不良情绪不加以疏导，则有可能影响整个团队的工作绩效。因此，学会有效地处理员工的不良情绪，包括领导者自身的不良情绪处理，对团队的士气有着非常重要的作用。

情绪可以驱动人，而人又驱动绩效。一般来说，影响员工绩效有三个维度：一是员工的能力；二是员工的态度；三是员工的工作环境。能力是他会不会干，而态度是他愿不愿意干，工作环境是允不允许他干。而这三者中似乎员工态度方面的问题更难以解决，因为员工能力的培养可以通过培训、导师带徒、轮岗实践等方式来实现；工作环境的改善可通过公司的硬件改善与公司的管理机制优化来实现；而员工的态度更多是受冰山以下看不见的部分影响（比如人生观、价值观、兴趣、情绪），这其中情绪是影响员工绩效发挥的重要因素。

当员工处于负面情绪时，管理者要懂得运用有效的共情技巧，采用有效的疏导与正面影响，从而减少负面情绪给团队带来的影响。

3. 共情是员工管理的门槛

管人就是管理人心，就是讲话、做事能充分得到下属的理解与共鸣。在心理学中有一句话：一个人不能控制另一个人，包括你的爱人。因此，我们不要用控制、命令的方式强迫员工去干活，那只会造成员工工作的低效。当领导者学会有效的共情技巧后，在与员工沟通、共事时，便不会经常以训斥、谩骂的方式对待员工，而是停下来有效倾听员工的心声，照顾下属的心理感受。

马云说：“员工为什么辞职？原因无非两个：钱，没给到位；心，委屈了。”

领导者要善于分钱，更要懂得调心。

有一次在成都授课结束，一老板跟我沟通，说“我有一个很重要的下属跑掉了，因为别人给他的工资更高。”

我对他说：“很明显，你跟员工之间是通过钱来产生联系的。所以，当别人多给他一点钱的时候，他就跑了。想想看，如果你少给爸妈一点钱，他们会跑掉吗？”

老板说：“当然不会。”

我问：“什么原因？”

老板说：“我和他们有感情关系。”

我笑了笑……

因此，我们可以将领导的哲学归纳为：不懂得共情的领导是用自己的方式走进对方；懂得共情的领导是用对方的方式走进对方。

4．共情是产品设计的高阶艺术

所有伟大的产品经理都有共情能力，任何一个行业的高手都具备共情能力。比如，你在网上看到一些写得很好的文章，正是你平时特别想表达却表达不出来的，说明那个作者就很有共情能力。

好的产品设计其实拼的是共情力与创新力，拥有 10 亿用户的微信以及让人欲罢不能的抖音、快手与市场上一般产品的差别，就在于好产品能与人共情。

微信之父张小龙在 2018 年腾讯年会上有几句非常有意义的话语，我们来看一下：

“关注用户，而不是竞争对手。”

“善良比聪明更重要，AI 比你更聪明，但你比 AI 更善良。”

“微信为什么受大家好评，是因为它回归社交本质，回归用户本质。”

的确，大量产品为什么沦为平庸产品，是因为没有与用户共情。无论苹果手机、微信、抖音、快手还是淘宝网，以及时下流行的 App 产品都是懂得跟用户共情，因此说，共情是产品人思维的核心。

5．共情是共启团队愿景的有效力量

所谓共启愿景，就是展望未来，想象令人激动、向往的各种可能。

法国作家安东尼·德·圣－埃克苏佩里在《小王子》里提道：“如果你想造一艘船，先不要雇人收集木头，也不要忙着分配工作和发布号令，而是激起他们对海洋的向往”这是船长最核心的领导力。当年苹果公司需要一个新的 CEO，史蒂夫·乔布斯相中了百事可乐的高管约翰·斯卡利，他只用一句话就打动了对方——你是想卖一辈子糖水，还是想改变整个世界？！

在组织中，愿景最大的作用就是凝聚人们的力量。你不能强迫他人去他们不想去的地方，愿景本身要有吸引力，要与大家息息相关。我一朋友曾对企业文化理念做过简单的统计：80% 的制造型企业的文化理念中有“创新”这个词，90% 的医院文化理念中有“仁爱”这个词；80% 的贸易型企业的文化理念中有“诚信”这个词。这些文化理念被挂在企业的文化墙上，写进了制度的文本里，唯独没有走进员工的心里。因为，这些理念好像更多的是从别人公司或网上抄来的，而不是以共情为基础，根据行业的历史总结出来的，属于“伪文化”，似乎跟大家没有关系一样。

6. 共情是化解职场冲突与危机的有效手段

在职场上，同事之间常会因为工作产生冲突，上下级因为任务完成不佳产生冲突，部门之间因为配合不畅产生冲突，运用共情是化解职场冲突的有效手段。

在职场中运用共情技巧来促进跨部门间的沟通、化解冲突的方式包括如下 4 种。

（1）把焦点放在对方关注的利益与需求上。你一定要意识到，对于对方来说，什么是有价值的，对方在意或在乎什么。

（2）学会有效聆听，不要把自己的想法强加给对方，有时有道理不如有效果，因为世界上没有绝对的对与错，而在于有好结果。

（3）要深入了解和采用对方的价值观，价值观一致，才能有达成一致的可能性。

（4）可以适当示弱，让对方感受到尊重，从而与你敞开心扉。

1.4.2 “四位一体”共情领导力模型解读

关于领导力的概念，管理界一直以来有多种不同的说法。有人说，领导力就是影响力；也有人说，领导力就是设定有价值的目标和实现这个目标的能力；也有人说，领导力就是培养人才的能力。更有一种说法，领导力就是要让跟随他的人们，从他们现在的地方离开，带领他们去他们没去过的地方。

还有一种说法，领导力就像美，很难定义，可是当你看到它的时候，你就知道了，这个说法好像很有艺术性。但我更喜欢如下一种定义：领导力是关于如何激励追随者共同超越自我，达成更高目标的一种能力。它也是一种领导者和追随者的关系。

至于共情领导力，目前也很难用一个词来准确给它下定义，我想借助下面这个共情领导力的“四位一体”模型来给大家作一个阐述。共情领导力建立在中国文化的基础上，融合领导力特质和心智模式管理、情商训练、管理教练、文化渗透为一体的一门综合管理艺术，如图 1-8 所示。

图 1-8　“四位一体”共情领导力模型

共情领导力在领导者心智模式与行为模式重构的基础上，推动领导者的 7 项关键领导能力修炼：决策力、觉察力、感召力、执行力、沟通力、文化力和变革力。

1. 决策力——领导力特质与心智模式

领导力特质也称领导者素质、品质，是与生俱来的，不同领导者的天性是不一样的，比如性格、左右脑优势、自信心、幽默感、乐观、受挫力、真诚等，其中某些特质可以通过领导力测评工具加以验证，从而使领导者充分发挥优势，扬长避短。

领导力特质是领导者魅力塑造，提升下属影响力的重要来源。我把 VUCA 时代下赢得下属追随的领导力特质总结为 8 个，分别是：先时而变的洞察力、自信乐观的受挫力、远见卓识的决断力、拥抱变化的学习力、共情共识的凝聚力、令行禁止的推动力、勇于负责的担责力、带人育人的教导力。

详细内容请见第 10 章。

心智模式就是领导者为人处事的态度和惯性模式，是领导者内心深处世界观、人生观、价值观的外射，领导者的心智模式严重影响着他的行为方式与决策方式。俗话说："思想决定行为，行为决定性格，性格决定命运。"老板的格局与心智模式决定组织的未来，团队领导的格局与心智模式决定团队的未来。

共情领导力强调紧紧围绕时代特征、客户与组织需求，挖掘自身与之相适应的领导力特质，重塑领导者心智模式，与客户共鸣，与团队共舞，与组织共命运。

2. 觉察力——情商领导与情绪管理

情商领导力先驱丹尼尔·戈尔曼认为人今生的成就至多只有 20% 归于智商（IQ），另 80% 则要受到其他因素，尤其是情商（EQ）的影响，戈尔曼认为，影响组织领导者成败的关键因素在于领导者的 EQ 与情绪能力的利用。

智商是"基准性素质"，包括语言能力、分析能力、空间定位能力、逻辑推进能力，在 17 岁时就基本固定了。

情商是"从优秀到卓越"的能力：自我意识和情感管理能力、社交技能、灵活性、自我激励、乐观和坚韧及情绪管理。它随着人的生活阅历的丰富和个人发展而得到增强。

共情领导力是促进领导者发挥高情商水平，把共情力运用到自我情绪觉察、员工情绪管理、利用情绪帮助思考、了解情绪产生及波动方式、控制自己和他人情绪以获取正面成效。

3. 执行力与感召力——教练跟进与员工辅导

彼得·德鲁克说，领导者的核心任务有两个：一是制定目标并带领员工去完成目标；二是支持员工成长。因此说，目标跟进与员工辅导是领导者的核心任务。

而教练技巧能有效帮助领导者聚焦团队目标，发现有效资源，引导员工主动思考、积极行动，并建立问责机制，有效促进员工的工作绩效和员工能力的提升。

教练的理念打破了传统管理者的管控思维，教练充分相信每个员工都具备解决当下问题的所有资源，不直接提供解决问题的答案，而是启发员工主动思考，找到解决问题的有效方案，从而提升员工的责任心与自主性。同时，教练的信仰是尊重、激发、赋能、平等与信任，这些是领导者的新型品质。打破了传统管理者与员工的对立关系，强调管理者与员工的平等对话、共同成长、不断赋能。

4. 文化力与沟通力——文化渗透与情感沟通

文化领导力是新时代领导力的灵魂，文化的力量能穿透本质，渗透进员工的心灵。对于任何企业，企业文化决定着企业的行为准则和员工的工作方式，积极良好的企业文化可以帮助企业成功，而消极落后的企业文化会成为企业的毒瘤。作为企业的领导者，在文化引领方面发挥着重要作用。

同样，在产品的品牌塑造与情感沟通方面，文化的力量也是非常的强大。

看过《泰坦尼克号》的朋友都知道，影片的开头是一组潜水队员从沉船的残骸中打捞出一只箱子。他们回到岸上打开一看，发现箱子里面竟然没有渗进海水，而且还有一幅保存得完好如初的画。

于是这幅画的主角，年迈的 Rose 开始沉浸在这段往事之中，浪漫的爱情故事就从这里展开了。

这个箱子能历经近百年海水的侵蚀而不坏，箱子里还如此干燥，以致保存的东西都能够完好如初，可见这个箱子的质量是多么好！看到这里，大家是否有疑问，这是哪个牌子的箱子？“泰坦尼克号”是当时欧洲最奢华的邮轮，能登上这艘邮轮的人不是社会名流也是非富即贵。

这一系列的镜头其实就是传达一个信息：能佩戴上“海洋之心”的人，身份必然高贵，而她也在使用这个箱子！此时镜头刚好落在这只箱子的 Logo——LV 上，这就是一则非常成功的植入广告！ LV（Louis Vuitton，路易威登）这个品牌通过影片在不知不觉中给观众留下了深刻的印象。

我们都知道，在《泰坦尼克号》上植入广告，需要很大的一笔赞助费，但是羊毛出在羊身上，最终这些费用还是会转嫁到每个消费者身上。所以，我们今天看到 LV 包的售价竟能高达几十万元，即便如此，也阻挡不了女士们抢购的热情。曾经一位广州的皮包生产商说：“我们工厂生产的皮质质量能跟 LV 一样好，却只能卖几百元，但是这么高的性价比也没用，顾客照样愿意花几万元甚至几十万元的大价钱去买 LV。”这就是品牌与文化的力量。

共情领导力与其他领导力概念不同，更强调中国式文化在领导力中的影响，我初步梳理了与共情领导力有关的中国式文化，分别来自《论语》的“恕”思想、《周易》中的“迁善”“阴阳”思想、《孙子兵法》的“全胜思想”“虚实相生”思想、王阳明的“致良知”“知行合一”思想，如图 1-9 所示。

图 1-9　共情领导力之中国文化根基

5. 变革力——组织驱动与变革创新

企业领导者的根本任务是：带领团队解决难题。一般来说，企业的难题包括两大类：一类是维持性问题；另一类是变革性问题。

维持性问题有可能很复杂，但是答案一般可以从已有的知识中发现。比如，安装一台复杂的设备，处理客户的投诉，这种日常问题都是维持性问题；变革性问题往往没有现成的答案，比如：如何提升公司的营业收入？如何把一家公司做成世界 500 强？这些问题的共同点在于变革性与不确定性，需要我们学习新的理念和行为。

如今的 VUCA 时代下，不确定成为一种常态，作为领导者，如果想要带领团队持续地解决在企业发展过程的难题，势必要有管理创新与管理变革的勇气与技巧。通过变革与创新，驱动组织绩效与员工的能力水平不断向前进步。

1.4.3　共情领导力的七大核心技巧

共情领导力以支持员工成长与组织目标实现为目标，融合领导魅力影响、团队情绪管理、教练干预与管理跟进为一体，从团队员工的能力、思维、情绪进行综合管理与赋能。共情领导者的核心能力有 7 项，分别是：积极倾听、有效分辨、同理心、建立信任、创建觉察、教练干预、管理跟进，它们在逻辑上是呈递进关系的，如图 1-10 所示。

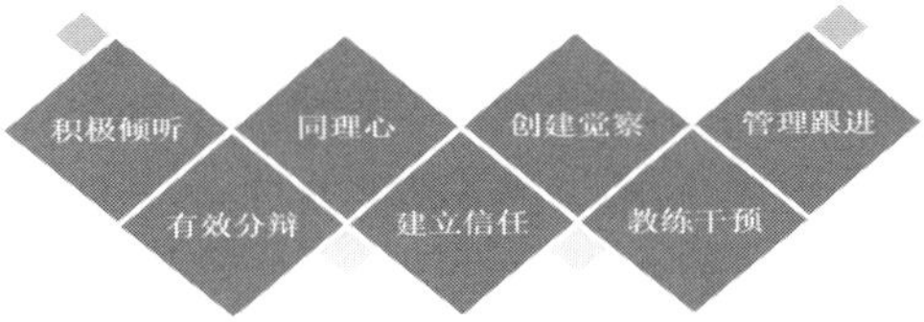

图 1-10 共情领导力七大核心能力

积极倾听是共情的基础，也是管理者与员工建立伙伴式关系的前提。积极倾听是指从对方的角度出发，聚焦于倾听对方的内容、意图和情绪，并适时表达你的感受和意图，从而建立起平等式、信任式对话。

有效分辨是指领导者能有效分辨员工语言、行为背后的思维模式与价值观，区别对方讲的是事实还是演绎。分辨出员工每个行为背后的所思所想，及时洞察员工的情绪模式。

同理心是共情力发挥的核心，强调领导者将心比心、换位思考，快速与员工产生共鸣，引导员工敞开心扉，实现从“人力管理”向“心力管理”转变。

建立信任和亲和关系是共情领导的桥梁。就跟营销一样，客户之所以愿意购买你的产品，核心因素之一是出于信任，因此，建立信任与亲和力是领导者赢得下属追随的核心原因之一。

创建觉察是从教练学与心理学出发，任何人不可能控制另一个人，员工全新的行动来自自己高品质的觉察，你可以把马儿带到河边但你不能强迫马儿喝水，员工自觉自发的行动才是可贵的。通过创建觉察实现员工“要他干”变为“他要干”。

教练干预的主要目的是促进员工执行到位，对员工工作中的情绪、能量进行有效疏导，以促进员工的高效能工作，引导员工看到更多视角和可能性，从而解决工作中的难题与困局。

管理跟进是保障组织目标达成的有力手段，通过教练的 SEA（Support，支持；Encouragement，鼓励；Accountability，问责）教练系统，让员工聚焦目标、引发主动行动；以绩效考核形成压力，促进员工不断向前进。

第 2 章

修炼自我：角色认知与共情力修炼

2.1 角色定位：领导者的五种正确角色

每一个领导者在自己的组织内部，都不扮演一个角色。在不同的场合与情景当中，恰当地扮演合乎情理的正确角色，能够给自己的领导力带来意想不到的提升。有效认知领导者的五种正确角色（见图 2-1），能够帮助领导者进行准确的工作定位与有效决策。

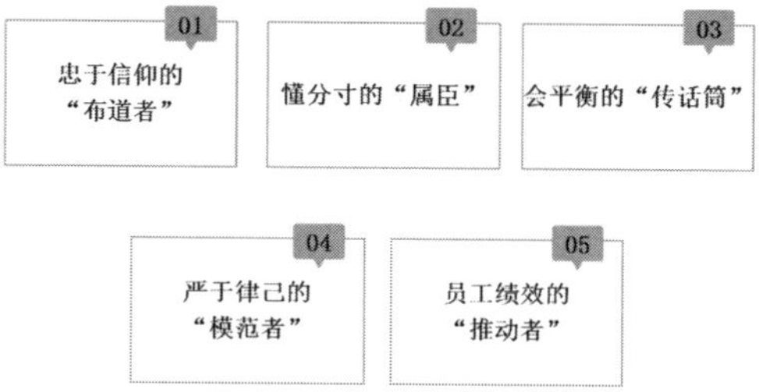

图 2-1　领导者的五种正确角色定位

2.1.1 忠于信仰的“布道者”

哲学家让 - 保罗·萨特曾说过：“世界上有两样东西是亘古不变的，一是高悬在我们头顶上的日月星辰，一是深藏在每个人心底的高贵信仰。”

信仰，是指人们对某种宗教、思想、主张的极度信服和尊崇，并将其作为自己的精神寄托和行动指南，在精神上它表现为对某种境界的推崇和向往，在行动上则表现为一定的态度和准则。

企业信仰是企业这个组织的信仰，是得到企业员工的整体认同，作为企业整体和员工行动的榜样和指南，并为之奋斗的东西。它可以是这个企业内部所树立的一个观念、一种思想、一种主义等。

世界上所有的伟大企业，无一不拥有属于自己的企业信仰。这种领导者角色，属于组织中的团队领头人，史蒂夫·乔布斯就是这样一位尊于信仰的布道者。

在杰弗里·扬和威廉·西蒙的《活着就为改变世界：史蒂夫·乔布斯传》一书中这样描述：“史蒂夫·乔布斯拥有对自己产品如推销员般的信心，拥有如布道者讲经般的热情，拥有如狂热分子般对目标的执着，还拥有如穷小子般发誓成功的决心。”

史蒂夫·乔布斯的毕生夙愿，也是其一生最大的贡献就是让信息技术“改变世界”。

史蒂夫·乔布斯并非技术出身，却以对用户体验的不懈追求和独到判断，让技术成为优雅、易用的产品，强势灌输给用户并引领技术应用风潮，加快技术走进人类的脚步。

张瑞敏在 1999 年财富论坛前夕对媒体分析海尔经验时说：“海尔过去的成功是观念和思维方式的成功。企业发展的灵魂是企业文化，而企业文化最核心的内容应该是价值观。”他说，“我在海尔的角色，首先就是牧师。”一个企业家，只有学会去布道，才能让员工明白方向，在企业内部形成强大的力量。

著名管理学专家陈春花教授在 2018 亚布力中国企业家论坛第十八届年会中发言指出，领导者的新角色必须是一个布道者。你要给大家很明确的价值观，很明确的选择，很明确未来的指引，因为现在的信息多元，所有的东西冲击来，必须是一个布道者，把价值观讲清楚，能够清楚地知道什么是对、什么是错。

在企业管理过程中，明确领导人的自身定位，适时扮演忠于企业信仰的“布道者”，可以避开企业组织中的职级区别，以“灵魂导师”的形象与魅力吸引员工、凝聚团队。

2.1.2 懂分寸的“属臣”

一艘船触礁后在海上漂泊，船上的粮食马上就要吃完了。眼见得救无望，船员们都很焦急。这时一个悲观的船员开始不停地唠叨“我们要活不成了”“我们要活不成了”。船员一连唠叨了几天，其他船员们把他关了起来。

之后，又出现了另一个乐观的船员，他喋喋不休地呼喊“我们一定会得救的”“我们一定会得救的”。几天之后，这名乐观的船员也被关了起来。

这两名船员被关起来的原因是：不懂分寸。首先船员团队作为一个组织，不论是“活不成了”还是“一定会得救”，这种决断性的话语，在船长明确表态之前，不是一个船员应该擅自传播的。其次，即便是船长做出了某个判断，你成天不停地吆喝、鼓噪，令人生厌，也会由量变引起质变。

作为一个企业领导者，扮演懂分寸的“属臣”，要清晰两个关键概念：一是“属臣”，二是“分寸”。大千世界，古往今来，做事做人都离不开“分寸”二字，而人生中最难把握的也恰恰是“分寸”二字。孔子说“七十而从心所欲，不逾矩”，意思是人生到了古稀之年，已经洞彻世间百态，开朗豁达，就可以达到“从心所欲”的境界。但这种所欲也不能逾矩，这里的“矩”指的是规矩，也可以说是分寸。

我在多年的企业管理经验中，总结了如何准确在企业内扮演懂分寸的“属臣”的三不原则：不说无意识的话，不做无意识的事，不犯无意识的错。

1. 不说无意识的话

在面对上级领导的时候，任何一句话的提出与应答都要经过自己思维的严格判断，审视自己所说的话有没有意义，有没有价值。

2. 不做无意识的事

有些领导者为了自己的形象塑造，在团队成员面前刻意展现某种形象的“人设”，时间一长就容易造成一些没有必要的无意识行为。有一位领导，在下属向其提交工作执行的方案时，往往连方案都没看，随口就要求下属再多提交几个可行性选项，而临到最后做选择的时间节点，又很迅速地在原来的选项中指定一个。这种无意识的要求，白白浪费下属的时间精力，降低其他工作事项的推进效率，时间一长也会堆积下属的反感情绪。

3. 不犯无意识的错

不说无意识的话、不做无意识的事，这两点都非常容易理解。直白地说，就是每句话都要经过周密的思考，要言之有理；做每件事都要有的放矢，能够站在上级、下级的角度去思考事情的结果。那么不犯无意识的错，难道就可以有意识地去犯错？结论当然不是如此。无意识的错显而易见是低级错误，源于自己的工作疏忽造成的失误，那什么是有意识的错呢？有意识的错，明明知道这样的行为是不对的，却还是去犯错了。动机分为两种：一是情非得已，二是明知故犯。明知故犯必须杜绝，情非得已应当坦诚面对。

2.1.3 会平衡的“传话筒”

有一位物业管理公司的中层经理，当分管项目执行的副总接到客户投诉，打电话向他询问客户投诉的原因时，中层经理就立刻打电话问在现场的项目主管，然后再把主管的回答告诉副总。副总听完汇报后提出了整改意见，他又打电话向下级复述一遍。这是一种典型的管理者角色错误，只是充当一个传话筒的工具。

一定层级的领导者在工作中必然面临信息和指令的上传下达，但一定要经过自己的认真解读。下属对工作情况的汇报，是一线工作现状的客观反馈，出于“自我免责”的思维习惯，下属的这种反馈往往是事无巨细，面面俱到。下属容易形成这样一种思维，反正情况我都已经没有遗漏全部汇报了，至于做出怎样的决策那是领导的事。如果中层领导者没有经过自己的思维判断，把没有意义的信息也照样向上反馈，必然引起上级领导的不满，并且认为这个中层缺乏必要的工作能力。

上级领导对工作的布置，往往是对任务结果的直接要求，在什么时间节点完成怎样的工作任务，达到怎样的工作效果，这种布置常常是不包含工作方式方法的。作为中层领导，如果只是单纯地把上级指标要求直接下达，却不为下级提供解决问题的有效方法，一味强调不论用什么方式、我只要这个结果，这样简单粗暴的工作安排往往导致下级在解决问题的时候会有困惑，会遇到困难。

作为一个懂得共情的领导者，在面临信息上传下达的时候，要有意识地站在上级的角度思考。上级需要在大量有效、无效的信息中删繁就简、去伪存真。那么作为中层管理者就应该思考如何提前为上级做好研判，筛选正确的信息内容进行上报。另一方面，一线员工往往由于工作经验、能力、资源等各方面的原因，缺乏有效执行的全方位工作要素。这时作为中层领导要有意识地共情下级的困难、困惑和困境，在下达工作要求的同时体谅下属，为下属指引正确的工作途径、提供有效的工作方法、调动充足的工作资源。这样一位能够在上下级之间有效居间协调与平衡的领导人，才是懂得平衡的“传话筒”。

2.1.4　严于律己的“模范者”

2003 年 4 月 27 日夜，超级巨轮“地中海法米娅号”靠港，需要紧急卸下 3 400 个集装箱。能不能在最短的时间内安全卸下这批集装箱，对青岛港集装箱业务的扩展有着重要的影响。许振超给大家鼓劲加油："咱们是当代中国的产业工人，是码头的脊梁，这活儿一定要干净利索地拿下来，为咱中国人争口气。"8台桥吊一字排开，苦苦鏖战6小时27分钟，桥吊队创出了单船效率339个自然箱和单机最高时效率70.3自然箱的成绩，改写了世界集装箱卸货效率的新纪录。

为此青岛港董事局主席、总裁常德传亲自向许振超献花。几天后，青岛港举行专门的大会，向许振超颁发以他名字命名的青岛港保班名牌"振超效率"。如今，这个纪录已经先后8次被他们刷新。

2013年10月22日，许振超当选全国总工会兼职副主席。2018年12月18日，在庆祝改革开放40周年大会上，党中央、国务院授予许振超同志"改革先锋"称号，颁授改革先锋奖章。①

许振超参加工作30多年来始终严于律己，身先示范，以"干就干一流，争就争第一"的精神，立足本职，务实创新，干一行，爱一行，精一行。他初中文化，靠顽强毅力自学成才，苦练技术，练就了"一钩准""一钩净""无故障运行"等绝活，并模范地带出了一大批具有社会影响力的工作品牌。他深入研究自动化控制技术革新，带领团队先后8次打破集装箱装卸世界纪录，使"振超效率"令世人赞叹。"10小时保班"服务品牌为顾客提供了超值服务，吸引了全球各大船运公司纷纷在青岛港上航线、换大船。2019年12月13日青岛港年集装箱吞吐量突破2 000万标准箱，港口货物吞吐量世界排名第六。

在一个企业组织里面，往往不缺高高在上的领导人，而是少了许振超这样严于律己的"模范者"。许振超担任队长的青岛港桥吊队，不论是老师傅还是新学徒，每一个班组成员都发自内心、自觉主动地以他为榜样。许振超布置工作也从来不需要动用队长的职务名义，他就是一个让所有人从情感上、技术上、成就上都彻底折服的模范领导者。

2.1.5 员工绩效的"推动者"

彼得·德鲁克说："管理者的主要职责就是制定目标，并带领团队去完成这个目标"。因此，帮助员工提升工作能力与水平，助推员工绩效改善，

① 信息来源，http://politics.people.com.cn/n1/2018/1126/Cl00l-30420269.html。

从而实现团队的工作目标，是管理者的首要责任。

但员工绩效的提升是一个复杂的过程。作为管理者，既要熟悉绩效管理的流程，又要懂人性，并清晰员工的工作任务与结果检验标准。

绩效管理一般包括：绩效目标的制定、绩效计划的分解、绩效考核与反馈、绩效辅导及结果应用五大步骤。其中绩效目标的制定与绩效辅导是帮助员工提升绩效的关键；绩效考核是重要手段，但切忌把绩效考核当成扣钱的手段，而是要通过绩效考核来发现员工工作中存在的问题与差距，从而帮助员工改进。

同时，作为一名团队领导人，必须认识到人性的一个基本面——趋利避害。趋利避害是所有生物的自然属性，难以改变。企业员工他首先的属性是人，自然就有趋利避害的行为属性。现代企业管理中绝大多数都在用绩效来衡量员工的价值创造与劳动回报，那么绩效的高低就直接牵涉员工的利害关系。但在具体的管理实践当中有不少管理者，将本属于正面激励的绩效考评进行了错误运用，以扣减绩效为负激励，你表现不好我就扣除你的预期收益，这必然会引起员工内心的不满与压抑。

真正成功的领导者，不是在检验工作结果时把绩效当作扣罚的负激励，而是在开展工作的过程中对员工给予辅导，不断去除影响员工绩效的负面因素，想方设法成为员工绩效的推动者。这样的领导人才是真正站在员工的角度，与员工共情，为员工考虑。

2.2　心智模式：共情领导力的心智模式塑造

不论是在生活还是在工作当中，我们常常会碰到这样一种现象——两个人在观察了同一件事物以后，对事物的表述不一样，观察到的细节不一样，所采取的决策不一样，最后的行动也不一样。最简单的场景是，在人多嘈杂的商场路演舞台前，有很多人围观聚集看热闹，越热闹越兴奋，而有的人觉得毫无意义，选择从远离人群的地方绕道而去。

2.2.1　心智模式的科学性认知

心智模式（Mental Models）按照英文直译为“心理模型”，是指深藏于每个人的内心中关于自己、别人、组织及周围世界每个层面的假设、形象和故事。心智模式并不是与生俱来的，而是在人的成长过程中不断受到外界的环境影响逐渐形成的习惯思维、定式思维、应激反应。也通常指人们一种习以为常、理所当然的认知。

心智模式是简化的知识结构认识表征，人们常用它来理解周围世界以及与周围世界进行互动。心智模式根深蒂固于心中，影响我们如何了解这个世界，如何采取行动的许多假设、成见、图像、印象，是对于周围世界如何运作的既有认知。我们通常不易察觉自己的心智模式，以及它对行为的影响。其实，“心智模式”可以理解为一种思维定式。

要注意的是，这里所说的思维定式并非一个贬义词，而是指我们认识事物的方法和习惯。当我们的心智模式与认知事物发展的情况相符，能有效地指导行动；反之，当我们的心智模式与认知事物发展的情况不相符，就会使自己已有的构想无法实现。

举个简单的例子，“一夜暴富”这个事，有很多人花了大量的时间、精力去琢磨，但“一夜暴富”并不符合事物发展的普遍规律，那么绝大多数具有“一夜暴富”的构想自然也无法实现。那些钻研“一夜暴富”的人，往往不但没有暴富，反而常常把自己陷入更加困难的境地。

在企业组织管理中也是如此，领导人的心智模式是否成熟正确，是否符合组织内部事务发展的科学规律，将大大影响管理者的领导力。不论是生活还是工作，我们都要保留心智模式中科学的部分，完善不科学的部分，取得更好的人生成果。

2.2.2 心智模式的社会性运用

心智模式从学科属性上划分当然是属于心理学范畴，在心理学体系里面，心智模式又同时横跨认知心理学和行为心理学两个分支领域。认知，属于个人内心的心理活动，而行为则明显涉及社会属性，因为你的绝大多数行为都会产生除你本人之外的社会性影响。

以中国传统的对人生成长起指导作用的两个词来看，一个叫“寒窗苦读”，一个叫“金榜题名”。“寒窗苦读”属于认知心理学，是让每一位莘莘学子

对学习的艰辛过程在脑海内进行固化。“金榜题名”则显而易见是通过科举考试的竞争性行为，最终“一朝成名天下知”。只有经历寒窗苦读，才有机会金榜题名，这就是扎根于古时读书人心中的心智模式之一，并对社会发展产生长久性的影响。

心智模式具有以下 6 种特质，这 6 个特质并非相互独立的，如图 2-2 所示。

图 2-2　心智模式的特性模型

1. 不完整性：人们对于各种现象所持有的心智模式大多都不完整

心智认知是一种模糊性的心理行为，有明确的指向性，但不一定事事都具备完整的理由判断。最常见的场景就是女性询问她的伴侣：你为什么喜欢我？对于男生而言，他会具有喜欢这个女生的强烈认知，但要想对这个认知进行 100% 完整的描述是做不到的。从心智模式的完整性来说也是如此。中国古话说的“人无完人”，可以看成是对这个特性的经验性总结。任何一个人都不可能具有绝对完整的心智模式，用于指导一切面对世界的行为。儒家思想自古以来所推崇的“修身”与“止于至善”，可以理解为对完美心智模式的无限追求。

2. 有局限性：人们对于心智模式所引发的行为执行能力会受到限制

这一特性使得出自《尚书·汤誓》的成语“自食其言”变得非常容易理解。

出言可以视为人们对由自己心智模式所引发的行为的预演，但是由于心智模式对行为的影响存在着局限性，并不是所有的心智行为都能得到完美的执行。立志减肥就是现代社会最常见的“心智癌症”，出于对自己身材发胖不满的心智思维，引发各种减肥的实际行动，绝大多数都无疾而终。那些能坚持执行减肥计划并获得预期效果的人，一般来说都具有相对坚强的心智模式。当前流行于微信朋友圈的立 Flag（旗帜）热潮，也可以视为源于这一特性的存在。

3. 不稳定性：人们对于心智模式的使用细节经常会忘记，尤其在不经常使用时

经过恋爱，通过婚姻，步入家庭，时间一长女性一方常常会发出“你变了，你不爱我了”这样的感慨。实际行为的具体表现有很多种，比如恋爱时的热情浪漫，各种花式秀恩爱，在长时间的婚姻生活中逐渐消失，究其根源在于不同时间段的心智模式发生了变化。恋爱时出于强烈的心智模式所激发出的种种使用细节，在婚后长时间不经常使用，导致脑海里逐渐缺乏对过去种种细节的记忆。而事实上，也有一些具有长时间浪漫心智模式的伴侣，能够时不时在漫长的家庭生活中不断创造各种有利于情感融合的小惊喜。具有这样比较稳定的心智模式的人，往往在工作当中也能够持续给团队带来正向的激励。

4. 无边界性：人们对于心智模式发生作用的类似机制经常会相互混淆

前面在不完整性分析的时候已经提到，心智认知是一种模糊性的心理行为。心智模式的形成是感性和理性相互结合的产物。如果心智模式是纯粹的，根据客观分析引发理性行为的运用模式，那就不可能会有“因爱生恨”这种极端现象的产生。而事实却是，不论是中国人还是外国人，不论是过去的人，还是现在的人，都存在源于“因爱生恨”的心智思维而引发的恶性行为。出于对这一特性的掌握，团队领导者应当有意识地判断团队成员中是否存在心智模式作用机制出现混淆的状态，尽可能地避免非理性行为的产生。

5. 不科学性：人们对于心智模式可能采取“迷信”的思维，即使他们知道这并不科学

这一特性非常有意思。心智模式建立的原理是通过科学分析人类行为的心智来源，但在分析过程中肯定了人类的心智模式具有“迷信”的特点。可以在很多贪污腐败官员的案例中清晰地看到这种现象，明明在理性思维上得知对抗组织的行为最终会被揭穿，却主动开启“迷信”的心智模式。心智模式中不科学性的这一特点，根本原因是出于对科学理性分析的结果既无法接受，又无力改变，从而把希望寄托在超自然的某种思维意识上。我们必须注意到的是，这种“迷信”思维是具有正反两面性的。例如，为大众苍生、家庭成员祈福，就是典型的由心智模式引发的一种正向行为。如果遇到这种正向祈福的场景，你还特意跑过去发表一通理性泼冷水的言论，那只能说明是你的心智模式还不够成熟。

6. 自简约性：人们对于心智模式会做一些可以透过心智规划而省去的行动

简单来说，自简约性这一特点是让人们通过合理的心智想象与规划而略去一些看似需要实则不必的实际行为。并不是每一个心智念想都有必要通过实际行动去检验。我们常说的转念一想又觉得其实没有必要，就是描述的这种思维场景。团队领导者通过了解这种心智特性，可以把一些原本准备去付诸行动的事情，在内心通过思维规划去预测结果。但是也要注意这种心智自简约特性，有时也会给工作带来负面的影响。以实际可能存在的现象举例，本来下级员工向上级反映工作中存在的问题，但是在脑海里设想了一下面谈的场景和结果，转念还是觉得算了吧，多一事不如少一事，还是别在这件事上花心思吧，反正就算和上级反馈了，也不见得有什么好结果。

作为组织的领导者，应该对心智模式的 6 种特性引起足够的重视。这种特性认知能帮助领导者准确识别组织成员的行为动机原理，并且在大概率上可以通过对团队成员心智模式的了解而预见各个成员的未来行为，从而采取有针对性的管理措施。例如，某团队成员的心智模式局限性较强，那么就要经常关注这个人对承诺行为的执行力度，对过程当中的重要节点进行监督和提醒。如果领导者缺乏对团队成员这一心智特征的掌握，只是一味简单地布置工作，等待结果，往往就会发现结果并不如你所愿。与其在没有结果时对员工严加斥责，不如在过程中有预见性地加以防范，而这些善意的监督和防范，一定比没有结果时的指责抱怨更容易在团队成员心中增添对领导者的认可和钦佩。

2.3　工作表达：共情在工作表达中的运用

在工作组织中，不同成员角色之间存在的工作表达直接影响整个团队的工作绩效。但往往会出现各种因素影响工作表达的效率。放眼自然界的舞台，狼是最善于群体表达的动物，它们内部之间的沟通本质上是出于生存的需要，更是出于狼群团队的高度社会性，它们之间很少相互攻击，更多是坦诚相见、绝对真诚，也正因为如此，狼成为动物中最优秀的种族。

影响组织内部工作表达是否通畅的常见因素包括：沟通技巧、角色立场、团队利益等。不排除的一种工作表达的场景是，上级布置工作任务，下级出于对上级表达方式的不满并不是主动情愿地接受任务，而是出于对自己利益的考虑，不得不接受。

2.3.1　与下级员工的共情表达

某电子制品厂 2019 年 7 月校招了一批毕业生，共计 22 人，进入该厂三号车间开始实习。按照该厂规定，实习期满进行操作达标测试，测试合格者予以转正，不达标者延长一个月实习期，延长期满考核达标办理转正，仍不达标者予以转岗或辞退。

10 月初的技能考核达标者共有 17 人。但人力资源部表示，根据三号车间当时的人员岗位编制，只有 15 个正式工的指标，本批次考核达标者当中有 2 人不能立即办理转正，具体转正时间未定。

人力资源部提出两个解决方案：一是，向公司申请三号车间增加正式员工的数量编制，但不知能否获批；二是，已达标但不能立即转正的员工，先行编入三号车间工作岗位，待三号车间人员编制空缺出来后予以办理，未转正期的薪资依然按照实习期标准发放。以上两种处理方案，都面临本批次达标的 17 名员工中，有 2 人无法按时办理转正。

在此案例中，车间主任面临的选择就是如何从 17 名同样达标的实习生当中，挑选出 2 人排除在本次转正名单之外。

常见的做法是根据技能考评的成绩高低采取末尾排除法，选择 17 名合格者中成绩最末的两位确定为不能转正的对象，并就实际情况直白地与这两人进行沟通。当然这是最简单而又合理的处理办法，但这样的结果肯定是没有站在那两位员工的角度去共情思考。

作为一位合格的领导者，面临这样一种局面，应如何正确运用共情思维进行有效的工作表达？

首先，要对事情的合理性进行准确分析。就本案例来说，合理性是倾向于 17 名考核员工的。车间岗位编制数量不够，并不是员工的错，员工已经达到了考核水平，就应该正常转正。

其次，站在员工的角度进行共情思考。可以这样说，这一批 17 名合格员工，谁都不愿意自己成为那两个“倒霉蛋”，用自己的利益损失为企业的管理漏洞买单。作为面临本次工作表达的领导人一定要具备这样的同理心。

最后，一位高情商的领导者应如何处理此事呢？一是，对于人力资源部门提出的两种处理方案选择第二种，先把所有的合格人员接收进车间安排工作岗位，这意味着对考核成绩合格这一事实的认可和尊重。二是，找到考核末尾的两名员工，坦诚地告知车间人员编制的现状，是因为公司方面的原因导致两人暂时缺少正式职工的名额，但这并不影响两人进入车间岗位工作。三是，站在员工的角度考虑他们的切身利益确实受到了一定的损失，可以征询两人的意见，是暂时放弃转正前的薪资标准，还是希望车间从其他某些方面予以补偿。

2.3.2　与平级同仁的共情表达

小敏生完小孩后，入职某大型公司，她在工作上喜欢争强好胜，有时还会抢同事的事情来做，以向领导邀功，后来被升为部门主管。这导致部分同事开始排斥她、提防她。有次她在公司洗手间听到同事在私下议论：小敏不就长相好看点，做事能力又不行，就喜欢抢我们的功劳……

小敏生性敏感，受不得这种委屈，所以等不及下班，便打电话向老公倾诉她的遭遇。不料老公却回复说：“我所在单位工资还不错，你在工作上那么卖力与别人竞争干嘛？照顾好家庭与宝宝比工作更重要……”啪！还不及老公说完，小敏便把电话挂了。几分钟后，她发微信给老公：你比她们更让我寒心。

每位职场人都应该记住，别在和同事竞争时失去理性和风度，全盘否定对方的成绩，要力求公平、合理地评估对方的能力，并制定适合自己的竞争方案才能确保稳中求胜。良好的共情可以让你在职场中通过工作表达在解决问题的同时收获好人缘。与平级同事同心同德、协同合作，多设身处地为同事着想，抛弃“自扫门前雪”的狭隘思想，避免成为孤立无援的职场人。

2.3.3 与上级领导的共情表达

虽然“直接沟通”已经成为越来越多企业推崇的文化，但方式“直接”并不意味着内容“直白”。

这是一个真实的职场案例。

一位软件工程师技术水平很突出，年纪轻轻就在公司任职项目经理。有一次公司邀请了某大厂著名系统架构师来公司和他的项目组进行交流，公司需要就沟通的内容提前选择主题。领导选择了某一个非常“高大上”的内容，但这项内容在项目系统开发中并没有太多实用价值。这位项目经理在项目组中进行征集和筛选，选取了目前他们项目组以及行内的一些技术难点和痛点作为交流的内容。总体上他选取的内容更有利于项目的推进，但是他的领导没有同意。项目经理当面就说领导的选择是错误的，和领导顶上了，结果不欢而散，他的交流方案也被拒绝。最后听同事反馈，领导选的主题并不理想，交流的内容非常空洞，浪费了一次和技术“大牛”沟通的好机会。

说服的目的是解决问题，而不是谁对谁错，所以不要逼着领导承认自己的错误，而是告诉他：“××总，如果我们这次同专家进行难点技术讨论和沟通，请他们帮助解决我们的问题，项目成本预计会降低××万。”通过这种沟通方式，领导心里可能就会想到，给公司带来真金白银的利益才是最实在的。

当领导提出自己想法的时候，下级不能立马就将自己存在分歧的观点抛出，更不能说领导的观点是错误的，是不正确的，这样就是和领导站在对立面，后续的沟通很难进行下去。领导也是普通人，普通人天生都会有保护自己的应激反应。与领导共情的工作表达，目标是让领导接受我们的观点，而不是去争论谁对谁错，解决问题才是王道。人都是不愿意承认自己是错误的，领导也是。

在《杜拉拉升职记 2》里，小区销售经理张凯由于太过较真儿，跟领导产生了言语冲突，来找杜拉拉诉苦。身为 HR 经理的杜拉拉劝他："你为什么不正面表述自己的愿望呢，谁会爱听你像一个怨妇一样抱怨？更别说老板了。闹到最后，活你也干了，老板也让你得罪了。"

这话没错，和老板沟通，不需要面面俱到，不需要肝胆相照，甚至不需要动之以情、晓之以理——因为老板不是挚友，不是恩师，"实话"很可能成为他们眼中的"傻话"。

《射雕英雄传》里的郭靖就很明白这个道理。

郭靖一生有很多师父，比如江南七怪、洪七公、周伯通等，每一位师父都对他倾囊相授，教他武功也教他做人。正是因为有这么多师父的辅导，才成就了融合"九阴真经""降龙十八掌""左右互搏"三大盖世武功的郭靖。

能与强者同行的人，多半也有过人之处。郭靖的过人之处，不仅在于勤奋好学，更在于他深谙与上级的相处之道。郭靖经常受到师父们的教训，但他没有怨言，也从不争对错。在整部《射雕英雄传》里，竟然没有郭靖抱怨的内容，这是一个难得的品质。在职场中，不抱怨有很多好处，既不会跟上级发生直接冲突，也不会给别人留下话柄。

2.4 人际关系：共情沟通是你的撒手锏

人际关系是人与人在相互交往过程中所形成的心理关系，人与人之间交往的关系包括亲属关系、朋友关系、学友（同学）关系、师生关系、雇佣关系、战友关系、同事及领导与被领导关系等。

人际关系是在社会生活中人与人之间的直接交往关系，反映的是人与人之间心理距离的具体状态。不同人际关系的形成，是通过人际交往实现的。人际交往通过人与人之间一定方式的交流、接触、沟通以及相互影响，以情感融合、思想共同、追求一致、互有帮助等需求的实现，形成了各种各样的人际关系。

2.4.1 人际关系影响心智模式

在前面心智模式的章节讲到过，生活中存在这样的现象——两个人在观察了同一件事物以后，对事物的表述不一样，观察到的细节不一样，所采取的决策不一致，最后的行动也不一致。在这个章节，转换一下设定，假定同样一个事件，发生在不同的人身上，我们来看看会有什么不同的结果。

某日张明邀约三五亲朋好友相聚，在一家酒店就餐。精致的环境、可口的佳肴、热闹的氛围，这一切都让大家感觉非常愉悦。不一会儿，服务员用托盘送上几只玻璃杯。就在服务员走到张明身边准备递玻璃杯时，正好张明举手夹菜，服务员没注意撞到他的胳臂，把玻璃杯打翻在餐桌上，破裂飞溅的一块碎片把张明的右手划出了一道浅浅的伤口。

服务员赶紧给张明道歉，也及时通知了餐厅经理过来处理。经理代表酒店进行道歉，征询张明和其他宾客的意见后，在现场用酒店常备的医疗物资进行伤口清洗，贴上了创可贴。经理表示如果后续有什么不良反应，酒店负责安排就医，并承担相关费用，今天的晚餐全单 5.8 折优惠。经协商一致后，晚餐继续进行。

从案例的客观情况分析，首先酒店作为服务提供方，服务员作为实施服务的执行者，是有责任义务保证服务过程的完整性，以及用餐客人的安全性。对上述案例，我们先进行定性分析——酒店及时做出了相应的处理措施，获得了客人的谅解，并进行了经济上的优惠作为补偿，在讲道理的层面与客人达成了一致，获得了圆满的处理。

现在我们把案例的场景转换一下，同样是张明邀约宾客就餐，但不是去酒店，而是到张明家里用餐。打碎玻璃杯划伤张明的是他的妻子，事情的客观性质是完全一样的。请大家思考，如果你是张明，你对打破杯子的妻子会是什么反应？我想在这个场景下，不论谁是张明，应该都不会去埋怨妻子，而是一打碎杯子，第一反应是赶紧查看自己妻子，关心她有没有受伤，还要安慰她没事，“碎碎平安”，给她压惊。应该不至于有人会像在酒店里对待服务员一样，要求妻子道歉和赔偿吧？

对于这个同样的事件，因为当事人与张明的人际关系不同，我们发现在家里对妻子就不会按讲道理的层面去处理，而是讲情面。换个角度思考一下，如果在家庭成员之间发生了这件事，按照讲道理的层面去处理，会是什么后果？如果在家庭内部，每件事都按讲理的标准去处理，估计要不了多久就会发展成用法律来处理了。这就是最基本的情理法的递进逻辑，在不影响公众利益、秩序、公平的前提下，对待事情的应对尺度。

这就带来了一个非常值得思考的现象——人们会在心智模式的引导下，采取不同的行为来应对同样一件客观的事情。那么有哪些因素会对心智模式的行为反应产生影响呢？人际关系就是这些因素中非常重要的核心影响之一。

根据对人际关系的解析，人际关系是在社会生活中人与人之间的直接交往关系，反映的是人与人之间心理距离的具体状态。那么不同的人与人之间的交往关系会产生不同的心理距离。同样是迟到，你对待公司同事上班迟到和对待自己孩子上学迟到，就会产生不同的行为反应。

2.4.2　善用共情沟通改善人际关系

某网络游戏公司推广部有七八十位员工，分为巅峰、传奇、明月、战狼 4 个战队（工作小组），每个战队有自己的队长（主管）。在与其中某个战队的一位员工进行有关薪资绩效的谈话时，这位员工对其队长的工作管理表现出了明显的不满。

推广部员工的周绩效由两部分构成：基本底薪 + 每日人数奖励（新开户玩家）。其中基本底薪根据职级标准分为三档，每日人数奖励为单个员工在一天的工作时间内新拉入游戏开户的玩家，按人数计算，不论玩家是否充值均为 10 元一个的绩效标准。按理来说这是一个非常简单而又客观的标准，为什么会引起这位员工的强烈不满呢？

当询问他为什么对自己的绩效有意见时，这位员工直接脱口而出：“我的键盘不好用！”。原来这名员工是新人，在入职之前，他的工位空置了几天。而这时另外一位员工向队长提出自己的键盘不好用，队长就把这个空置工位的键盘换过来，将这块反应有些迟钝的键盘插在了空置工位上。当新入职的员工发现键盘问题时，向队长反应，队长没有给予正面回复，反而口气有些强硬地说："这块键盘别人原来也用过，你怎么不能用了？"。新入职员工又通过私下和同事聊天得知，自己工位上的键盘被队长换给了本队的另一位员工，这位调换键盘的员工是队长老家同村的小伙伴，他加入这家公司也是队长从老家叫来的。

队长出于帮助提高员工工作效率的出发点，将空置键盘调配给小组成员，这个行为合情合理。当新入职员工再次遇到同样问题的时候队长采取了不同的处理标准，在新入职员工心里造成了不良的负面看法。新员工很容易形成这样一个观点：同样是这块键盘，别人和你说换你就换，我和你说的时候，你不但不帮我解决，还用难听的话怼我。你这样做，还不是因为那谁谁和你是一个村的老乡！

从共情沟通的角度来说，这名战队的管理人员，应当在新员工刚刚入职的时候就主动向员工说明，告诉他这个工位上的键盘存在一些问题，但也不至于不能用，原来有其他同事也用过。换到你的工位来，是因为你的工位空置了一段时间。现在你看能不能委屈一下先暂用一段时间，战队这边会尽快和行政部门反应，争取尽早配置新的键盘过来。虽然你这段时间用着可能会感觉有点不舒服，但是一旦新键盘发过来了，那肯定比你之前没换掉的那块还好用。

站在与沟通对象共情的角度进行交流，不论是在生活中还是工作上都会使得你与周边人群的相处更和谐、更贴心。家庭内部的人际关系会更融洽与亲近，团队之间的人际关系会更坦诚与凝聚。

2.4.3 共情沟通要时机相宜

想要与人有效沟通，首先要做到共情。所谓共情，也常被称为同理心，指的是一种理解他人的能力。即能理解他人的情绪和感受，并给予适当的回应。只有做到与对方共情，理解对方的感受，才能有感而发地产生共鸣，进而达到有效沟通的目的。

哪些是共情沟通的相宜时机呢？古时有一首绝句：久旱逢甘露，他乡遇故知。洞房花烛夜，金榜题名时。传说这四句为杜甫所作，名曰《四喜》，它总结了人生最高兴的四件喜事，因此而得名。在男女新婚时常贴的一副对联是：诗歌杜甫其三句，乐奏周南第一章。“杜甫其三句”即是指《四喜》中的第三句“洞房花烛夜”。“周南第一章”则是指《诗经·国风·周南》里的第一章《关雎》，是描述男女相爱的诗句。在新婚大喜的日子，应景用上这样贺喜的对联，就是把握相宜时机进行共情沟通的最佳体现。

2.5　情商修炼：好情商成就好职位

最近几年，“情商”这一概念一直很火。生活中，也有越来越多的人喜欢拿情商说事。但是，不少人对情商的理解，其实有失偏颇，甚至存在一些理解误区。

情商（Emotional Quotient）的标准含义指的是情绪商数，简称 EQ，主要是指人在情绪、意志、耐受挫折等方面的品质等，它是近年来心理学家们提出的与智商相对应的概念。

情商最早由两位美国心理学家约翰·梅耶（新罕布什尔大学）和彼得·萨洛维（耶鲁大学）于 1990 年首先提出，但并没有引起全球范围内的关注。直至 1995 年，由时任《纽约时报》的科学记者丹尼尔·戈尔曼出版了《情商：为什么情商比智商更重要》一书，才引起全球性的 EQ 研究与讨论。因此，丹尼尔·戈尔曼被誉为“情商之父”。然而，即使是情商之父，在书中并没有复述情商的准确定义（指抽象定义）。这也说明 EQ 仍然是现代心理学中一个新产生的名词，其定义仍在不断更新、不断进步中。

当然，人类思维具有情商的特点，肯定不是经西方理论创造之后才开始具备的。情商是人类在长期演变过程中伴随着智商进化和社会进步而逐渐形成的。在中国古代，多用“心性”一词来涵盖情商的意思。“世事洞明皆学问，人情练达即文章”就是对情商最好的诠释。从最简单的层次上定义，提高情商就是要把不能控制情绪的部分变为可以控制情绪，从而增强理解他人及与他人相处的能力。这种对情绪控制以及对他人的理解，并不是先天形成的，更多与后天的培养息息相关。在职场中修炼和提升自我情商，将有助于获得组织成员的广泛认可。

2.5.1 情商认知的三大误区

1. 误区一：情商等于人际交往能力和技巧

情商并不等同于社交能力，情商高的人也不一定就很擅长社交。个人是否喜欢社交由性格内外向决定，跟情商没直接的关系。内向的人即使情商高，也可能显得不怎么社会化，与周围人保持距离感，让人觉得“很难打交道”。

人与人之间不是用“技巧”交往的。情商高的人善于与人交往，是因为他能体会对方的内心感受，也就知道什么时候该怎么做。

理解他人从理解自己开始，人总是通过感知自己的真实情感，开始学会感知别人。感情细腻、经历丰富的人，亲身体会过更多的喜怒哀乐与悲欢离合，并对人类情感的复杂性有了更加深刻的认识，也就更能理解他人，尊重、感知、触及他人心中那些无法表达的东西。

随着社会经济的不断发展，越来越多的民众开始关注以前只是在高层次人群中才会提及的情商。网上也有越来越多关于情商的文章。在现实生活中，有不少人非常简单地认为说话讨人喜欢、在人群中混得开、朋友多就是高情商。甚至把那些出言直爽、没有城府的人，都说成情商低。实际上，网上流传的“所谓高情商，就是会说话”完全是对情商的一种误解。处事圆滑，说话让人舒服的确是一种很棒的能力，但这不代表他情商一定高。一个人若抱着讨好他人的心态与人交往，必然是有为了满足自己内心需求而刻意奉承的目的。

2. 误区二：内向的人情商低

丹尼尔·戈尔曼所著的《情商：为什么情商比智商更重要》里有这样一个例子。

一个幼儿园的孩子安迪，特别内向，很少和其他小朋友一起玩游戏。有一次，在一个幼儿园的玩具小屋模型，里面有所有小朋友的大头贴。老师让安迪来安排每个小朋友到玩具屋里他们最喜欢的地方玩，并且让安迪给每个小朋友找到他们最喜欢的小伙伴。

结果让老师非常震惊。安迪不仅知道每个小朋友最喜欢在哪个角落玩，也准确地知道每个小朋友跟哪个小朋友关系最好。

这个游戏的成功，代表着安迪能准确地理解他人的情绪波动。他通过观察，就知道其他小朋友在哪里是高兴的，跟谁在一起的时候是愉快的。最终老师发现，其实内向的安迪，才是全班最有情商的一个人。

苏珊·凯恩在《安静：内向性格的竞争力》中说：大众之所以会认为高情商的人就是外向的人，很多时候是由外在社会营造的一种价值观造成的。

说到底，情商是一种管理情绪的能力，与性格并没有直接联系。性格外向的人不一定就是情商高，性格内向的人也不一定就是情商低。最常见的例子就是某人因为性格外向又热情，总是喜欢有事没事找身边的人聊天，不分时间场合、身份关系就给他人发信息，时间一长自然会引起别人的反感。这种就是性格外向但不懂得情绪控制、不懂得与人共情的低情商表现。希望我们都不要再简单地从性格内向与外向去认定一个人的情商高低。

3. 误区三：情绪越少越好

有心理咨询师说过：情绪无法向外表达，人的攻击性就只能向内，一旦开始自我攻击，就会产生很多问题。

不知道从什么时候开始，我们逐渐被灌输了各种所谓大道理：

真正厉害的人，都戒掉了情绪；

做一个不动声色的大人；

高情商的人，都懂得控制情绪；

……

这些话语里面仿佛都暗含了一个道理：喜怒不行于色才是高情商。于是受到这些似是而非的“道理”影响的人，都开始觉得只要有情绪就是不好的，大家都想戒掉情绪。于是很多人，有了情绪，尤其是负情绪，就喜欢忍着，强迫自己理智对待。

但事实是，每个人都是有喜怒哀乐的，情绪本身并无好坏，过分压抑，最终只会伤人伤己。认为情绪越少越好，绝对是对情商的误解。学会正视、接纳、合理调节自己的每一种情绪，才是真正的高情商。一个没有任何情绪的人，那就类似于机器人，对周围的一切都无动于衷。团队取得了阶段性的成功，大家举杯欢庆，你却心如止水；身边的亲友发生了不幸，都在为此难过，你却平静淡然。这样的人看似戒掉了情绪，实则在为人处世上误入了歧途，最终难免众叛亲离。每个人都是血肉之躯，自然会有喜怒哀乐的情感表达，高情商不是戒掉情绪，而是合理控制和展现情绪，这才是情商修炼的正道之选。

2.5.2 情商涵盖的三种能力

情商是一种能力，是一种准确觉察、评价和表达情绪的能力，一种接近并产生感情，以促进思维的能力，一种调节情绪，以帮助情绪和智力发展的能力。对情商的能力表现进行结构性分析，可以提炼出以下三种核心能力：准确评价和表达情绪的能力、有效调节情绪的能力、将情绪体验运用于动机和意志的能力，如图 2-3 所示。

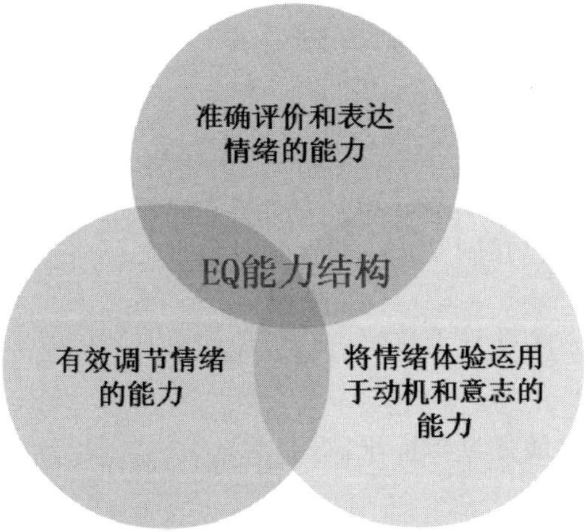

图 2-3　情商的 3 种能力结构

1. 准确评价和表达情绪的能力

情商能力首先表现为对自己和他人情绪的识别、评价和表达。也就是对自己的情绪能及时地识别，知道自己情绪产生的原因，还能通过言语和非言语（如面部表情或手势）的手段，将自己的情绪准确地表达出来。这是情商掌控最基本的能力。这种能力对于个体在人类组织中的生存和发展具有重要的影响，它使人们之间能相互理解，使人与人之间能和谐相处，有助于建立良好的人际关系。

但是在现实社会中，有不少人已经步入而立之年，还像孩子一样，不懂得正确识别自己的情绪状态，任由自己的情绪不受控制地向外界发泄。

人们不仅能够识别自我情绪状态，而且能觉察他人的情绪，理解他人的态度，对他人的情绪做出准确识别和评价。我们常说的“察言观色”正是对他人情绪进行识别的总结和概括。

2. 有效调节情绪的能力

情绪调节是一个古老而又年轻的话题。在中国传统医学里把情绪调节放到了相当重要的位置，如“怒伤肝，忧思伤脾”的观点，反映了朴素的心理免疫思想以及对情绪调节与身心健康关系的认知。近代心理学研究者基于正常人群经验和有关实证研究，提出积极情绪和消极情绪均可以通过主动调节，从而提高个体的心理健康水平。

调节自己的情绪在当下是一个人必备的能力。如今的社会每天都在推动人们的工作、生活向快节奏方向发展，信息量暴增、碎片化时间，这些都在时刻影响着每个人的情绪。个人自身的情绪变化往往不仅影响自己，同时也会对周边的人产生影响，从而影响我们的工作效率、家庭氛围。

人们在准确识别自我情绪的基础上，能够通过一些认知活动和行为策略，有效地调整自己的情绪，使自己摆脱焦虑、忧郁、烦躁等不良情绪。如有人在跳舞时能体验到快乐的心境，找朋友谈心可以产生积极的情感。当人们情绪不佳时，就可以采取这些方式回避消极的心境，使自己维持积极的情绪状态。同时，人们也能在觉察和理解别人情绪的基础上，通过一些认知活动或行为策略，有效地调节和改变其他人的情绪反应。

3. 将情绪体验运用于动机和意志的能力

三只青蛙掉进鲜奶桶中。

第一只青蛙说：“这是命。”于是它盘起后腿，一动不动，等待着死亡的降临。

第二只青蛙说：“这桶看来太深了，凭我的跳跃能力，是不可能跳出去了。今天死定了。”于是，它沉入桶底淹死了。

第三只青蛙打量着四周说：“真是不幸！但我的后腿还有劲，我要找到垫脚的东西，跳出这可怕的桶！”

于是，第三只青蛙一边划一边跳。慢慢地，鲜奶在它的搅拌下变成了奶油块。在奶油块的支撑下，这只青蛙奋力一跃，终于跳出了奶桶，救了自己。它是群体里的高情商者，如果有可能，它甚至可以主宰青蛙王国。

从上面这个寓言故事可以很好地体会将情绪体验运用于动机和意志的能力的含义。有研究表明，情商在人们解决问题的过程中，能影响认知的效果。有效掌握情绪的波动可以帮助人们思考未来，考虑各种可能的结果，帮助人们打破定式或受到某种原型的启发，可以使人们创造性地解决问题。同样是面对挫折打击，有的人“从此一蹶不振”，有的人“化悲痛为力量”，充分体现了情绪运用能力的高下之别。

2.5.3 情商对于领导力的影响

在美国企业界，人事主管们普遍认为，“智商使人得以录用，而情商使人得以晋升”。一个著名的案例是，被誉为新泽西聪明工程师思想库的 AT & T 贝尔实验室，一位经理受命列出他手下工作绩效最佳的人。从他所列出的名单看，那些认为工作绩效最好的人不是具有最高智商的人，而是那些情绪传递得到回应的人。这表明，相对于在社交方面显得性格孤僻、难以相处的技术天才而言，那些在工作中能够找到良好的合作者以及善于与同事相处的领导人，更容易获得为达到自己的目标所需要的团队合作。

另一个案例是，美国创造性领导研究中心的大卫·坎普尔及同事在研究“出轨的主管人”（指昙花一现的主管人）时发现，这些人之所以失败不是因为技术上的无能，而是因为人际关系方面的缺陷。

人们常常会在组织的领导工作中发现这样一种现象：有些领导者的智商很高，却在工作上没有太大的成就。有些领导者看上去明明智力平平，却总能不断获得成功。除去某些客观因素之外，能够不断获得成功的领导者在情商水平方面一定存在过人之处。这样的领导人善于了解自己，愿意关注他人，能够协调关系，同时还具备着很强的情绪体验运用于动机和意志的能力，具有不折不挠的奋斗精神。

根据一份关于领导力的研究报告分析，有些企业里面的高级主管很难正常开展工作，其中一个重要原因就是这些高级主管在企业或部门内的人际关系非常紧张，而不是源于理论研究是否正确、工作计划是否合理等技术性问题。经过多年的研究和发展，情商对于领导者的现实价值，已为领导者、管理者和学界所普遍认同。随着以人为本的现代科学管理理念的普遍确立，情商已经成为提升领导力的重要途径。

2.6　认识情绪：领导者的情绪管理策略

情绪管理（Emotion Management）是指通过对个体自身情绪以及他人情绪进行有效的识别，从而产生对情绪的认知、协调、引导和控制。充分挖掘和培植个体与群体的情商，培养控制、管理情绪的能力，从而确保个体和群体保持良好的情绪状态，并由此产生良好的管理效果。

2.6.1　情绪管理源于情绪认知

情绪一词由拉丁动词“行动”（motere) 而来，表示促使个体采取某种行动的驱动力，描述人对客观事物的态度体验以及相应的行为反应。一般认为，情绪是以个体愿望和需要为中介的一种心理活动，是个体受到某种刺激（内在或外在）所产生的一种身心激动的状态。 情绪是主观意识的经验，会影响行为且不易自我控制。

情绪具有肯定和否定的性质。能满足人需要的事物会引起人的肯定性质的体验，如快乐、满意等；不能满足人需要的事物会引起人的否定性质的体验，如愤怒、憎恨、哀怨等；与需要无关的事物，会使人产生无所谓的情绪和情感。积极的情绪可以提高人的活动能力，而消极的情绪则会降低人的活动能力。

罗伯特・普拉切克是阿尔伯特爱因斯坦医学院的名誉教授，并且是南佛罗里达大学的兼职教授。他获得哥伦比亚大学的哲学博士学位，同时他也是一位著名的心理学家。罗伯特・普拉切克情感理论是一般的情绪反应中最有影响力的分类方法之一。他认为人类存在 8 种基本情绪，如图 2-4 所示。

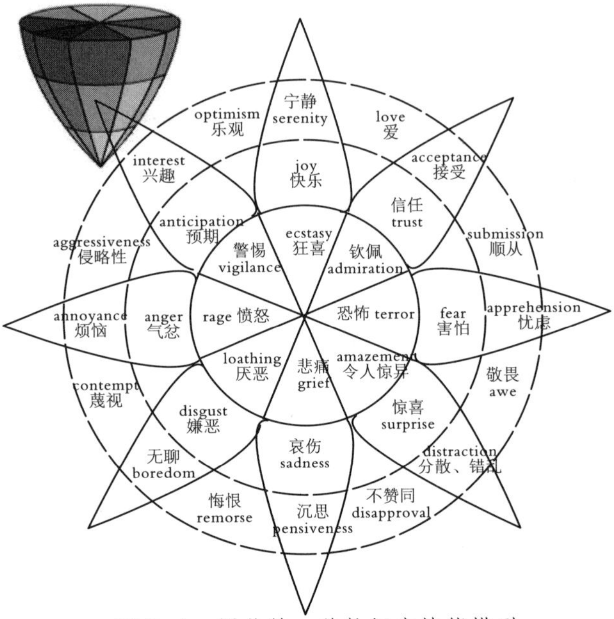

图 2-4　罗伯特·普拉切克情绪模型

- 悲痛（Grief）。
- 恐惧（Terror）。
- 惊奇（Amazement）。
- 钦佩（Admiration）。
- 狂喜（Ecstasy）。
- 愤怒（Rage）。
- 警惕（Vigilance）。
- 厌恶（Loathing）。

中国传统文化中用“七情六欲”来形容人的情绪和欲望。七情：喜、怒、哀、乐、爱、恶、欲。六欲：见欲、听欲、香欲、味欲、触欲、意欲。

为了解释情绪的意义，查尔斯·达尔文在 1872 年写过一本《人与动物的感情表达》。达尔文认为，情绪帮助动物适应环境。表达情绪和表现动物的身体特点有同样作用。例如，狗在地盘被侵略的时候愤怒狂吠，让敌人认为它比实际上更具有攻击性。达尔文认为，情绪大多有目的性，因此是自然选择的产物。在家饲养宠物的人士，会对宠物的情绪表现有深刻的体会。

2.6.2　情绪管理的基本原理

情绪是个体受到外界刺激后引起的身心激动的状态，会通过情绪行为在身体动作上进行表现。行为表现越强，说明其情绪波动越强。例如，喜悦会表现出手舞足蹈、愤怒会表现出咬牙切齿、忧郁会表现出茶饭不思、悲伤会表现出痛心疾首等。

情绪无好坏之分，一般划分为积极情绪、消极情绪。由情绪引发的行为则有好坏之分、行为的后果有好坏之分。情绪管理并非消灭情绪，也没有必要消灭，而是疏导情绪并合理化之后的信念与行为。

企业组织管理的对象是员工，而员工的情绪好坏会直接影响人的活动能力和工作效率。一般来讲，正面的情绪能够起到促进协调和组织的作用，有利于团队成员工作效率的提高。负面的情绪对人的行为所产生的消极影响来自诸如焦虑、挫折感等所引起的破坏、瓦解和干扰作用。组织管理人员就是要想方设法掌握和控制员工的情绪，帮助员工克服消极的情绪，保持积极的情绪状态，从而保持生产和工作效率的持续高涨。

2.6.3　领导者要善用情绪管理策略

领导者要对组织成员的情绪进行管理，使得组织的工作效率能够保持在一定的高水平上，需要掌握以下关键要素。

1. 认知情绪管理的主要方面

情绪管理的 5 个构成方面：情绪自我察觉、情绪自我控制、情绪自我激励、他人情绪识别、人际关系处理。

情绪自我察觉：监视情绪的时刻变化，能够察觉某种情绪的出现，观察和审视自己的内心世界体验，它是情绪智商的核心，只有认识自己，才能成为自己生活的主宰。

情绪自我控制：掌握自己的情绪，使之适时适度地表现出来，即能调控自己。

情绪自我激励：能够依据活动的某种目标，调动、指挥情绪的能力，它能够使人走出生命中的低潮，重新出发。

他人情绪识别：能够通过细微的社会信号、敏感地感受到他人的需求与欲望，是认知他人的情绪，这是与他人正常交往、实现顺利沟通的基础。

人际关系处理：调控自己与他人情绪反应的技巧。

2. 掌握情绪引导的关键原则

由于每个人具有不同的情商特质，因此在遇到同样的外界刺激时，会产生不同的心理反应，从而引发不同的情绪行为。

情绪 ABC 理论是由美国心理学家阿尔伯特·埃利斯创建，认为激发事件 A（Activating event ）只是引发情绪和行为后果 C（Consequence）的间接原因，而引起 C 的直接原因则是个体对激发事件 A 的认知和评价而产生的信念 B（Belief），即人的消极情绪和行为障碍结果（C），不是由于某一激发事件（A）直接引发的，而是由于经受这一事件的个体对它不正确的认知和评价所产生的错误信念（B）所直接引起，如图 2-5 所示。错误信念也称为非理性信念。

图 2-5　情绪 ABC 理论

《红楼梦》第七十回描述了大观园最后一次诗会：柳絮诗会。一众女子面对着随风飘舞的柳絮，纷纷提笔，各抒情怀。

黛玉填词《唐多令·柳絮》

粉堕百花洲，香残燕子楼。一团团、逐队成球。飘泊亦如人命薄，空缱绻，说风流。

草木也知愁，韶华竟白头。叹今生、谁舍谁收！嫁与东风春不管，凭尔去，忍淹留！

宝钗填词《临江仙·柳絮》

白玉堂前春解舞，东风卷得均匀。蜂围蝶阵乱纷纷。几曾随逝水？岂必委芳尘？

万缕千丝终不改，任他随聚随分。韶华休笑本无根。好风凭借力，送我上青云。

同样的场景，不同的信念，触发不同情绪。

黛玉的“嫁与东风春不管”，既是说柳絮被东风吹落，春光不管，更是担忧自己将来不知被命运抛向何处，而知己无法过问。相知无力保护所爱，也只能任由“凭尔去，忍淹留”的悲凉。宝钗在词的最后三句，则直接抒写了柳絮凭借东风扶摇直上的远大志向，使整首词的主题得到了升华，宝钗的人生观也得到了最深刻的揭示。

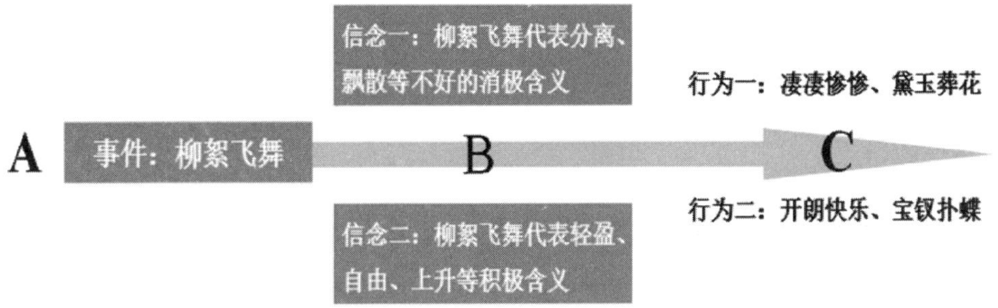

图 2-6　同一诱发事件因信念选择不同导致不同的情绪行为

情绪行为的引发并不是直接源于诱发事件的刺激，而是受到个人信念的影响。领导者要善于给团队成员塑造正向、积极的信念。例如在市场开发的过程中遇到强劲对手，这时就应该乐观地告诉大家：强敌既是对手也是陪练，是团队锻炼的绝佳机会，此时更应该把握机会大展拳脚。如果在碰到强劲对手时还没交锋，自己的战斗信念就已经溃散，在团队面前散布失败主义的消极情绪，那由此而引发的行为结果必然是不利于工作推进的。

准确识别团队的情绪、正确引导团队的信念，激发成员的工作热情，使潜在的工作动机尽可能充分发挥和维持，从而更好地实现组织目标，这就是领导者自我与团队情绪管理的根本策略。

第 3 章

精进能力：共情领导力的七项核心能力

3.1　积极的倾听：建立共情管理的基础

积极倾听是指从对方的角度出发，聚焦于倾听对方用语言、语音语调以及肢体语言所表达出的信息，捕捉对方的感受、意图甚至语言背后的价值观、信念等，同时通过全然的陪伴、专注的倾听，鼓励、支持对方充分表达自我。

积极的倾听是共情式沟通的基础，也是管理者跟员工建立伙伴式关系的前提。作为管理者，当你积极倾听员工的心声，员工才会真正信任你，才有动力去表达。同时，在说之前他会去积极思考，经过思考的智慧才会呈现出来，从而激发员工的主动性与创造性。

员工为什么表达？这里我们首先要有一个管理理念的变化，你与员工之间的关系，距离管理还是关系管理？过去管理是对员工进行距离管理，我是你的领导，我与你之间就是上下级关系，我们是有距离的；但是在如今的新经济时代，领导与员工之间是平等的关系，职务可以不同，但是关系是平等的，只有在平等的关系中，管理者才可以与员工进行有效对话，这就叫作关系管理。当管理者与员工真正达到这种平等的关系时，员工才会愿意把他的智慧贡献出来，因为这种平等的关系容易让员工去思考，容易让员工的智慧浮现出来，从而调动员工创造更多价值。

3.1.1　管理者如何积极倾听

管理者的倾听能力提升一般分为三个阶段，又称为三层次倾听技术，如图 3-1 所示。

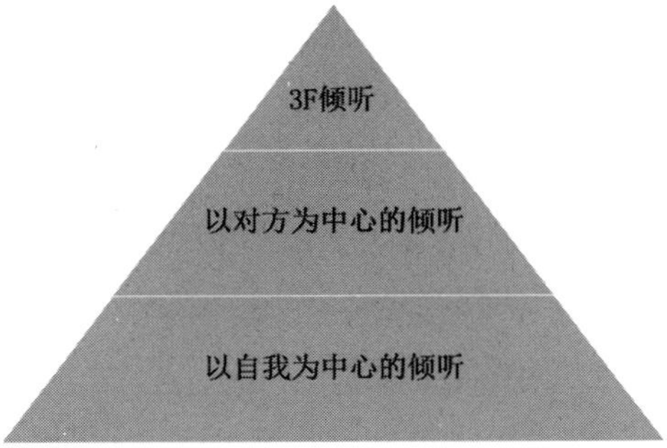

图 3-1　管理者三层次倾听技术

1. 第一阶段：以自我为中心的倾听

以自我为中心的倾听是指站在自己的立场和观点进行判断，按照自己的意愿来倾听，这是我们平时不自觉地采取的倾听方式。

通常有如下表现。

- 为了使自己看起来亲切和优秀而粉饰自己。
- 没有集中在听对方的讲话，倾听过程中间做其他管理工作。
- 用自己的方式去理解对方的话，并对对方产生影响力。
- 为了证明自己是对的，批评对方，在对方言语中寻找破绽。
- 为了找出话语中的特定信息而无视其他信息，听自己喜欢听的内容。
- 思考和准备接下来要说的话，头脑中思考接下来如何应付对方的话。
- 像一尊石像一样把嘴巴紧闭，压根儿不关注对方所说的内容。

但凡管理者呈现上述行为时，被倾听者就会丧失继续说下去的意愿，即使继续也不会真实地表达自己，因为对方无法感知你对他有任何的尊重、接纳、关注或者表示出任何的理解、关心。

像这样以自我为中心带着评判和局限倾听、看待问题，与员工交流时，会严重阻碍与员工的关系，也会经常做出错误的决定，限制自我的发展。同时，有的管理者平常工作时会戴着有色眼镜看个别员工，说话尖刻，对员工的态度恶劣，经常能听到工作中这样的谈话：

“你怎么蠢得像头猪，这么简单的事情还要我多次交代？”

“连这样的小事你都做不好，你这个人还能做什么？”

“我手头上很忙，有事快说，不要啰唆浪费我时间。”

“看你最近工作一直不用心，如果再这样下去就直接走人。”

作为管理者，如果像这样与员工沟通，就很难与员工建立真正平等的信任关系，而是树立了一道挡在管理者与员工中间的“隔阂墙”，此刻员工心里在想：有什么了不起，扯着虎皮当大旗，你又不是老板。长久下去，员工便把管理者当成“敌人”，使得管理难度加大。

2. 第二阶段：以对方为中心的倾听

第二阶段的倾听会把关注点放在对方的身上，会根据对方的语言、态度及语调等做出回应，进行交流。通常，在相互交流的过程中，管理者会根据对方的语音、语速、语调及表情等，给予适当回应，从而建立亲密与信任。

为了做到这个阶段的倾听，管理者要做到以下几点。

- 交流过程直视对方的眼睛，集中精力倾听，有眼神的交流。
- 保持开放的姿态，交流过程中学会点头、微笑。
- 学会采用同频技术，做出与对方类似的姿态、语速、语调。
- 学会重复或总结对方说过的话，做出适当的回应。

不过需要注意的是，重复对方说过的话，不能过度，2% ~ 10% 是比较恰当的，并且只选择对话中的关键词、核心内容就足够了。例如："你在给经销商送货时看到了竞争对手刚好去他那里了。""你认为目前公司产品还有改善空间，是吗？"告诉对方你在专注地倾听，这样会让对方感受到尊重，进而引发深度的交流，从而达到有效的过程管理。

同时在交流过程中可适当表达对员工的欣赏，例如："通过刚才与你的交流，发现你最近的工作还是蛮用心的，不错，继续保持。""通过刚才的交流，发现你做事的思路很清晰，很不错。"这样通过沟通就能达到有效的激励效果，从而使员工工作更有积极性。

3. 第三阶段："3F"倾听

所谓"3F"，是由 Fact（事实）、Feel（感受、情绪）、Focus（聚焦、意图）的首字母组成，是我的教练导师郑振佑博士根据多年的教练经验研究总结出的有效倾听工具，如图 3-2 所示。

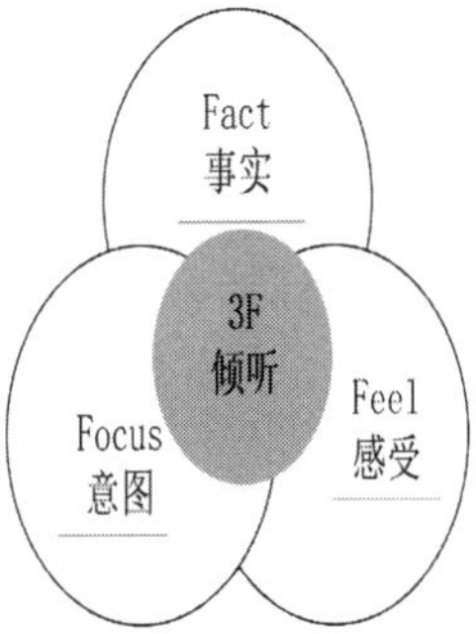

图 3-2　"3F"倾听模型

这个模型强调在沟通交流中，更直接地感受到对方的观点、情绪和意图，这也是倾听的难点。这一阶段我们管理者会利用直觉和觉察能力，不带任何评判地“听”对方的事实、“听”对方的感受、“听”对方的意图，从而真正理解员工，与员工达成深层次、强有力的连接。

（1）倾听事实（Fact）。当员工与你说话时，不要基于你自己的思维或视角来判断，要听取原本的事实。比如，员工最近经常到你这里来说：“最近工作真是忙死了”，往往管理者认为员工是想让你给其加工资，实质上可能员工想表达的观点是：“领导你不要再给我们揽活了，我们团队最近工作压力太大了。”

（2）倾听感受（Feel）。倾听员工与你交流时的情绪、感受，注意观察对方的肢体语言、表情，用同理心去倾听，这也是训练管理者共情能力的有效方法。倾听感受能有效感知对方的情感，与对方产生共鸣，并把你的感觉反馈给员工。可以通过提问、姿态同频技术与员工进行有效互动，比如提问：“你现在的心情（感受）是……（描述对方正在感受的情绪），是吧？”“最近发现你心情不好，可以跟我谈谈吗？”

（3）倾听意图（Focus）。对方讲述的时候，认真倾听对方真正需要的是什么？真正的意图是什么？有些不善于表达自己意图的员工，说出来的话跟真正的意图会有很大差异，在意图不明确时，管理者更需要正确把握员工说话的意图。

共情式倾听，管理者应积极倾听下属，真正理解他们的感受、意图。这种倾听有两个指导原则，分别是“不要假设员工的意图”和“魔鬼藏在细节中”，理解细节和细微差别会使事情变化很大。例如，一名员工跟你抱怨：刚和男朋友吵完架，她感到“心烦”，我们也许知道“心烦”有很多意思，例如难过、伤心、挫败、烦闷、焦虑或激怒，因此如果这时作为管理者的你想要真正了解员工的感受、意图，你可以这样提问：“你说你感受到心烦，你能描述一下这其中的意思吗？你的感受是什么？”

3.1.2 管理者倾听能力练习

1. 倾听的阻碍

阻碍管理者有效倾听的主要问题概括起来有 10 个方面。

- 先入为主。
- 曲解员工说的话。
- 加入自己的判断。
- 把不想听的话过滤掉。
- 不能专心地听员工讲话。
- 存在偏见地听员工讲话。
- 受当时的情绪影响。
- 不等对方说完就急于接话。
- 单向沟通、命令式沟通多，不等员工反馈就结束沟通。
- 感觉员工讲话经常与自己不同频，不能理解新生代员工的思维模式与沟通方式。

2. 倾听的态度

管理者倾听的态度直接影响倾听的效果，这个态度源于管理者自身的信念系统、价值观、自我身份的认知。管理者建立良好的倾听态度，首先应打破管理者高高在上的身份优越感，否则与员工沟通一开始便形成不平等的局面；其次，学会放弃无效的倾听态度：评判、演绎、傲慢、漠视、怀疑、否定或急于得出结论等。应采用有效的倾听态度：亲和、尊重、真诚、开放、信任、专注、积极正向、面向未来、关爱和慈悲心。

3. 倾听能力练习

（1）身体姿态练习：与员工交流时，尽量放下手中工作，身体前倾，肢体轻松，保持目光接触，真诚、开放。

（2）环境干扰练习：走出办公室，习惯在各种工作场合与员工沟通，经常性去基层、一线员工工作环境去实地观察、了解员工情况。

（3）同理心练习：学习与员工沟通时理解对方的感受、情绪，不要总是试图改变员工的想法与习惯，因为这样往往是无效的。

（4）倾听习惯练习：倾听大自然，放松、开放；在闹市街头、地铁站、机场，全身心放松，只是听，不做任何反应。

（5）中正练习（每次 10 ～ 30 分钟）。

- 让自己放松地坐在自己的位置上。

- 双手拇指指尖相对轻松接触，双手重叠掌心向上，放在自己大腿内侧。
- 眼睛望向自己脚前 80 厘米左右地面的某一位置。
- 任由自己的思维飘来飘去，尽可能放松。

原因：人不可能不沟通，当对方感受到你放松、镇定和无私利之心时，对方自然会放松些，则更容易引发对方深入思考。

3.2　有效分辨：理解对方的思维模式与价值观

不同的人其思维模式与行为模式是不同的，即使面对同一件事，大家的思考方式、行为做法都不一样。

因此，在企业管理过程中，统一员工的思想与行为特别困难，因为每个员工的思维模式与行为方式背后都有其固有的信念系统与价值观在支撑。要想管理好员工，必须学会理解员工的思维模式与行为背后的价值观，懂得分辨与区分，这也是共情式领导的基础技能。

3.2.1　每个员工都有能力为自己选择最佳的行为

人们每天接收外界大量的信息刺激，但这些刺激不会直接作用于外部世界，而是先作用于我们的内心世界，心理学叫“内在表象”，然后再依此做出判断，作用于外部世界。同时，“内在表象”的产生是缘于我们的过滤器，不同的过滤器会产生不同的内在表象，而过滤器是由我们长年实践所产生的价值观念所左右，而我们的价值观念，事实上来自我们如何看待过去的经历。平常我们所说的原生态家庭对我们的影响非常大就是这个原理，比如小时候成长的家庭环境是：父母经常吵架，父亲经常喝酒甚至有家暴行为，于是母亲告诫女儿“天下男人没有一个是好东西！”于是这个女孩在小时候就种下了一颗“天下男人没有好的”这一信念的种子。

在现实状态下，人们往往会基于自己的思维判断，为自己选择一个最佳利益的行为，并始终认为自己的认知与选择是对的。因此，作为管理者，当要对员工的选择做出影响的时候，我们所要做到的并不是劝说他去接受一个原先并不愿意接受的方案或提议，我们要去做的恰恰是改变他的认知或改变他所处的环境，从而最终让当事人做出完全不同的选择。因为，每个人都有能力做出最佳选择，只要让他改变对内在和外在环境的认知即可。

我在企业担任 HRD 时，有一个员工对自己的人际关系感到非常不理解：为什么身边的人不理解他，亲人也不能和他融洽相处？他所看到的是，身边的人总是不理解他。我在与他的一次深度沟通中，让他意识到原来他是一个非常放不下的人，他所做的一切只是为了证明自己。所以，他所做的一切并不能让别人感到有什么价值，他关注更多的是自我。那么，自然别人也不会对他的所谓痛苦表示理解，比如他为了有更多业绩而经常晚上陪客户喝酒，他认为这样做是为了多赚钱养家，家人却对他不理解，觉得他不顾家，同时喝酒伤身体。当他看不到自己身上的盲点时，就很难去理解为什么他那么辛苦却无法得到身边人的理解。当我们知道自己的观点并不代表真相的时候，才能不为现状所困，调整自己的模式，让别人接受。

作为管理者不要一味指责、控制员工的行为，而是要通过改变员工的认知、环境等让员工从多角度去发现事情的真相，去发现自己的盲点，从而自动做出管理者所期待的员工行为，这样也就实现了从员工管控到员工赋能。庄子在《齐物论》中道：“物无非彼，物无非是。自彼则不见，自知则知之。”事物有对立，总会分彼此，仅仅从彼的角度看不见此，因为“此亦一是非，彼亦一是非”。

斯坦福大学教授卡罗尔·德韦克说：“当你进入一种思维模式时，你就进入了一个全新的世界。”一个人的思维方式会影响其一生的行为方式及能量运行方式，选择的行为不同，其结果自然也不同，这就是我们常说的，思维方式决定一个人的命运。

3.3.2　学会有效区分

1. 区分事实陈述还是演绎陈述

所谓“事实陈述”就是在陈述时，不夹带自己的个人想法或演绎成分，只表达事物本来的客观事实。而“演绎陈述”是在陈述时，往往带有个人想法、推断或加工成分，从而让陈述内容有可能偏离事情的真相。比如，小朋友说“这个冰激凌真好吃”这句话就是演绎陈述，因为掺杂了小朋友的个人感受因素；当小朋友说“这个冰激凌是用奶油和奶粉做的”这样的描述就属于事实陈述。

在与员工进行工作沟通时要学会有效分辨员工讲话是在用事实陈述还是演绎陈述，包括管理者自己给员工讲话时，你要察觉自己在用事实陈述还是演绎陈述。作为管理者，你在传达上级的有关工作指示时应尽量客观地运用事实陈述，不要夹杂个人观点，从而避免“信息失真”的情况出现。

2. 有道理重要还是有效果重要

工作中很多管理者喜欢讲道理而不看重效果，喜欢把员工当成被动接受信息的机器。经常对员工说：“你应该这样……”“你必须按我说的去做……”，结果发现效果并不理想。

老子说：“反者道之动”，管理者的基本策略就是把员工的能量状态和行为方式向对的方向引导，使其意识到自己不曾意识到的因素，觉察到被自己忽视的信息，换一种方式思考当前的问题。因此，运用有效的沟通与管理策略非常重要，有时往往有效果比有道理更重要。

我和我爱人起初都不太会做饭，每到做饭时间，我们两人就喜欢“推诿”而各自发表自己的看法。我说“作为家庭主妇理应你做饭，我们男人不能既主外又主内，况且你做菜比我好吃”，爱人反驳说“男人做饭怎么了，你看人家老公都会做饭做菜，手艺又好，就你不会”，发现这样一来二往，往往以我失败而告终。

后来在陈序老师《五维教练领导力》的课程上，我学到一个有效的沟通原理：有效果比有道理更重要！于是我改变了与爱人沟通的策略，因为我的目的是让爱人与自己一起学会烹饪、共同做家务。于是，上课后我回家跟爱人商量：我们还是要学会自己做饭做菜，经常在外面买着吃不仅不利于身体健康，也少了烹饪的乐趣，并且经过无数次的实践证明，你煮的菜确实比我煮的好吃，以后你要多做菜，我来给你打下手，做帮工。并在后面“怂恿”我女儿优优每次吃我爱人做的菜就说：“妈妈做的菜真香，比学校的好吃多了。”于是在我和女儿的“甜言蜜语”下爱人逐渐习惯并喜欢上了烹饪。

3.3　同理心：共情管理的核心能力

同理心可以理解为“设身处地”“感情移入”“共情”“共感”，泛指心理换位、将心比心，设身处地地对他人的情绪和情感的觉知、把握与理解，主要体现在情绪自控、换位思考、倾听能力以及表达尊重等与情商相关的方面。

当我们以同理心来与员工交流时，能快速与员工产生共鸣，员工自然也会打开心扉，说出真正的需求。“将心比心”“换位思考”运用在管理工作中，能让员工感受到莫大的尊重与关爱，从而产生凝聚力、向心力，这也是管理者领袖魅力的核心。

3.3.1　士为“知己“者死

《孙子兵法》云：“视卒如婴儿，故可与之赴深溪；视卒如爱子，故可以与之俱死。”意思是说，对待士卒像婴儿，士卒就可以和他一起去跳急流深谷；对待士卒像爱子，士卒就可以和他一起去战场赴死。也就是说，“将帅”对“士兵”投入的感情越深，“士兵”回报“将帅”的感情愈烈，因此有企业家说：关爱员工是最好的投资。

战国时候有一位名将叫吴起。他做了将军后，从来不在军中搞特权，和士卒同起同睡，行路不乘马，跟下等士兵穿一样的衣服，吃一样的食物，还亲自背负粮食，一切做到身先士卒，所以吴起的军队战斗力超强，几乎没有败绩。

《史记》上曾经记载过这样一个故事：吴起带领士兵攻打中山国时，士兵当中有一个人患了毒疮，吴起跪着亲自为他吸掉脓液，这个士兵的母亲听到这件事后，痛哭起来，有人感到奇怪，走过去问她：“大妈，将军如此厚爱你的儿子，您还有什么可哭的呢？”

这位母亲抬起泪眼，回答道：“之前吴起将军给他父亲吸脓，他父亲奋战而死；而现在我儿子患了毒疮，吴将军为其吸脓，我儿子也会奋战而死，我是为这伤心呀。”

吴起将军正因为爱兵如子才能打造战无不胜的军队，因此，要打造一个强大的组织，必须凝聚一批忠心的员工。

3.3.2 同理心是最好的管理策略

作为一名管理者，部属表现不好时该如何回应？传统的做法是训斥，或者给予员工处罚，因为表达失望之情，有助于管理者减缓因员工错误带来的压力与愤怒，实际上这种做法带来的效果并不明显。而有些管理者会采用另外的回应方式，比如“同理心”和“好奇心”，这样并不表示管理者不愤怒，但他们可以避免评断，并利用这个机会教导员工。研究表明，管理者的回应越具有同理心，带来的利益也越大，同理心和好奇心可以增加部属的信任和忠诚。

在《关键对话》一书中提到一个有趣的结论：我们的大脑在沟通时是双核的，一半负责谈话内容，一半负责谈话的情绪处理，做双核谈话的核心是先处理情绪，再处理谈话内容。我们管理工作中也发现一个问题：很多管理者喜欢给员工讲理而不关注员工的情绪，结果往往发现员工口服心不服，等管理者走后员工就开始在背后骂管理者。

我们再从大脑的结构来看一下，人们大脑中有一个长得像杏仁的组织，取名叫“杏仁核”，它是情绪管理的中枢，是人从出生开始，大脑最先发育的部分。杏仁核控制着我们的情绪，当我们受到外界的刺激，它会在第一时间做出反应，教我们保命。举一个例子，假如你去森林探险，一不小心遇到一只老虎怎么办？是立即躲起来，还是上前跟他拼了，我相信大部分人会选择前者。在这种情况下，我们大脑中其他组织会把能量集中到“杏仁核”中，由“杏仁核”统一指挥我们的行动：要么上前跟它拼了；要么找地方藏起来。你绝对不会上前去摸摸它的头，再去亲亲它，再用美颜相机跟它合个影。

“杏仁核”的反应速度是百分之一秒，反应速度非常快，导致信息传递不够完整，一般只有百分之十的信息能够进入我们的大脑。在大脑结构中，“杏仁核”负责控制我们的情绪；而大脑皮质却与“杏仁核”的情绪脑相反，是用于思考的，管理我们的逻辑、语言、思维能力、计算能力等。不过由于“杏仁核”的反应速度很快，所以如果在六七秒的时间不能安静下来，大脑皮层就会“死机”。也就是说，当“杏仁核”非常活跃时，我们会被情绪感染，很难用理性的角度来思考问题。这也就是我们常说的“当人们情绪一上来时，智商就下降”的原因。

所以，管理者在与员工深度谈话时需要先处理员工心情，再处理事情。这不仅是源于我们对大脑结构的认知，也是源自对情绪这一生理机制的认知。现实工作沟通与人际交往中，调动“杏仁核”的情况非常多，比如管理者与员工沟通时，会无意触到员工心中非常敏感的一个伤疤，比如“听说你在上一家单位是被开除的”“这样的小事你都做不好，你真是无能”，当听到这样的话，员工自然会出于自我保护而给予还击。

3.3.3　优化员工管理沟通方式——3T 原则

依据同理心沟通原理与大脑的结构，结合多年的管理实践与心理咨询经验，我总结出一套科学且便于操作的员工和谐沟通方式——3T 原则，即共情关注（Tune in）、充分交流（Talk more）和轮流谈话（Take turns），如图 3–3 所示。

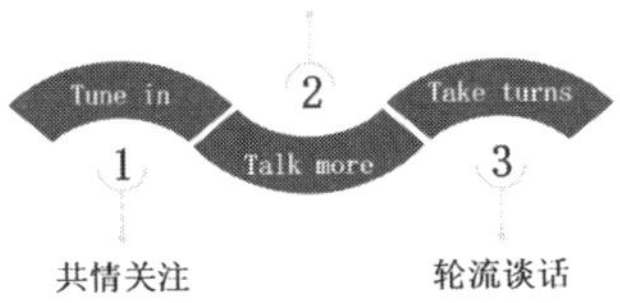

图 3–3　优化员工沟通管理的 3T 原则

1. 共情关注——Tune in

随着 90 后、00 后的员工不断增多，对管理者的管理水平提出更高的要求，到 2025 年，3/4 的职场人士都是 90 后，这意味着在不久的将来，90 后会逐渐成为职场的中坚力量。有人认为 90 后员工崇尚自我，个性张扬，自我主观意识强，不喜欢规矩和约束，不服权威……因此，传统的管理与沟通方式可能对这群人不太起作用。90 后员工更关注别人对他的尊重、自我价值实现与团队荣誉感，管理者以共情关注的方式去吸引员工的注意力，保持与员工的同频同率的沟通非常重要。比如用新生代员工喜欢的网络用语、简语与其沟通；关注他们感兴趣的话题与事物，甚至谈及他们喜欢的明星、喜欢的旅游景点等。

2. 充分交流——Talk more

第二步就是与员工充分交流，只有交流才能交心，管理者可通过多种形式、多种场合与员工进行充分交流，以建立平等、信任的沟通关系。会议沟通统一共识，绩效沟通聚焦问题，工作跟进沟通促进目标达成，工作之余人际沟通促进感情升化。

3. 轮流谈话——Take turns

轮流谈话不仅是管理沟通的重要原则，还是3T原则中重要的一环，对于优化员工管理起着决定性作用。

不是所有沟通都能促进员工的进步与绩效的提升，管理沟通时应多开展开放式的问题，而非限定式问题，因为开放式的问题能够完美地实现轮流谈话的目的，避免管理者单向命令式的沟通方式。管理者只管抛出“怎么办”“为什么”，开启员工的积极思考，最终让员工学会独立解决问题。

在管理学界有一个“猴子管理法则”，目的在于帮助管理者确定由适当人选在适当的时间，用正确的方式做正确的事，管理者要学会有效的“猴子管理法则”，别让下属的“猴子”爬到你的背上，下属的事情让下属自己想办法解决，提升员工的担责意识。

我们来看一下神探狄仁杰是如何通过轮流谈话来启迪李元芳的。

每次元芳问狄仁杰：“大人，此事必有蹊跷，你怎么看？”狄仁杰马上反问元芳：“元芳，先说说你怎么看？”于是元芳经过自己的思考讲了自己几点初步想法，狄仁杰马上追问：“还有呢？”于是元芳继续开动脑筋，又讲了几点想法。结果，跟在狄仁杰身边的元芳越来越厉害，也成为一个断案专家，同时，也进一步促进了元芳与狄仁杰的亲密关系。从这里可以看出狄仁杰不仅是一个神探，更像一个“管理学大师”。

3.4 建立信任：信任和亲和关系是共情领导的桥梁

建立信任与亲和关系是管理者与员工深度沟通的基础，就像做营销一样，客户之所以愿意购买你的产品，核心因素之一是出于信任，客户要么信任公司的产品，要么信任营销人员的专业和关系。管理的过程本质上是与员工进行一种深度沟通的过程，这个过程不仅仅是关于工作任务的下达与执行情况的跟踪，而且会触及员工的内在信念、价值观、原则及态度。如果管理者与员工之间没有建立融洽的关系，那么彼此就无法坦诚相待，就跟夫妻之间一样，如果没有彼此的融洽与信任，即使结婚也会造成面和心不和的局面，因此也有企业家说：“企业经营的核心是经营人，经营人的核心是经营人心”。

当员工在与管理者相处时感受到放松、安全，与管理者建立真诚、信任、互帮互助的关系时，就像跳双人舞，彼此根据双方的步伐迈出自己的步子，但双方都会照顾到彼此的步调与情绪，从而跳出美丽的双人舞曲。

3.4.1　共情管理的艺术——信任与亲和

共情管理类似于管理界近几年提出的柔性管理，它强调双赢而不是竞争控制，通过双赢获得企业整体的效益发展；共情管理的出发点是人，管理方式是向下授权，进行启发、引导、支持等非强制方式，而非刚性管理的强制性管控、监督和命令等管理方式。同时，共情管理强调与员工的深度沟通，组织结构趋向扁平化、平台化，以便适应快速变化的外界商业环境。

共情管理的出发点是把企业的员工当成一种强大的灵活性资源，人的核心价值是流动性、创造性、协同性、价值增值性。在 VUCA 时代下，管理者的管理方式应更多地从刚性的管控式向柔性的赋能式管理转变，重视员工的力量与发挥员工的潜能，多信任下属，支持下属的成长。

接下来给大家介绍一部电影《兵临城下》，这部电影我非常喜欢，也经常用在管理培训课程教学中，我比较欣赏电影中的政委丹尼洛夫，在这个人身上，你大约可以看到一个好的中层管理者所需要的全部素质和技能。

还记得丹尼洛夫是怎样出场的吗？他开着一辆吉普车，运送传单。结果吉普车被德军的炮弹炸翻，丹尼洛夫只能爬进喷水池的死人堆里装死，才躲过德国兵的扫射，捡了一条命。当德国坦克和打扫战场的士兵队伍离开后，政委从地上捡起一支枪，同样躲在死人堆里的瓦西里爬过来，给他装上子弹。丹尼洛夫接过枪开始瞄准，可是这时的德国人已经有好几个了，他开始犹豫究竟应该先打哪一个。你可以想象，在他的头脑中，显然已经有了一个复杂的思考。先打哪一个？打中了，其他敌人会有怎样的反应？打不中，又会怎样？

显然，在射击、战斗这个环节，丹尼洛夫作为一个中层干部，是不如每天都在打仗的战士的。特别是，瓦西里还指导他“利用爆炸的时候开枪，这时不容易被敌人听到这种冷枪的声音”，我在看这部电影的时候，在这个环节反复看了很多遍，我试图理解一个中层干部在这种情景下，头脑中会想什么。

其实，在这个电影片段中，丹尼洛夫头脑就是在快速盘算，最后，他决定把枪交给瓦西里，因为论射击，他相信瓦西里的枪法肯定比自己强，结果瓦西里超过他的期望，干净利落地用5发子弹，消灭了包括德军指挥官在内的全部敌人，他高兴不已，和瓦西里紧紧地握手、激动地拍着，摇着。你想，当你是一个一线战士，遇到一位领导，而且还紧紧抓住你的手，你会是一种怎样的感觉？你一定可以想象，瓦西里因为丹尼洛夫会对这个组织和军队是一种怎样的感情。

这是一个优秀中层干部的典型工作场景：发现有能力的下属，激发他们的斗志，和他们结成兄弟般的友谊。信任下属，让他们在擅长的工作领域充分发挥作用。

3.4.2 管理者建立员工信任的技巧

1. 保持正直与诚信

在职场中有一条定律：据调查显示，企业员工离职60%以上与直接上级有关，包括上级对下属的认同、尊重、公平待遇与管理风格等。当管理者保持正直与诚信，并且用自己的行动与责任担当向员工展示与证明自己说的话的时候，管理者就能够增强与员工之间的信任关系。

北宋理学家程颐说：“诚则信矣，信则诚矣”，诚信是做人的基本原则，更是管理的基本原则。所谓身教大于言传，管理者言行举止的统一性很大程度上影响着下属对你的看法，管理者只有讲自己所说、说自己所做，才能让员工心服口服。从某种意义上来说，诚信就是坚守自己的承诺。

同时，管理者必须保持正直与担当意识，凡事身先士卒。中国古人崇尚的修身方式是反求诸己，子曰：“君子求诸己，小人求诸人”。同样，管理者的个人领导魅力更多来自自身的品德修养与行为表率。

但是，信任的创造是需要时间的，管理者需要自始至终保持正直、诚信的品格，哪怕是一些极小的事情，比如答应给员工的奖赏、对员工的行为进行客观公正的反馈等。

2. 尊重与共融

从马斯洛需求层级理论来看，人们的需求是多层次的、逐步提升的，如图 3-4 所示。从下往上的需求分别是：生理需求、安全需求、爱与归属需求、尊重需求和自我实现。其中尊重与自我价值实现是高层次的需求。随着企业 90 后、00 后员工逐步增多，他们不再像 60 后、70 后那样更看重生理需求与安全需求，90 后、00 后员工更看重尊重、自我价值实现与融洽的工作氛围。因此，保持对员工的尊重及与员工融为一体是新时代管理者的管理转型必经之路。

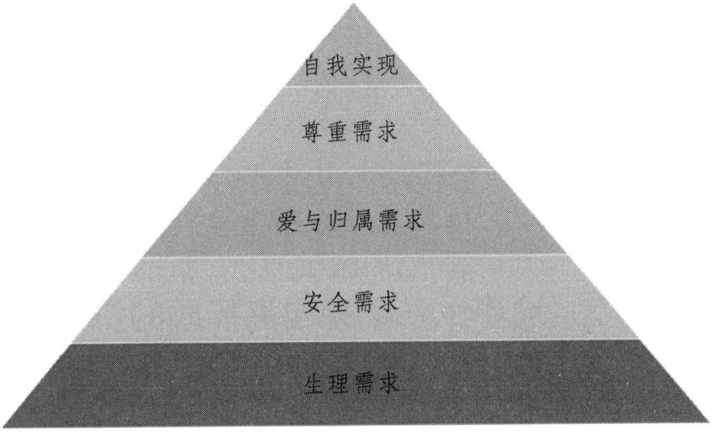

图 3-4　马斯洛需求层级理论

3. 责任担当与预见性

责任与担当意识是管理干部的第一职位素养要求，也是赢得广大员工认同与信任的核心要素。彼得•德鲁克说：“领导力不是头衔、特权、职位，或者是金钱。领导力是责任。”

俗话说：“言传不如身教。”下属不会看领导者怎么说，更看重领导者怎么做。作为领导者，要以身作则，勇于担当。拥有权力的同时，更是需要承担更大的责任。哈佛大学心理学系教授戴维·麦克利兰教授说过：“管理就是一场影响力游戏，真正优秀的管理者不仅要考虑到员工的需求，更重要的是影响员工的想法和行为。”要对员工产生积极影响，管理者就要从改变自己开始。

杰夫·贝佐斯是知名电子商务公司亚马逊的创始人。亚马逊公司每年圣诞节的时候，库房里的工作都很忙。亚马逊直接把救护车停在仓库外面，如果有工人出问题可以立即送医院 ，因为工作强度太大，很容易出问题。在亚马逊早期，每天忙碌的季节，贝佐斯会亲自到库房里，跟大家一起配送货物，这就是以身作则的表率。

无独有偶，京东创业早期，刘强东骑着三轮车到处送货。后来京东不断壮大，出身农村的刘强东，更加能够理解员工的辛苦，他仍经常会到一线去体验物流配送、去跟员工聊天、喝酒，还经常跟他们称兄道弟，没有一点老板的架子。

同时，干部的预见性与高格局也是赢得员工信任与佩服的核心要素之一。《菜根谭》里有一句话：“立身不高一步立，如尘里振衣，泥中濯足，如何超达？”在尘土里振衣，在泥水里洗脚自然洗不干净。管理干部的核心任务主要是突破自我，不断提升自己的境界，包括格局与视野，立身要高，格局要大。

3.5 创建觉察：全新的行动来自高品质的觉察

中医通过“望、闻、问、切”等一系列动作获得线索来诊断病人的病情，管理通过绩效诊断判断员工的绩效状况，而判断员工的情绪与员工的能量状态却需要有效的觉察，类似于有经验的猎人的直觉判断，有经验的猎人凭借直觉就能判断出在捕猎过程中周围是否存在危险。但觉察这项任务其实是很有挑战性的，最大的难点在于管理者总是抑制不住直接给员工建议或指示的冲动，总想用自己的经验、方法来帮助员工解决问题，实际上这是有风险的。

在传统的工业时代，提高效率的基本方式是专业化分工、标准化生产，管理的目的就是控制组织的稳定性，管理者往往凭借自己的经验、管理的逻辑来掌握企业的运转，往往是在以命令的方式指挥员工干活。而在VUCA时代，外界环境变化越来越快，任何一家公司都不可能靠一套模式取得长久、持续的竞争优势。因而，管理者群策群力带领员工共同完成工作的一项项挑战，是管理者的核心能力之一。同时，现在的90后、00后员工更喜欢在相对自由与轻松的管理氛围下工作，不喜欢管理者对其指手画脚，捆绑其思想与行为，因此通过创建觉察让员工自己由内而外地改变，是管理者共情领导的核心技巧。

3.5.1　高品质觉察带来全新的行动

高品质觉察是员工在管理教导、启发之后愿意积极探索行动方案，发现新的可能性，并且最终采取行动的重要因素之一。觉察是一种提供选择的工具，它也意味着改变的可能性。

《韦氏词典》这样描述觉察："觉察力意味着通过观察和诠释一个看到、听到、感受到的事物时的警醒而拥有的对某事物的知识、行动，等等。"比如在身体技能的发展过程中，许多运动员提升体能最有效的方法是让自己在某项活动期间提升对身体感觉的觉察力，当运动知觉觉察力专注于一个运动时，就会减少直至消除该动作当下产生的不适，其结果是更加流畅和完美的表现。

觉察在我们的生活、工作中随处可见。现在禅修逐渐受到许多精英人士的青睐，成为他们探索、发展自我的一个途径，其中很重要的就是对自己的身、语、意进行的觉察。一旦有了觉察，可以说，在某种程度上，我们已经做好了思想上、行动上改变的准备。

有一次，剑术高手反町无格走入深山，到了断崖边。有一条狭窄的独立木桥通向对面的山峰，桥下是万丈深渊，他试着走了几步，感到头晕目眩，心惊肉跳，又退回了原地。这时，一位盲眼的老人拄着木拐缓缓而来，到了桥边，毫不犹豫地走上去，步态从容，一直走到了对面。

反町无格看着这位老人的身影，突然得到一种启示：当一个人对外界的一切视而不见，甚至根本不去看的时候，才能尽情发挥自我。于是，他把剑插在背后，闭上眼睛，坦然走上独木桥。桥下面的万丈深渊不见了，只是一片澄明的心境，他安然走到对面。从这一次的经验中，反町无格又悟出一个剑术道理：在格斗中，剑手的眼睛其实是一大障碍，剑道的极致在于"无眼"，不受眼睛所接触到的信息影响，而心无所碍地发挥自己的技能。

3.5.2 故事和隐喻的力量

（1）隐喻的运用。

禅宗喜欢用一系列的隐喻、故事甚至棒喝的方式来通俗地阐述高深的智慧，让众人觉醒，从而进行自我改变。

隐喻可以理解为一种隐含的类比，它以想象方式将某物等同于另一物，并将前者的特性施加于后者或将后者的相关情感与想象因素赋予前者。隐喻被称为修辞之母，用隐喻帮助当事人解决困难可以大幅提升当事人的自信，当事人在享受这个过程之后对于事件带来的负面影响顺其自然就会转变为更有利的条件。

管理者可以有效运用隐喻的方式间接地启发、激励员工，这样能很好地与员工产生共鸣，帮助员工快速产生觉察。比如："小张，我感觉你最近的情绪很低落，近段时间的你就像陷入了淤泥，你必须振作起来""我们的工作与人生就像是一场马拉松，需要一步步来，心急不得，欲速则不达。"

在管理学中经常遇到的两则隐喻，其中一个是"组织是一个机器"。在这个隐喻下可以延伸出"员工就是组织这个机器上的一个螺丝钉"，机器型组织曾在工业时代非常受推崇，这样的隐喻生出许多优秀的企业，大多具备以下特点：①专业化分工；②目标化管理；③流程化；④标准化。

在企业管理中我们经常用到的第二个隐喻就是"企业是一个大家庭"，在这个隐喻下又可以延伸出"老板是家长""一家人就要相亲相爱，团结协作"。同时也生出许多优秀的企业文化："学校 + 家庭 + 军队"，学校强调学习型组织的构建，家庭强调家文化的打造，军队强调组织的执行力。

（2）故事的力量。

故事常常可以打动人，引发人的思考。管理者在启发、培训员工时要善于采用故事的手法来激发他们，也可以把公司典型的榜样人物、好人好事萃取成公司自己的故事，在员工之间进行有效传播，通过故事让员工从不同的视角产生共鸣或者新的行动。

人们喜欢用讲道理来说服他人，我们往往觉得，只要让别人懂得了道理，他们就会采取行动。实际上，许多人即使懂得了道理也不会行动。比如，我们都懂得“要坚持锻炼，身体才能更健康”这一道理，但事实上采取行动的人却不多。

为什么人们懂得道理但不行动呢？因为要让我们行动，尤其是要让我们做出艰难的改变，最重要的不是打动理智，而是打动情感。而讲好故事，不仅能打破情感，还打动理智。故事往往把道理隐藏在故事之中，让你在不知不觉中接受道理，比直接讲道理可能更有效。比如佛教经书里有许多的故事，其背后往往又隐含着丰富的道理，一方面故事方便大家记忆，另一方面又让大家无形中接受了其中的道理。

《小王子》一书里提到，如果你想造一艘船，首先需要做的不是催促人们去收集木材，也不是忙着分配工作和发布号令，而是激起他们对大海的向往。

人们之所以对故事情有独钟，是因为人们天生就喜欢画面感，我们从小就是伴随着故事长大的。在企业产品的营销中，故事营销运用得非常广泛。

海尔只讲了一个砸冰箱的故事，从而让人们认识了海尔，相信海尔产品的质量。

王石讲了一个登山的故事，为万科节约了三亿元的广告费。

褚橙讲了褚时健老当益壮的故事，就让褚橙大卖特卖。

可口可乐永远讲它配方的故事，却让大家永远记得他独特的味道。

一般来说，企业讲故事有三个大招：一是让人目睹，用道具讲故事；二是让人体验，用仪式来讲故事；三是制造新体验，用行动来讲故事。

苹果公司创始人史蒂夫·乔布斯就是一个讲故事的高手。他经常用道具讲故事，比如让自己带领的研发团队竖起海盗旗，比如在竞争对手戴尔的图片上画一个靶子。他也用行动讲故事，比如，在敲定 Macintonsh 电脑最终的设计方案时，因为“真正的艺术家在作品上签名”，他让研发团队所有成员都在一张纸上签名（后来把这些签名刻在了机箱内部）。

3.5.3　敢于示弱

觉察不仅包括发现自己的优势，更要知道自己的缺点，从而扬长避短。作为管理者应当清晰地知道自己的长短处。按照能力、兴趣把管理者自我能力分为四个象限：优势区、退路区、潜能区、盲区，如图 3-5 所示。通过有效区分自己的能力四象限，一方面不断精进自己的优势区、退路区；另一方面有效规避自己的管理盲点，把能力弱的事情有效授权处理，授权比自己更专业的下属去做。

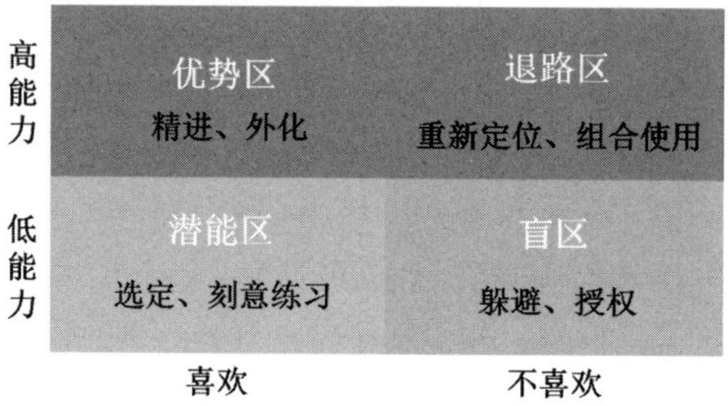

图 3-5　管理者能力四象限

敢于示弱有时不仅不会破坏管理者在员工心目中的形象，还可能让员工感受到你接地气，更好地通过团队优势来弥补你的能力缺陷。

为什么萧何、韩信、张良这些文韬武略的有识之士愿意帮助出身草莽的刘邦，而不去辅佐项羽这样的大英雄？为什么张飞、关羽、诸葛亮这种叱咤疆场的豪杰、智者聚拢在刘备身边，而不肯为更具帝王气魄的曹操效劳呢？除去很多客观原因，其中很重要的一点是：刘邦和刘备都是善于示弱的人，他们愿意放低自己的姿态，以一个有理想但还缺乏条件去实现的形象，激起他人的同情心，从而主动伸出援手，为他们排忧解难。

相反，项羽和曹操都具有英雄气概，看上去似乎具备超能力，让人畏惧。但是，在这样的领导身边工作，下属们压力倍增，甚至提出的大多数建议都不如无所不能的领导。既然你能力强，你就多承担。完美强势的领导，获得援手的难度非常大，他们总觉得自己可以搞定一切，却不知不觉陷入了“完美困局”，操心、劳碌，很难获得帮助和分担。

3.6　教练干预：促进员工改变的有力手段

干预不是干涉，它们是有本质区别的，严格地说，作为管理者不应过多干涉员工的事情。“干预”一词最早来源于病情心理学，比如对心理性病人进行心理干预，后来延伸到管理教练领域，指通过一系列教练对话、情绪疏导手段对员工的情绪、能量进行梳理，通过隐喻、对话等方式解答员工的个人疑惑，引导员工看到更多的视角和可能性的过程。

在企业管理中，往往遇到以下几种类型的员工：经常性抱怨、消极低效、负能量、质疑公司的文化与管理方式、行动力弱等。从人力资源回报率的角度来说，人力价值 = 效益 - 成本，当员工出现以上几种情况时很容易导致员工创造的效益低于公司给其支付的成本，那么这些类型的员工往往是公司的"负资产区"员工，更有甚者是负能量，极容易在公司传播并引发不好的效应，从而引起"一粒老鼠屎坏了一锅汤"的坏现象出现。这个时候作为员工的直接上级，有责任对员工消极思想、抱怨行为进行有效引导、干预。

影响员工绩效主要有三大方面的因素：能力、态度和环境，能力的提升可以通过培训、岗位练兵、导师带徒等方式解决，难点是改变员工的态度与改善员工的环境。因此，作为共情式领导者，对员工实施教练干预主要从三大维度进行：改变员工态度、调整员工能量状态、促进员工积极行为，如图 3-6 所示。

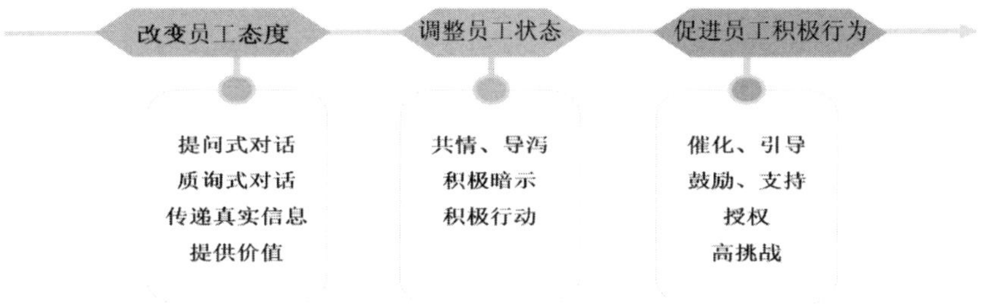

图 3-6　共情管理之教练干预三大维度

3.6.1　管理干预方向一：改变员工态度

每个员工的态度与行为方式背后都有着强大的支撑系统，从心理学角度来说，这些支撑系统包括信念、价值观、身份等。比如员工的信念系统认为：在公司上班无外乎是为了赚钱，每家公司的老板就像资本家一样剥削着员工的剩余价值。基于这种思路下的员工行为方式表现为：老板发多少钱我就干多少活，到点就下班，做到不欠公司的就行了。从某种意义上说，这种情况下的员工还算是不错的员工。麻烦的管理情境是这样的：有一些爱挑毛病和抱怨的员工，他们时常认为公司这里有毛病，那里有毛病、反正公司在他们眼里一无是处，公司的管理者在他们眼里更是一堆“废物”，这种类型的员工哪个公司都有。

我有一次给山东某公司上课，休息之余学员跟我抱怨：“管老师，我发现上午你讲的管理技巧非常实用，反观我们公司的管理就是一塌糊涂，很多管理者就是不作为。”

我当时的反应是很惊讶，因为上课的学员对象都是中层管理干部，这么说不是自己诋毁自己吗？我当时笑了笑对他说：“任何企业都是有问题的，没有问题的企业在现实中是不存在的。作为管理干部，我们的主要责任就是帮助企业解决问题。并且从管理学角度来讲，管理没有绝对的标准答案，就像战争无定式一样。在企业管理中有道理不如有效果，每家企业的情况不一样，我说的管理技巧可能在某些公司非常实用，但遇到不同的管理环境就有可能失效。

所以，对于态度方面欠缺的员工要积极引导，对于态度差甚至恶劣的员工要加以干预，主要方法如下。

（1）提问式对话：通过提问给予员工建议、指示，直接给予方向，给在工作中迷失的员工直接引导。

（2）质询式对话：给予知识、含义及信息提示，让员工明白真相，视角更广。比如，员工认为老板就是剥削家，管理者可以与其质询式对话：“没有老板赚钱，哪有钱给员工发工资，老板把这么多人、资源聚集到一起也是要冒风险的，老板也有亏钱、借钱给员工发工资的情况，你知道吗？”

（3）提供真实信息：有的时候员工不理解公司的一些做法，往往是他们看问题的视野是片面的、局限的，当他知道更多真实的信息时，也就理解了。

某公司老板平时对公司的财务把控得特别严，从来不浪费一分钱，虽然个人资产上亿元，公司也有500多名员工，但个人生活非常简朴，开的车也是普通的。员工一直认为他们的老板是一个守财奴，直到后来员工看到当地某电视台采访这名老板的视频才知道：这个老板长期资助多名贫困大学生上学。截至视频播放时，这名老板已经先后捐助了 3 所希望小学，为地震捐款 1 000 万元。而这一切，这名老板在员工面前从未提及。当公司的员工知道这些事情后，大家开始理解自己的老板，有的员工也开始说老板好话，说公司特别有人情味、老员工多，公司工资从来不晚发，老板对员工们都很关心之类的话。

这个例子说明了信息对态度的影响，当员工了解老板的事迹之后，真实信息替换了他们内心原来的假设，态度立马变了。因此说，很多时候我们看到的、听到的并非事实，我们对某个事件的信息了解越全面，对这个事件的认知越接近真相。

（4）提供价值：每个人做事的背后都有一杆秤，那就是价值衡量。《鬼谷子》云："两害相权取其轻，两利相权取其重"。人们无时无刻不在探索意义和价值，然后进行利弊权衡。因此，当管理者切切实实为员工提供更多价值，实实在在为员工谋福利，员工一定会忠于公司，改变对公司的看法。比如，海底捞的核心文化就是尊重、信任和家的营造。海底捞创始人张勇认为：人是海底捞的生意基石，尊重人、相信人是海底捞的核心价值观。把员工服务好，他们才会更好地服务客户，这是经营人才的基本逻辑。

3.6.2　管理干预方向二：调整员工能量状态

从本质上讲，人与人的差别体现在内在能量的分配和运用习惯上。高能量的人始终保持积极的心态，能保持中正、祥和、喜悦的状态，自然做事顺心，待人处事高效。美国著名心理学博士、精神治疗师大卫·霍金斯提出了能量层级的概念，他根据能量的振动频率，将能量分为几个层级，比如能量层级 20 叫作羞愧，在羞愧状态下，能量的振动频率就很低，接近死寂。再高一点的是内疚、冷淡、悲伤和恐惧等。能量低于 100 的人把全部能量用于保全自己，用把自己收缩很紧的方式安全地活着。只有当能量层级在 200 以上，员工才有能量向外扩展，才能更自由、轻松地活出生命的价值。

《黄帝内经》记载："百病皆生于气，怒则气上，喜则气缓，悲则气消，恐则气下，寒则气收，炅则气泄，惊则气乱，劳则气耗，思则气结"，以上九种气机失调统称为九气为病。《黄帝内经》又将气的运动失常归纳为两类：

一类是气虚；一类是失调。许多人之所以抑郁、生病大多由于情绪、气的运行失调导致，尤其是如今快速变化、竞争激烈的工作环境下，员工的压力越来越大，导致员工的情绪越来越差，能量降低。

其实，生命也罢，情绪、能量也罢，只有在流动中才不会淤积，不会阻塞，不会停滞。每个人的心态决定他的能量传递方式，快乐的人对于人生是一种看风景的姿态，自在自容；悲哀的人对于人生是一种长跑的姿态，执着劳碌。

管理者对调整员工能量的干预方式主要包括以下四点。

（1）共情：是指用同理心去理解员工的心情与处境，不以嘲笑、讥讽的方式去跟员工沟通，但在与情绪较差的员工使用共情沟通时，注意只从他的角度来思考而不要使自己也陷入跟员工一样的负面情绪之中，这样会给自己也带来负面的压力。

（2）导泄：辨别对方的思维及情绪，邀请对方重新回顾曾经的体验、反思，让员工的坏情绪释放。科学家发现女性的情绪化解速度一般比男性要快，是因为她们更容易采取外化的行为对外宣泄，比如向别人倾诉、哭闹、逛街、购物等。

有一次，鲁豫采访白岩松，问他怎样面对压力，白岩松回答了四个字：学会关门。

经常出现在电视镜头中的白岩松，严肃犀利，擅长针砭时事，从医疗改革到外交关系，从抗洪抢险到汶川地震，白岩松报道的热门事件越多，人们对他本人的关注度就会越高。

白岩松对此却很豁达，他说："新闻主持这个行业既是名利场，也是绞肉机。因为公众人物在大众心中的形象是摇摆不定的，可能今天还是'民族脊梁'，明天就被众口指责。"

如果在这样的职业环境中，没有一扇门把自己与噪音隔开，就会每天活在别人的眼光和评价中，压力丛生。所以，平时工作一结束，白岩松就会把和工作有关的一切关在"门"外。

"关门"的能力实际上是抗干扰能力，抗干扰能力强的人思维体力也更好，他们一边把噪音关在门外，一边调整好情绪，做自己计划中该做的事。

（3）积极暗示与积极行动：积极暗示能使我们增加力量、信心、能力和快乐。有一门学问叫“积极心理学”，每个人都有好的情绪与坏的情绪，学者们建议大家要掌握这个比例，最好是 3:1，即好情绪是坏情绪的 3 倍，多接触积极的人、积极的观念和积极的事物。

我们都看过钻石，但我们不知道它的开采过程有多艰辛。

其实，采钻石的人每天挖出的不是钻石，而是大量泥土。钻石只有豆子大小，而且很多时候，你就是翻遍了数以吨计的泥土沙石，也不见得能找到一块钻石。这种时候，人很自然会生出负面情绪，会变得沮丧，这是正常反应，但是负面情绪过后，只有相信一定可以挖到钻石的人，才会去挖更多的泥土，这就是积极情绪的力量。当积极情绪多过消极情绪的时候，人就会有积极的行动。

所以，每当我情绪很坏的时候，就告诉自己一个词——钻石，这就给了自己一个心理暗示：我们每天遇到的那些烦心事，都是矿里挖出来的无用泥土，但是没有这些泥土，我们怎么能得到宝贵的钻石呢？

（4）转化：将负能量转化为正能量，把负能量变成营养，结出正能量的花朵。何为出淤泥而不染？淤泥就是垃圾，在上面长出来的荷花才是最漂亮的，在负能量上面长出来的花才别具一格，所有的花都是很美丽的，埋在下面的东西都是很肮脏、臭的，都是肥料。

不论在何时何地何种情况下，快乐的人之所以永远快乐，并不是因为他的生活特别平顺，而是因为他以坦然、愉快的心境去看待人生的一切，以及他自己遭遇的一切；悲哀的人之所以总是悲哀，并不是因为他的生活特别坎坷，而是因为他习惯于以阴暗、抱怨的眼光去对待人世间的一切，以及他自己遭遇的一切。

3.6.3　管理干预方向三：促进员工积极行为

无论是状态的调整还是态度的改变，最终是为了围绕公司的管理目标促进员工积极、正向的行动。王阳明认为，人们做不到知行合一，根本上还是因为没有达到真知，真知达到了，知行自然合一。但在我们的管理工作中发现，往往员工的“知”是有限的，他们也不愿意去接受更多的新知，即使公司组织他们参加各类培训，他们也是被动地接受，缺少主动积极学习的意愿。因此说，作为管理者有时必须采取一定的干预措施来促进员工的行动。按照员工的能力与意愿两个维度，对不同的员工应采取不同的促进员工行动的管理干预方法，管理界也称之为：因人而异的管理艺术。

（1）对于新人，这类员工多数缺乏经验。因此，管理中应采用命令、引导的方式让他们尽快熟悉工作流程和掌握工作技能，及时鼓励他们的积极性，以促进其行动。

（2）对于有经验、专业技能不够的员工，这类员工有一定的工作经验，具备相关知识，但专业技能不够，积极性也有所下降。对于这类员工可给予技术指导，使其迅速提升专业技能水平；可授予一些富有一定挑战性的工作，设定更高的工作目标以给他们更多锻炼的机会。

（3）对于具备经验与技能但态度不积极的员工的管理，应采取支持、肯定的方式，给予他们更多尊重、支持，让他们多参与公司重大活动、决策的制定等工作，但适当时间也要给予他们压力，对其进行一定的约束与鞭策。

（4）对于能力强、意愿好的员工，这类员工是公司的明星员工，管理者只需要把任务交给他，多授权，多设定更高挑战目标让其去完成。

3.7　管理跟进：建立问责与跟进机制

彼得·德鲁克说认为管理者的主要工作有两项。第一，为团队制定目标；第二，带领并辅导团队成员去完成这个目标。也就是说，管理的主要工作有两件：第一是达成组织业绩，第二是促进员工成长。只有员工不断成长才能更高效地完成既定目标。但在日常管理工作中，管理者由于时间的关系与任务的紧迫性更多关注组织业绩的达成，而忽视员工与团队的成长，这样会造成团队的能力和效率呈现下降态势。

因此，管理的首要任务是通过战略分解制定各个部门的目标，再分解到每个岗位或员工身上，从上至下制定目标，从下而上通过执行确定达成目标。其次是通过有效的监督检查、目标跟进机制促进员工的有效执行。管理界有一种说法：三分战略，七分执行。中国的企业大多不差战略，差的就是执行。而有效的监督与跟进机制是确保有效执行的有力利器。

个人认为，管理者促进员工有效执行的问责与目标跟进工具主要有三类：目标责任制、绩效考核、SEA 教练系统，如图 3-7 所示。

图 3-7　管理跟进三类机制

3.7.1　管理跟进策略：目标责任制

从本质上说，管理是一种以取得结果为导向的职业，其评价的标准就是目标和任务的完成程度。作为管理者，老板把这个部门或团队交给你打理，你就要想方设法带领团队完成任务，拿出结果，让老板满意。同时，管理者要确定一种坚定不移的管理理念：永远鼓励产生结果的“功劳人”行为，永远都不要可怜没有结果的“苦劳人”行为。因为，首先，照顾苦劳人是对苦劳人自身的纵容与伤害。为什么辛苦半天却没有完成任务呢？暂且不提外部客观因素，肯定会有员工自己的主观原因：或者技不如人，或者不思改进，或者不善学习，或者因循守旧，等等。其次，照顾了苦劳人是对功劳人最大的打击和伤害。这等于默认公司存在的问题可以依然存在，犯过的错误还可以接着再犯，不做事、做不成事、做不好事的人一样有饭吃，有高奖金拿。

中央电视台《赢在中国》的比赛现场。

评委史玉柱说：“如果你是老板，你有一个项目，分别由两个团队实施，年底的时候，第一个团队完成了任务，拿到了事先约定的高额奖金，另一个团队没有完成任务，但他们很辛苦，大家都很拼，都尽了力，只是没有完成任务，你会奖励这个团队吗？”

一个选手说："因为他们太辛苦了，我得鼓励他们这种勤奋的精神，奖励他们奖金的20%。"一个选手说："那我得看事先有没有完不成项目怎么奖励这个约定，没有约定就不给。"还有一个选手说："我得看具体是什么原因导致他们没有完成任务，再做奖不奖的决定。"

史玉柱说："我不会给，但我会在发年终奖的当天请他们撮一顿。功劳对公司才有贡献，苦劳对公司的贡献是零，我只奖励功劳，不奖励苦劳。"

公司存在的理由是通过实现盈利最大化，回报股东，造福社会，成就员工。投入同样的资源，产生出最大的价值是公司的最高经营境界。所以，管理者的主要职责是为组织的结果负责，与员工一起为组织创造更多的价值。

但在现实的企业管理中，往往存在三种不好的现象：第一种是类似于南郭先生的"搭便车"现象；第二种是"责任稀释"现象；第三种是"差不多"现象。

所谓"搭便车"是指团队中个别成员不付出而侵占他人劳动成果的现象。对于团队而言，这种搭便车行为严重影响团队的整体效益，个别人坐享其成，其他团队成员累死累活，搞得团队其他成员情绪很大。

所谓"责任稀释"现象是一种普遍存在的社会心理现象，即在某种紧急事情发生时，如果有其他人在场，帮助他人的责任就被无形地"扩散"到其他人身上，每个人帮助他人的责任就相应地减少了。同理，在企业中，如果团队工作责任不清，大家就会推诿扯皮，导致执行力下降。

"差不多"心态导致我们有时做事不够科学量化，比如，烹饪食谱上写道"加盐少许，葱花一小段，味精若干，文火慢顿一顿饭工夫"。职场中员工的"差不多"心态严重影响执行力的力度与速度。

为有效打破这些管理不良的现象，提升执行效果，我们采用的有效管理手段是"目标责任制"。主要工作包括5个步骤，如图3-8所示。

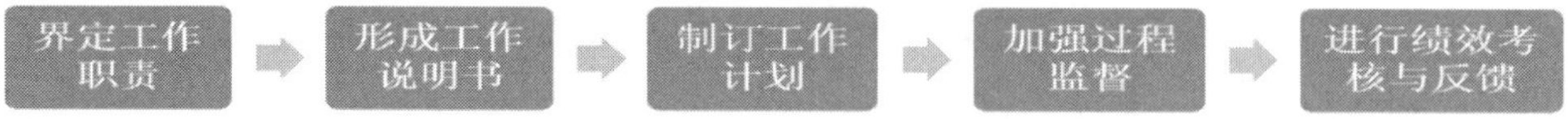

图3-8　目标责任管理五步法

第一步：界定工作职责。根据公司的经营目标分解到每个部门，再分解到每个岗位，清晰界定员工的工作任务，界定工作权限，界定岗位的绩效考核标准。目标与职责越清晰，偷懒的人就会越少，千斤重担大家挑，人人身上有指标。

第二步：形成工作说明书。工作说明书包括两部分内容，即工作描述和工作规范。工作描述主要是对职位工作性质、任务以及职责的说明。工作规范也称资格说明书，主要是对任职者的任职资格与有关素质要求的说明。

第三步：制订明确的工作计划。管理者与员工一起共同制定年度、月度工作计划。工作计划的制定要符合 SMART 原则（具体的、可衡量的、可实现的、切实可行的、有时限的），并尽量为员工协调工作所需的资源与塑造有利的环境。

第四步：加强过程监督。在日常管理过程中我们都会有一个经验：员工只会做你监督检查的事而不会主动做你期望的事。越是重要工作越是要加强监督检查，只有好的过程才能产生好的结果，管理者尤其是基层管理者，对员工日常工作的过程加强监督是一项重要的任务。

第五步：进行绩效考核与反馈。绩效考核能使员工的工作业绩标准化，符合工作任务的要求。同时，当员工的绩效不佳时，管理者要与其进行有效的绩效反馈，以促使员工技能的提升与工作方法的改善。

3.7.2　管理跟进机制：绩效考核

绩效考核是最常用的管理跟进工具，通过将员工的工作业绩进行量化考核，从而进行奖勤罚懒，并将员工的绩效与其绩效奖金挂钩。企业通过绩效考核引导员工的工作方向，通过绩效考核促进员工为目标而奋斗。因此说，绩效考核就像一股无形的鞭策力促使员工不断向前进。

绩效考核一般从四大维度对员工进行考核：德、能、勤、绩，几乎所有的绩效考核评价，都是围绕这四个方面的内容展开。“德”指的是员工的个人品德、职业道德、工作作风、思想状态，是员工最根本的素质。“能”指的是员工的知识水平、身体能力、工作需要的技能和能力，是员工分析和解决问题的能力。“勤”指的是员工工作中的勤勉态度和责任心，是与“德”紧密相关的品质，通常表现为工作的积极性、责任感、纪律性、投入性、出勤率、服务意识、奉献意识等。“绩”是指员工的工作业绩和效率，通常表现为员工是否按时、保质、保量地完成工作的任务目标。

目前企业常用较多的绩效考核方法有：目标管理（MBO）、关键绩效指标（KPI）、目标与关键成果法（OKR）、主基二元法、平衡计分卡（BSC）和 360 度评估等方法，这些方法本身没有好坏之分，处在不同管理阶段的企业应根据自身的经营管理状况，寻找最合适自身发展阶段的方法。

3.7.3 管理跟进工具：SEA 教练系统

员工的绩效来源除了目标的精确性与计划的精准性，很大程度取决于管理者的跟进与监督，而 SEA 教练系统能帮助管理者有效促进员工绩效的提升，它也是管理教练的核心工具。

SEA 教练系统包括三项核心的教练行为：支持（S）、鼓励（E）、问责（A）。管理者通过支持行为与员工形成有效的合作伙伴关系；通过鼓励为员工赋能，提升员工的能量状态；而通过问责机制建立员工有效行动的跟进、监督，无形给员工产生压力。

从物质的状态变化原理来看，当物质的环境、内在的能量发生改变时，物质的状态将有可能发生改变，比如从水的状态变化来看：1 克水 +540 千卡 = 水蒸气，但这个过程在自然情况下不会瞬间完成，它需要时间的积累，即使人工把水烧开也需要一定的时间。由此可得出一个结论：改变 = 能量 + 时间。

SEA 教练系统正是基于以上原理而制定，其运转原理如图 3-9 所示，管理者通过持续的 SEA 与员工建立伙伴关系、支持关系与问责跟进，从而促进员工行为发生改变，绩效得以提升。

因此，管理者要想使员工发生改变就需要改变员工的能量状态，并经过时间的沉淀，才能产生质的变化。比如，管理者要打造一个完美的团队，应当持续为团队赋能：树立明确的目标，提升员工的士气，提升员工的能力，建立约束制度，在团队成员消极的时候多给予支持与鼓励。

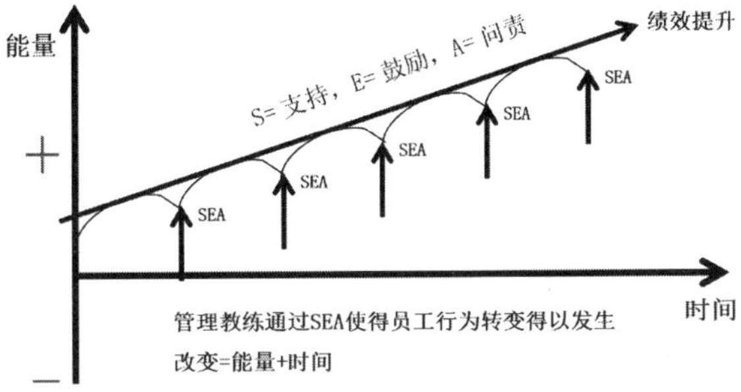

图 3-9　SEA 教练系统的运用原理

第 4 章

共启愿景：团队愿景塑造与团队协同

4.1 开发愿景：描述团队前进的画面

愿景，根据《现代汉语大词典》释义为：所向往的前景。愿景的概念内涵是人类社会发展过程中最早开始萌发的原始信念之一。考古学家通过对描绘原始人生产、生活活动的雕塑和岩画进行研究发现，雕刻的形象是表达带有美好向往的愿景。而今在管理学界愿景被更多地表述为一种由组织领导者与组织成员共同形成，具有引导与激励组织成员的未来情景的意象描绘。

任何组织的发展壮大都需要在不断变化的环境中，提出方向性的长远引导，从而把组织活动聚焦在一个核心焦点的目标状态上。源自组织成员内心深处所塑造的共同愿景，可以使得组织及其成员在面对各种未知状态或抵抗力过程中能够有所坚持，明确方向、步骤与路径，持续前进。愿景受到领导者及组织成员的信念和价值观、组织宗旨等因素的影响，是一种对组织及个人的未来发展达成预期的想法，它会引导或影响组织及其成员的行动和行为。

4.1.1 激发团队的共同愿景

共同愿景就是全体组织成员发自内心地希望未来实现的愿望或景象。这种具有未来特性的愿望与景象实际上为组织的未来发展提供了机会。现代组织的共同愿景是要给组织一个长远的、经得起推敲的未来，而这种未来应该是充满了挑战、机会和风险，不是一般的战略规划所给定的那种。

《斯巴达克斯》是一部描述罗马奴隶斗士的电影，讲述了古罗马奴隶斯巴达克斯不堪暴虐的统治，决定率领其他奴隶发动起义，以图推翻古罗马奴隶主暴政统治的悲壮故事。斯巴达克斯在公元前 71 年领导一群奴隶起义，他们两度击败罗马大军，但是在罗马将军克雷斯长期包围攻击之后，最后还是被征服了。在电影中，克雷斯告诉几千名斯巴达克斯部队的生还者说：“你们曾经是奴隶，将来还是奴隶。但是罗马军队慈悲为怀，只要你们把斯巴达克斯交给我，就不会受到钉死在十字架上的刑罚。”

在一段长时间的沉默之后，斯巴达克斯站起来说：“我是斯巴达克斯。”然后他隔邻的人站起来说：“我才是斯巴达克斯。”下一个人站起来也说：“不，我才是斯巴达克斯。”在一分钟之内，被俘虏军队里的每一个人都站了起来。

这个故事是否虚构并不重要，重要的是它带来更深层次的启示。故事的关键情节在于，每一个站起来的人都选择受死。但是这些战士所忠于的，不是斯巴达克斯这个人，而是由斯巴达克斯所激发的“共同愿景”（Shared Vision），即有朝一日可成自由之身。这个愿景是如此让人难以抗拒，以至于没有人愿意放弃它。

建立组织成员的共同愿景是在一个企业领导人在团队管理中所要追求的最高境界，这种共同愿景能够持续激发团队的使命感。只有建立了这种共同愿景，企业的所有员工才会努力学习以及发挥个人的积极性。

共同愿景并不是一成不变的。有些企业在创业初期就形成了基于创始合伙人共同的价值观和理想所形成的共同愿景。有些企业则是在发展到了一定的阶段与规模之后，再开始考虑与设计自己的共同愿景。共同愿景不是建立在企业强制性基于压力之上，而是所有员工发自内心的愿望，如果有员工的愿望是胁迫的，那么团队的使命感就很难被激发，企业的发展也会遭受到一定的阻碍。

某汽车销售有限公司如今已经发展了近 20 年，员工有 1 000 人，主要代理销售一些中高端汽车，在当地的汽车销售行业也算小有名气。公司的发展一直都比较稳定，但是在 2008 年的金融危机中，企业的销售量出现了大幅度下滑，甚至有几个月已经到了难以维持经营的状态，员工们个个都心神恍惚，每天都想着自己会不会被辞掉，接下来自己该如何找到新工作等。

面对这种情况，公司的领导开始担心，如果员工一直这样下去，就算是经济复苏了，公司的发展也会受到一定的影响，因为员工的愿望已经和公司的愿景出现了冲突，现在最重要的就是树立员工的共同愿景，激励员工和公司一起成长。

公司领导重新完善了公司愿景，由各部门共同树立员工的愿景，力求员工和公司的愿景达到一致。

首先，由公司的所有中高层管理者，带头向所有员工宣传、传播正确的价值观和理想信念，向大家宣传愿景的目的和意义、公司的愿景和个人愿景的关系，以引导个人树立和公司愿景一致的个人愿景。同时树立正确的服务理念，把个人的价值观和服务理念有机结合起来。对于一些个人愿景不明确和个人愿景错误的员工，帮助其设计和挖掘个人愿景。

其次，所有员工结合自己的工作岗位制定了符合自身实际的愿景，公司行政部门将员工所有的愿景都收集起来，然后整理成册，通过总结分析，最后确定了公司所有员工和公司的共同愿景及目标，并努力让所有的管理人员和职工对最后总结出的这一愿景支持和认同。

再次，公司领导开始走访各个部门以及各个不同岗位的员工，深入了解和听取每个员工在自身岗位上的发展目标、愿景、自身价值的实现意见，根据自身特点和岗位要求，有针对性地做出相应的帮扶措施，努力解决员工在个人自身成长、发展方面所遇到的困难，把个人愿景融入企业的愿景里，使企业的愿景和员工的愿景形成统一。

通过一系列措施，员工的工作积极性得到充分提高，在工作当中也有了很强的使命感，个人思想被很快稳定下来。虽然市场经济还处在金融危机的末期，但在这样的逆境中，公司的销售额渐渐提升了。

通过这个案例可以看到在金融危机的经济动荡时期，公司通过树立员工和企业共同的愿景，激发了员工的使命感，最后渡过了难关。说明在一个企业当中，树立共同愿景，就是为企业和员工点燃了共同灯塔，让企业和员工看到共同的目标，找到共同努力的方向。

4.1.2　愿景塑造的基本构成

完整的组织愿景包括两部分：核心信仰、未来前景。核心信仰包括核心价值观和核心使命。它用以规定企业的基本价值观和存在的原因，是企业长期不变的信条，如同把组织聚合起来的黏合剂，核心信仰必须被组织成员共享，它的形成是企业自我认识的一个过程。核心价值观是一个企业最基本和持久的信仰，是组织内成员的共识。未来前景是企业未来 10 年到 30 年要实现的宏大愿景目标及对它的鲜活描述。

企业愿景是企业未来的目标、存在的意义，也是企业之根本所在。它回答的是企业为什么要存在，对社会有何贡献，它未来的发展是什么样子等根本性的问题。

企业愿景的设定包括以下两个方面。

第一，明确企业目的。企业目的就是企业存在的理由，即企业为什么要存在。一般来说，有什么样的企业目的，就有什么样的企业理念。正确的企业目的会产生良好的理念识别，并引导企业的成功；错误的企业目的会产生不良的理念识别，并最终导致企业的失败。

第二，树立企业使命。企业使命是企业经营理念指导下，企业为其生产经营活动的方向、性质、责任所下的定义，它是企业经营哲学的具体化，集中反映了企业的任务和目标，表达了企业的社会态度和行为准则。

企业的愿景包括企业社会责任的五大维度，如图 4-1 所示。

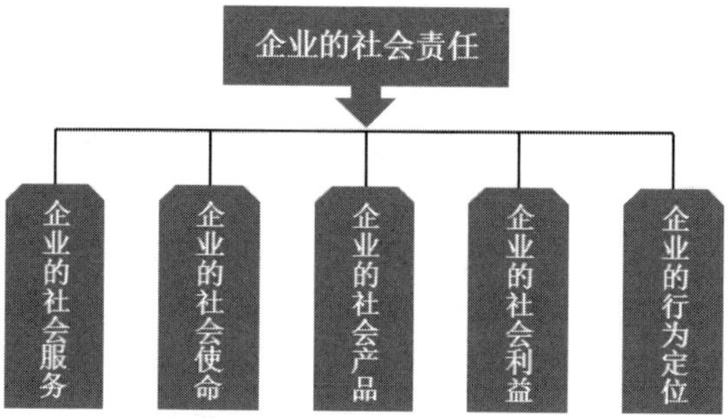

图 4-1　企业的社会责任

- 社会服务：企业应当为社会提供满足各种需要的服务。
- 社会使命：企业成员对社会做出贡献及协调各种利益集团之间关系的使命。
- 社会产品：企业提供的各种产品既要为企业自身带来利益，也要对社会具有价值。
- 社会利益：把维护和实现社会整体利益作为评价其经营活动成果的有效依据和指标。
- 行为定位：企业应当优先考虑由于各种资源的使用而可能给社会带来的影响和后果。

概括起来说，企业的社会责任，是企业对社会不同利益集团和群体所承担的道义上的责任。

4.2　达成共识：化解冲突，统一目标

4.2.1　共同愿景与个体愿景

日本松下电器的创始人松下幸之助曾经讲到，中层经理一旦进入松下，就会被告知松下未来 20 年的愿景是什么。首先告诉他松下是一个有愿景的企业；其次，给这些人以信心；第三，使他们能够根据整个企业未来的发展，制定自己的生涯规划，使个人生涯规划立足于企业的发展愿景。

美国汉诺瓦保险公司的总经理欧白恩指出“我的愿景对你并不重要，唯有你的愿景才能够激励自己”。这并不是说人们只需在乎个人的利益；事实上，个人愿景通常包括对家庭、组织、社区甚至对全世界的关注。欧白恩之所以强调个人对周遭事物的关注，是由于真正的愿景必须根植于个人的价值观、关切与热望中。

共同愿景是由个人愿景汇聚而成，借着汇集个人愿景，共同愿景获得了能量和培养。

有意建立共同愿景的组织，必须持续不断地鼓励成员发展自己的个人愿景。如果人们没有自己的愿景，他们所能做的仅仅是附和别人的愿景，结果只是顺从，而不是发自内心的意愿。在当下的很多企业当中，管理者从不会将个人愿景转化为能鼓舞企业发展前进的共同愿景，这也是企业在发展过程中个人目标与企业目标发生冲突的根本原因。

企业中员工如果出现非常频繁的跳槽现象，主要原因是管理者的想法和员工的想法不一致。管理者和企业的愿景是相同的，但是员工的愿景和企业的愿景不一定完全相同，管理者想要的东西，有时并不是员工想要的，或者员工想要的在企业发展的愿景中难以得到支持。只有充分了解员工的需求，把员工的愿景融入企业的愿景中，形成共同愿景，才能激发员工的团队使命感，员工才能和企业想在一起，形成一致的价值观，朝一个方向共同努力。

4.2.2　冲突是组织结构平衡的动态维系

冲突是人际关系中最常见的社会现象，例如情侣之间的冲突、医患之间

的冲突、同事之间的冲突。对人际关系的冲突进行观察和分析，可以发现关系稳定的人之间，冲突容易平息，而关系淡薄甚至对立的人之间，冲突非但不容易平息反而可能会向更加激化的方向发展。情侣之间的冲突更容易导致两人之间关系的终止，而夫妻之间的冲突往往以相互妥协而收场。

关于人际关系产生冲突的主要因素，心理学家杜布林总结为 8 种情况，如图 4-2 所示。

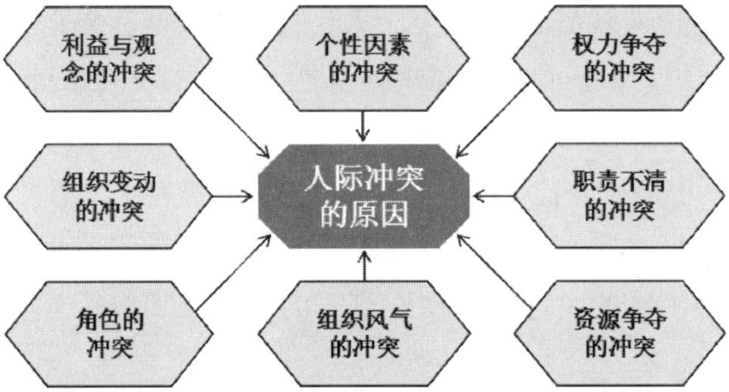

图 4-2　杜布林模型人际冲突的输入因素

1. 个性因素的冲突

在一个群体或组织内，不同人之间的性格差异使得他们解决问题的作风和行事方式不相同。群体内的个性差异越大，共性则越小，组织成员合作的可能性就越小，存在的分歧、矛盾就越普遍，工作和交往中的阻碍、争执和冲突也就越频繁。

2. 资源争夺的冲突

资源是有限的，企业之间存在着有限资源的竞争，一个组织的不同部门之间可能会从公司总部为额外的预算分配或额外的人力资源展开竞争。当资源相对稀缺时及组织发展缓慢或根本不再发展时，这种在资源方面不可避免的冲突将变得更加激烈。

3. 利益与价值观冲突

引起组织冲突的个人或群体价值观的差异，包括组织内部的个人之间、群体之间、个人与群体之间价值观的差异，以及代表组织整体的价值观与外部环境的个人或社会群体价值观的不同。此外，组织中不同群体和个人价值观的不同步变化也会引起冲突。

4. 角色的冲突

组织中的个人和群体由于承担的角色不同，各有其特殊的任务和职责，从而产生不同的需要和利益，因而发生冲突。

5. 权力争夺的冲突

在任何群体或组织中，权力和追逐权力都是一种自然存在的现象。个体及群体对权力欲望的追逐有时就会导致冲突。

6. 职责不清的冲突

个体或部门工作职责的不清，将会使个体之间及部门之间对工作互相推诿，对责任各执己见，引起冲突。

7. 组织变动的冲突

当组织变动时，比如机构的精简和合并，使原来的平衡被打破，局部的利益受到威胁，员工与组织之间的冲突在所难免。大公司兼并小公司，若干公司重组，必然导致双方在权力和其他方面的冲突。

8. 组织风气的冲突

冲突与组织风气有关。组织风气正，则多为建设性冲突，且冲突程度适中。组织风气不正，则多为破坏性冲突，且冲突程度失控。组织风气起到一种潜移默化的作用，在此影响下冲突有“传染性”。

并不是所有的人际冲突都是有害的。根据冲突的结果趋势分析，冲突可以划分为有利冲突与有害冲突。组织内部成员为了实现共同的组织愿景，在过程中可能因为观点、权力、职责、组织变动等原因产生冲突。组织领导者如果能控制并利用好这种类型的冲突，不仅不会导致组织内部人际关系的恶化，反而能有效促进组织目标、愿景的达成。

与此同时，一件冲突所归属的类型也不是一成不变的，它具有动态平衡的特性，可能会随着环境的变化或事件的变化而进行转化。比如，由于上级管理失误，造成下属工作业绩下降，这本身是有害性质的冲突，但如果通过采取相应措施对上级的管理失误进行协调与改善，就有可能让组织内部的上级与下级员工达成一种新的平衡。如果绩效冲突长期没有得到改善，反而持续恶化，难免会产生更严重的有害冲突。

4.2.3 用组织愿景化解矛盾冲突

稻盛和夫认为，不同的意见越多越好，因为它最终的结论将更高明，会减少公司犯错的风险。彼得·德鲁克也认为：意见相左甚至冲突，是必要的，也是非常受欢迎的事。

旗下有 Sony BMG、兰登书屋（Random House）的全球第三大私人媒体集团贝塔斯曼（Bertelsmann）首席执行官托马斯·米德霍夫。上任之初，就声称决心将这家企业打造成“德国迪士尼”。他高调而强势的作风与创办贝塔斯曼的孟恩家族神秘而不喜张扬的性格，完全背道而驰。

米德霍夫一心想让贝塔斯曼公开上市，但对家族成员来说，这完全就是变相削权、夺取利益，这件事彻底惹毛了家族领导人莱因哈特·孟恩。孟恩发了封信给所有员工，明白指出：“基于某些管理者的无能与贪婪，阻碍企业发展，因此创办家族必须保留更多决策权”。不久，米德霍夫果然被扫地出门。

孟恩通过削弱 CEO 职权以家族的领导权取代之，就是要让继任者别再妄想撼动孟恩家族分毫，冈特·席蓝就在这场风暴中接任 CEO，外界预测他将在短期内黯然下台。

事实上，席蓝的表现让所有人跌破眼镜。2002 年《时代》杂志报道，席蓝上任后，取消了 CEO 的职位，将职权切割成 6 个不同职位。针对此举，他表示：“一个人做不了这么多事，需要有更多不同的人提供管理技术。”席蓝权力下放的做法为他赢得家族信任、安抚企业员工，也让自己得以从权力冲突中抽身。

做冲突的主人，激发组织建设性讨论。

接着，席蓝设计了一套对话方式，企图让每个阶层、部门的工作者，都能为了达成目标，展开有建设性的对话，将个人的口角之争而产生的冲突，扭转成工作者对议题、组织发展的意见交流，不断制造每个人对话的机会，借此消除不同意见。

最后，席蓝为所有工作者设立了一个共同愿景，让他们能有更多“拥有”贝塔斯曼的感受，也更敢提出建言，不会因为家族企业的一言堂色彩，令多元意见消失，也为贝塔斯曼留住了人才。

2006 年，贝塔斯曼的年度净利润大幅攀升至 24.2 亿欧元，成长将近 1.5 倍。席蓝表示："贝塔斯曼从未有这么丰厚的获利，我们的前进方向是对的。"他的杰出表现，赢得了延长两年的 CEO 职位，并于 2008 年顺利交棒。

席蓝完美地将堪称是贝塔斯曼内部最大的组织冲突危机，用信任、共同愿景以及建设性冲突 3 个步骤，转为企业成长的契机。

面对冲突，如果习惯于向外界求助、拖延或干脆无奈接受，这对组织毫无助益。事实上，我们讨厌的是停留在人身攻击的"关系冲突"，而不是能让讨论越变越好的"工作冲突"。当组织间针对议题而产生的工作冲突越多，所产生的建设性意见反而越多；反之，如果组织内部充斥着以人身攻击为主的关系冲突，对组织的贡献则几乎为零，甚至产生互相抵触的负面效应。

企业领导者要善于建立共同愿景，将冲突化解为组织向上发展的动力。根据研究结果发现，相对于美国人，华人社会更规避冲突的发生。领导者管理冲突是必要的，而对于一般工作者而言，更应侧重于学习如何管理与主管之间的冲突。不论是一味退让、逃避，还是把冲突引向升级，都不是正确的处理方式，不但事情得不到妥善解决，无形中也会让冲突中的组织成员越工作越不快乐。

4.3　制造压迫感：突破员工的舒适区

舒适区（Comfort Zone）指的是一个人所表现的心理状态和习惯性的行为模式，人会在这种状态或模式中感到舒适。舒适区又称心理舒适区。在这个区域里，每个人都会觉得舒服、放松、稳定、能够掌控、很有安全感。一旦走出这个区域，人们就会感到别扭、不舒服，或者不习惯。关于舒适区最常见的例子莫过于左右手的使用习惯。从石器时代开始的许多工具，就已经是为右手定制的了。在人类有史可考的记载当中，右手就一直被优先使用。如果一个使用右手写字的人，请他用左手写字，他会不适应也不愿意接受。也就是说，在他的舒适区内，他只能使用右手刷牙、右手写字。但实际上并不是左手不具备拿筷子、写字的能力，我们也见过很多经过后天训练的人能够熟练自如地使用左手。

斯诺克选手罗尼·奥沙利文是典型的进攻型选手，出杆速度快，得分效率高，为他赢得了“火箭”的外号。在比赛中一旦他处于优势领先的情况，往往上演压倒性的精彩对决，在劣势时也可以挽回败局。

罗尼·奥沙利文出道时是右手球员，慢慢也开始使用左手，而且左手稳定性也极强。左右开弓使他更顺利地进行比赛。特别是一些特殊情况，他可以使用左手，而不像其他球员一样使用架杆。奥沙利文左手打球很厉害，曾经还发生过一个有趣的故事。

1996 年，当他在世锦赛第一次使用左手时，加拿大人阿兰·罗宾度认为他不尊重对手。但罗尼·奥沙利文认为，自己的左手比对手的右手有更好的实力。为了证明自己左手的实力，并给为此次事件而举行的听证会提供证据，罗尼·奥沙利文使用左手和前世锦赛亚军雷克斯·威廉姆斯进行了 3 局比赛，而且全都赢了。阿兰·罗宾度对他的指控也自动撤销了。

4.3.1 正确看待心理舒适区的形成

每个人都会在不同领域的情境状态中有一个适合自己的“心理舒适区”。

“心理舒适区”表现为主观方面和客观方面两种。在这个区域内，人们常常感觉放松，不愿被打扰，有自己的节奏，有自己的做事方式，有自己的为人处世模式。例如，有的人有强烈的利他意愿，有双赢思维，善于协作增效；而有的人喜欢选择“宅家”的生活方式，不愿和陌生人交谈，不愿被人批评，不愿按规定时限做事……总之，人们处于一个只属于自己的领地。

我们必须要对“心理舒适区”有一个正确的认知，首先一点就是要确定“心理舒适区”并不是一个贬义词，舒适区对人的影响具有正面和负面两种作用。比如画家处于自己喜欢的创作环境中，能够心无旁骛地进行创作，激发创作灵感。不同的舒适区会对人们产生不同的心理和行为影响。

1. 正面作用

从正面来看，舒适区是人们的一种认知模式，不是社会通行的普遍标准，具有明显的个人特性，每个人的舒适区都有不同的状态。它帮助人们维护自我形象，建立心理防御屏障，能够起到避风港的作用。其次，舒适区是自我调节器，它对人有稳定情绪的作用。第三，舒适区决定了人对外界信息的接纳度。

2. 负面作用

沉溺于“舒适区”的人，会不思进取、故步自封。其行为表现为懒惰、松懈、倦怠和保守。久而久之，会感到迷茫和无助。对现状充满着一定的满意度，既没有强烈的改变欲望，也不会主动付出太多努力，所有的行为，无非是为了保持舒适的感觉而已。

沉溺于“舒适区”的人，会感到非常惬意舒服，觉察不到任何真正的压力，没有危机感，甚至产生自我麻痹感。处于这一区域，有的人甚至感到自己优越于他人。

3. 舒适区差异

人与人之间的舒适区差异极大。对于某些人而言，与紧张的工作环境相比，温馨怡人的家庭空间就是他们的“舒适区”。而对于另一些人而言，持续的有条不紊的工作才是他们心灵安定的源泉，工作是“痛”并快乐着的。聚焦于工作中的问题解决过程就是他们的“舒适区”。对于有些人来说，处于喧闹嘈杂的啤酒派对令他们感到身心愉悦，非常舒适，而有些人则觉得清净的月下花园流淌着舒缓的音乐能够让自己的心灵彻底放松。

“心理舒适区”并不是洪水猛兽，让人谈之色变。近年来很多媒体在集体贩卖焦虑，把沉浸“心理舒适区”狭义地描述为“让人堕落的温柔乡”，这种观点是完全错误的。

2016 年 3 月底，第九届国际残疾人职业技能竞赛于法国波尔多落下帷幕，李成汉代表吉林省参加了比赛。他在珠宝设计比赛项目中获得铜牌，这是吉林省首次在国际残疾人职业技能竞赛中获得奖牌。“这是我第一次参加国际竞赛，虽然没有夺金而有些遗憾，但我展示了自己的能力。以后有机会希望能再次参加国际竞赛，我会争取拿到更好的成绩，同时，我会努力培养更多年轻选手，让他们在国际赛事中为国争光。”李成汉说。

看着胸前沉甸甸的那枚奖牌，48 岁的李成汉显得格外激动和满足。自从高中毕业时患病导致腿部残疾之后，李成汉便开始了自学修复古玩、珠宝和金银器的工匠之路。20 多年来他以异于常人的天赋和努力，修复了上万件古玩珠宝并从未失手，过手的黄金都得论吨计算，被人称为“珠宝古玩医生”。

20世纪80年代，刚刚高中毕业的李成汉突然被诊断为蛛网膜下腔粘连，此病导致他双下肢无法正常走路，也因此辍学在家。“我的爷爷和父亲都是有手艺的，我从小受家庭熏陶，也很喜欢研究这些手工技艺。患病后我就开始自学这些技艺，记得我当时花1.5元钱买了一个喷灯、一块人造革，就开始了手工之路。”

李成汉的工匠之路，最早以金银首饰加工、珠宝镶嵌为主，有时也修复一些古玩。这门技艺需要强大的耐心和功力，不仅要有很高的天赋，同时还得有刻苦的精神和耐心。李成汉只要开始工作，每每都会沉浸其中。李成汉的妻子表示，丈夫是一个对自己要求很高的人，有时候客户都满意了，可只要他觉得有瑕疵就会继续修复，直到“完美”为止，20多年修复上万件从未失手。手工修复的工作状态，就是他的“舒适区”，对客户的完美交付，就是他的“成就感”。这个舒适区，就是李成汉的兴趣爱好和工作动力。

4.3.2 如何有效突破自我舒适区

前两年国内某人力资源论坛发表过这样一篇帖子。

有一位女性网友，从事的是人力资源工作，刚刚入职一年，属于行业新兵，没有太多的工作经验。她在公司人力资源部门的具体工作包括：员工招聘；对各部门的员工考勤进行审核；统计每个月的加班及调休；员工劳动合同签订、档案管理等。工作状态谈不上紧张，也基本不用加班，晚上大多能准时下班。在她看来，这份工作当作是糊口的工作，现在很想提升工作能力，希望薪资能够翻倍。

她对自己进行了简单的分析：性格偏柔弱，在劳动关系管理工作当中，比较害怕遇到员工去劳动部门投诉公司没有按人社部劳动用工标准核发薪资福利、办理社保的现象。专业能力一般，虽然长期从事招聘岗位，但在面试中遇到一些性格比较强势的候选人时，自己还是显得有些稚嫩。每天的时间主要是花在找简历、电话通知面试上，不太会合理安排工作时间。对于人资系统其他模块的接触也较少，目前缺乏看书的动力。

她想通过发帖求助该如何突破这样的现状。

心理舒适区的三层突破如图 4-3 所示。

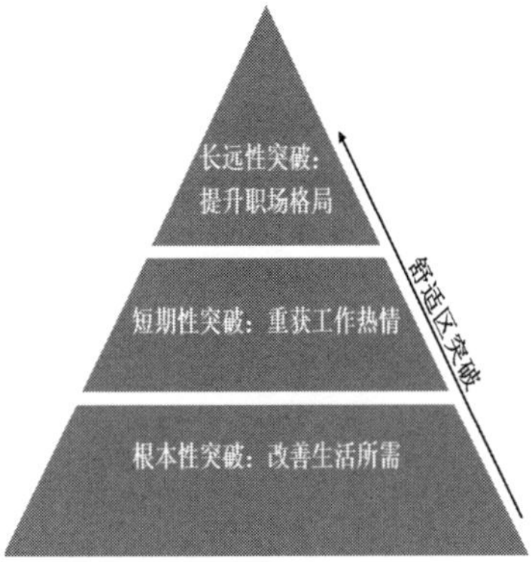

图 4-3　心理舒适区的三层突破

待在舒适区里意味着能够对自己的工作、生活有所掌控，稳定而有安全感。走出了舒适区，人就需要重新适应新的工作和生活状态，会感到无所适从，焦虑惊慌。人都是有惰性的，很多人会选择待在舒适区里。当人们成功走出自己的心理舒适区时，那种成就感是非凡的，如同在半山腰爬山的行人，竭尽全力走到顶峰，放眼周边的一切都被踩在脚下。每一个攀登者在出发前都应该对自己的攀登计划做出详细计划，规避可能存在的风险。作为团队领导者，也有义务帮扶员工走出舒适区，实现职场的攀升。

1. 直面未知的恐惧

很多时候，我们害怕未知的东西，这也就导致了我们本可以成功，却由于自身莫名其妙的恐惧感没有采取行动。如果担心自己的尝试会让自己、他人或公司很不适应，可以在内心默默设个目标。就从面对恐惧开始吧，扩大你的视野，开创一个新的领域。

2. 迈出勇敢的一步

害怕失败，往往成为阻碍成功的最大障碍。“晚上想到千条路，早上起来还是走老路”是很多人的真实写照。阻止我们踏上新旅程的有时只是那个没有迈出的“第一步”而已。如果决定走上一段旅程，那就勇敢迈出第一步再说。而且，如果我们从失败中学习成长，那么失败也没有什么好害怕的呀，甚至可能是发生在我们身上最好的事情。当然，如果你不是一个勇于冒险的人，那么可以先从迈出第一步开始，一点一点来。

3. 突破惯性的思维

一个没有在暗礁丛生海域上航行过的水手不可能是一个好水手。在舒适区昏昏欲睡，其实往往危机四伏。慢慢地，我们的特点和优势会消逝，最终可能会沦为一个麻木的被动执行者。突破自己害怕冒险、贪图舒适的思维惯性，能够接受失败是帮助我们走出舒适区的关键。一个实现这一目标的好方法就是以无所谓的心态去冒险。如果我们过分关注风险，那么面对失败的机会就会很低，这将严重限制我们采取下一步措施。

4.3.3 合理掌控，压力变动力

弹簧能够产生弹力的前提是给它施加一定的压力，压力越大，累积的势能就越大。人缺乏压力，就容易满足现状，萎靡不振，就不会有进步。有很多人经过一段时间努力，进入了一个让自己比较满意的心理舒适区，随着条件的变好，慢慢失去了自我加压的动力。

同样的，在生活当中，也经常会看到有些人随着年龄、职务的提升，生活待遇变了，交际应酬多了，放松了自我要求，失去了以前的紧张感和压力，变得浮躁静不下心来；有的人稍微有点压力就喊受不了，觉得干不了，想方设法选择逃避。有的人感到“干好干坏一个样，干多干少一个样，干与不干一个样”，产生了混日子、熬年资的想法，缺乏上进心，工作失去激情，没有紧迫感，成天浑浑噩噩。

韩国现代集团经历亚洲金融风暴之后，销售全面滑坡。老一代创始人郑周永去世了，整个家族缺少合适的接班人，郑梦宪在管理方面经验并不是很多，但是由于掌握了借力的领导艺术，在两三年之内，把现代集团推出了沼泽地，进入了快车道。

郑梦宪认为市场压力带来了改革的契机，父亲之前好几次改革都失败了。现代汽车之所以在市场上有竞争力，是因为它的价格比日本汽车要便宜一半，质量也比日本车要差，但由于价格便宜，在发展中国家非常受欢迎。

郑梦宪换了三分之二的高级领导人，亲自到生产一线去，对发现的问题要求限期改进，如果没改进，就开始采用人事手段。从普通员工到企业各级管理者都有了压力，于是就开始改进计划，改进设计。两年之后，现代集团的第一批运动车型在美国上市，质量立刻得到好评，销售也开始逐渐回升了。

从案例可见，现代集团的领导人并不急于解决销售问题，而是利用销售制造压力，然后解决了企业的内部问题，反过来推动销售，再加上市场转暖，现代也恢复了生机。

只要承受住压力，勇于调整自我，不懈努力，压力就会变为动力。有挑战才有压力，有压力才有动力，有动力才有超越。压力转化为动力，靠的是高度的事业心和强烈的责任感，靠的是锲而不舍的毅力和不怕困难的精神，只有这样，才能不断自我加压，把压力转化为责任，转化为进步不竭的动力。对于求进步的人来说如同弹簧一样，在弹性形变的受力范围之内，只要压得紧，就会弹得远，承受的压力越大，进步就可能越快。

4.4　使众人行：群策群力，促进行动

4.4.1　做团队的表率，必须以身作则

《论语·子路篇》曰："其身正，不令而行；其身不正，虽令不从。"翻译成现代汉语即孔子说："当管理者自身端正（做出表率）时，不用下命令，被管理者也就会跟着行动起来；相反，如果管理者自身不端正（而要求被管理者端正），纵然三令五申，被管理者也是不会服从的。"

正人先正己，做事先做人。对于企业团队的管理者要想带好团队、管好下属就必须以身作则，并勇于替下属承担责任，而且要事事为先、严格要求自己，做到"己所不欲，勿施于人"。"一头狮子带领一群绵羊"和"一只绵羊带领一群狮子"的结果绝对不一样，一个平庸的领导，只会将团队的成员全部变为平庸者，所以团队领导人的管理艺术、技巧、专业技能、性格、人格魅力是一个团队是否有战斗力的关键。

领导示范的力量是惊人的，一旦通过表率树立起在员工中的威望，将会使得团队成员上下同心，大大提高团队的整体战斗力，做下属敬佩的领导将使团队效率事半功倍。反之，如果领导缺乏正人正己的示范，无法成为团队的标杆，那么这个团队的氛围和效率必然会受到严重的负面影响。

有一家年轻的新媒体公司，其公关部总监一直得不到部门团队成员的认可。这位总监平时最注意的不是职场规则，而是自己的领导权威。公司所有同事都按时打卡，唯独他几乎每天都要迟到。在部门内部管理方面，也是让大家感觉缺乏应有的章法，经常凭着自己的感觉下达指令。由于指令的随意性，导致执行过程中出现问题的时候，第一反应就是觉得下属在哪个方面没做好，不会反思是自己的管理出现了问题，也从来不为下属担责。部门同事几乎没有一个人对他的管理能力感到认可，平时在工作上的相处，大多都硬着头皮勉为其难去面对。

“破窗效应”理论认为：如果有人打坏了一幢建筑物的窗户玻璃，而这扇窗户又得不到及时的维修，别人就可能受到某些示范性的纵容去打烂更多的窗户。久而久之，这些破窗户就给人造成一种无序的感觉，结果在这种公众麻木的氛围中，更多的破坏行为就会滋生和蔓延。

对于企业管理也是如此。在管理实践中，管理者必须高度警觉那些看起来个别的、轻微的，但触犯了公司核心价值的“小的过错”，并坚持严格依法管理。“千里之堤，溃于蚁穴”，不及时修好第一扇被打碎玻璃的窗户，就可能带来无法弥补的损失。

优秀员工辞职，辞掉的往往不是公司，而是他的直属领导，因为他觉得直属领导不是值得自己学习的典范。所以，不管是管理者，还是普通员工，都应该认真思考一个问题：什么样的领导值得我们追随？

1. 率先垂范：面对下属言传身教

好的领导，有一种榜样的力量，能够激发下属的善意和美好。那些值得追随的领导，都拥有一些宝贵的品质，从而成为员工的榜样，在潜移默化中对员工产生正面影响。但真正的影响力，不是靠说教，而是通过细微之处的言传身教，赢得员工的信任。

领导者应该成为团队的表率。作为领导如果能做到率先垂范，整个公司文化就会发生改变。这往往是考验能否凝聚团队、领导团队、影响团队的重要因素。

一位年轻干部在某个中午就餐时，偶遇集团领导。在等电梯下楼时，领导很耐心地教导他，和其他领导或者客户同行，作为晚辈，要注意几个细节：走在前面按电梯、开门；主动喊服务员点菜、上菜；掌握他们的一些小习惯。

这3条建议，成为年轻干部工作以来，最为触动的一个细节。作为一个新人，最重要的就是全面吸收对职业生涯有帮助的各种能力，而集团领导给了他很重要也很直接的建议。

2. 目标清晰：带领团队勇往直前

一个人的职场发展之路，和取经之路大同小异。先有一个明确的目标（或者 KPI），在团队 Leader（领导者）的带领下，和团队成员一起努力，最终实现这个目标。

罗振宇曾经这样说：领导力是什么？不是权力，不是能力，不是搞定人，不是讨好人。大多数人都迷茫，本质上，谁握有一张清晰的地图，而且坚定地按照地图去走，谁就有强大的领导力。换句话说，优秀的领导者，往往目标清晰坚定，拥有认知现实的能力，能带领团队一直往前走。

在西游记里，为什么只有唐僧能成为团队领导？

从团队成员的“人设”来看，孙悟空神通广大，战斗指数爆表，但是无法无天，缺乏自我约束。猪八戒油滑好色，面对诱惑缺乏定力，一不高兴就嚷嚷着要散伙分行李，回高老庄。沙和尚虽然能做到勤勤恳恳，但只有眼前的这点事，缺乏长远规划。只有唐僧具有坚定的信念和清晰的方向，不管你们去不去，我都要去，方向是天竺。如果不是他当领导，这个团队早就散伙了。

其实问题的本质，无非是领导力。唐僧是师徒四人中最有领导力的人。不管在取经途中遇到多少困难，面对多少诱惑，唐僧都能透过当前的现状看到未来，看到他们最终的目标：取得真经。

3. 夺取胜利：赋予成员无限潜能

优秀的领导能够竭尽全力带领团队夺取胜利，能够通过不同的方式，把每个人内心的扳机扣动起来，激发他们的潜能，让大部分人都能为团队创造价值。相反，无法带领团队打胜仗的领导者，不仅不能激发团队成员的士气，也无法为组织创造价值。

敢于挑战，激发每个人的潜能，《阿里铁军》中有这样一个故事。

2007 年 12 月，宁波和深圳有一场区域 PK 大战。当时宁波区域经理刘自成给团队提出了一个几乎是破釜沉舟也未必能完成的任务：单月业绩突破 3 000 万元。

几乎所有人都对这个艰巨的任务感到震惊！甚至有人提醒刘自成：这样只会伤了士气。

但是刘自成丝毫不退缩："我一定可以做到，我有绝对的信心。"于是，他便开始了整个战局的策划，开了 3 次启动会，通过各种仪式不断向员工传递目标的合理性，把目标任务细化到每一个人……

最终，宁波区域月绩达到了 3 200 万元，创造了当时整个铁军的最高纪录！刘自成回忆，PK 战役结束之前一星期，已经知道自己肯定要被调走，就和主管们一起吃了一个"辞别饭"，酒杯一举所有人都哭了。"天知道"的业绩，每个人超越极限，爆发潜力，就没有什么做不到的事情。

4. 成就团队：心系他人，关注价值

真正值得追随的领导，永远把员工的成长、团队的成长放在第一位。因为，有人追随的管理者，才叫领导。只有被领导者成功，领导者才能成功。当你把员工放在第一位，给予他们尊重，帮助他们成长，你的团队，才能真正称之为"团队"。

公司召开年度中期的工作总结会，策划部的小张要为受到表彰的员工设计奖状。模板设计好之后，领导发来一个材料，这里面对所有获奖员工的成绩贡献都进行了细致的记录，并且做了分类：最佳创意奖、最佳开拓奖、最佳服务奖……

当小张看到这个文档的时候特别感动。上半年的这几个月公司正在进行战略转型，领导几乎把所有的精力都放在拓展新的市场渠道上。大家每天都非常忙碌，有很多做过的事情可能大家自己都忘了，他却对每个人的贡献都十分清晰。

公司领导在总结大会上的讲话，更是让小张铭记在心：咱们公司的每一位成员都很出色，每个人都值得点赞。让你们获得成长，就是我的第一职责。

4.4.2　激发团队潜能才能群策群力

GE 前 CEO 杰克·韦尔奇说：“在成为领导以前，你的成功同自己的成长有关；在成为领导以后，你的成功都同别人的成长有关。”

杰克·韦尔奇很好地阐明了领导者的成功要素，只有团队的成员成功了，你才能算是成功的领导者。对于如何有效激发团队潜能，通过成就团队成员来获取团队的成功，大量管理人员在经过长期实践探索之后，总结出十条行之有效的方法，如图 4-4 所示。

图 4-4　激发团队潜能的十个方法

1. 注重结果输出而不是出勤时间

在当前组织结构形式快速更迭的时代下，管理知识型员工时不应该用硬性的打卡要求来固定上班、下班时间，除非涉及客户服务的时间覆盖问题。应设立明确目标，让员工对分内的工作进行岗位包干。同时，要求他们准时参加重要的会议并且在团队共同工作时间内随叫随到。如果有必要，可以为他们提供远程工作的工具。然后，让他们自己管理自己的时间。这样做的结果就是告诉你的员工：你信任他们。如果你不能信任为你工作的人，那就是另外一件事了。严加管理直到你信任他们为止或者告诉他们寻找其他的机会。

2. 让成员合理匹配岗位施己之长

确保团队成员都在各自擅长的岗位上。如果你刚刚接管了一个已经初具规模的团队，这一点就显得尤为重要。评估所有团队成员，并改组团队，以求获得更好的成功机会。不要仅仅因为某个人在某个岗位上已经工作了很长时间，就不去改变他的职能。只要你认为他能够在其他职位上做出更多的贡献，就应该认真考虑进行调整。员工可能并不愿意面对这样的变动，所以你还需要花较多的努力去说服他们，这样的变动是为了让他们个人和公司同时实现最佳利益。

3．鼓励成员投身于其热衷的项目

兴趣是工作的最大动力，让成员处于正确岗位的另外一种方法就是找到成员的真正爱好所在，并看他们是否能把其热情投入到岗位中。这种调整有时候会把某些成员调到其经验不多的岗位。如果根据他们以前的工作表现，你确信他们能胜任岗位，那这样做将会是非常值得的，因为他们的热情将是促进学习和成长的强烈动力。

4．在最佳的时机使用最佳人选

当你有很好的机会推动公司发展时，要有意识地退一步思考，谁是领头羊的最佳人选。除了寻找和挑选有能力胜任岗位的人选或对岗位有热情的人选之外，你还需要关注那些曾经成功的人选。有时候良机只有一次，所以即便要把某些成员调离某些重要岗位，你都应该在最佳时机使用最佳人选。

5．平衡挑战性目标和可实现目标

通过设定积极目标和督促员工定期汇报工作进度，来建立绩效文化。但是，目标不能太高，否则员工很快就跟不上，并且认为自己永远无法达成目标。这就意味着你必须定期重新评估目标的可实现性（至少一个季度一次），从而决定他们是否需要减少或者增加工作任务。

6．让员工了解到你对他们的信任

知识型员工岗位的典型特色是：提供创造性的解决方案和决策。他们需要保持敏锐的思维以实现最佳绩效。管理层的责任就是营造一种培养和鼓励创造力的氛围。你能做的最好的事情之一就是，让员工知道你信任他们，知道你相信他们有能力做好工作、解决问题和如期完成工作。如果你不信任他们，要么好好管理，要么开除。

7．避免公开责备犯错的团队成员

任何一个企业或组织都会有跌倒的时候，都会有不尽如人意的事情。失败之后做一次分析，发现哪里出错了，并从中吸取教训。如果是个人造成的错误，则私下处理他们。如有必要，让他们知道下次再遇到类似事件，你希望他们如何处理。不要在公开场合批评他们，无论是直接或者间接，比如在开会或者群发邮件时。如果你那样做了，员工会因为害怕犯错和避免问题（或者逃避创新），而不会花充足的时间去做那些创造性的工作。

8. 正确终结项目以鼓励团队创新

培养创新的另一个重要组成部分是要了解如何有效和得体地终止项目。有时候，失败会暴露某些员工的弱点，但也有时候，即便有优秀的员工参与项目，也会失败。搞清楚这两种情况之间的区别，是优秀经理的能力之一。如果一位优秀员工所负责的是一个糟糕的项目，项目失败并不能说明项目负责人能力差，因为那个项目根本无法实现。所以，你不要过分紧张，要把这个项目当作学习机会，给项目管理人重新分派任务。否则，你会让团队成员过度规避风险，他们也就不再愿意投入到下一个大项目中，或者不再愿意在管理项目时有大胆的举措。

9. 合理引导能培养员工独立思考

你作为团队领导和管理者，并不意味着你必须要包揽所有的好想法。如果你的员工没有事先征求你的意见，就会在工作时犹豫不决从而无法做出决定，那说明你没有合理地赋予他们权力。如果你的员工不能自己做决定，那你应当改变策略。当他们就某一问题给你相关信息，并询问该怎么做，你应该询问他们，“你们是怎么想的？”一开始，他们也许会很惊讶，但经过多次之后，他们自己会先思考，充分讨论并提出建议，然后再来找你。

10. 解释变化的原因从而达成共识

作为管理者，最主要的职责之一是跟员工沟通新的进展和策略转换。如果你的员工对于某项工作已经具备了完全成熟的想法，结果你却提出一个全新的方式，这会严重影响他们的日常工作。如果确实需要对工作进行调整，就一定要事先告诉他们有变化，并让他们知道相关原因。如果他们不同意你说明的原因，他们至少可以有机会来表达自己的不同见解，甚至可以在最终方案敲定之前提出警告和问题。

4.5 深度融合：发挥团队协作的高效价值

4.5.1 团队融合是 VUCA 时代的必修课

当 VUCA 时代不稳定、不确定、复杂和模糊的状态特性成为常态之后，企业的战略规划与组织架构也在不断变化以更快地适应环境，从而导致组织与团队的持续调整。加速团队融合，解决团队冲突，形成团队合力，就成为新时代团队领导者的关键任务。

进入 VUCA 时代，对传统的团队管理法则带来了巨大冲击，过去很多行之有效的管理经验显得无所适从。以树立目标、激励成长、推崇奋斗为主线的各种成功经验，在 VUCA 时代的年轻人面前往往表现出令人难以理解的无力和苍白。

随着 95 后密集步入职场，70 后、80 后的管理者开始变得越来越摸不着头脑。基于社会整体经济水平的快速发展，家庭个体财务积累也迅速达到了一定的数量。从小成长于小康环境中的年轻人，在校园时期就接受了多元文化的熏陶，个性化印记非常明显。当他们步入社会时，突然遇到职业化的定式束缚，在受到自身所处的职业层级以及相对贫乏的社会资源的局限时，无力摆脱现实的束缚，因而导致他们会面对一个多元化、个性化价值观突然收拢的过程。最常见的例子是，职场不允许你穿着动漫服装来上班（游戏公司除外），固定的工作时间对于习惯了有大把时间宅在家里照顾宠物的年轻“铲屎官”产生了影响。个性化的价值观难以持续，职业化的价值观尚未形成，小康化的生活水平衣食无忧，导致很多 20~30 岁年龄段的青年人身上被贴上了“佛系”标签，反正我什么都改变不了，那我也对什么都无所谓。

70 后、80 后由于成长环境比较接近，在学生时代所形成价值观相对而言比较简单和纯朴，大都承载着家庭层级跃迁的重大压力，自然比较容易接受职场的普适价值观。

当 80 后的一代开始步入中年，成为组织内部的中高层管理人员之后，面对突如其来的 95 后甚至 00 后，他们猛然间发现，这些年轻人的思想和自己有着巨大的价值差异。VUCA 时代不稳定、不确定、复杂和模糊的四大特性，在眼下这一波年轻的团队成员身上也有着深刻体现。

在面临如此复杂的多元化价值观团队融合的棘手任务面前，不论是老成持重的领导者，还是新晋升级的管理人员，往往都缺乏有效的手段。问题非常清晰地摆在 VUCA 时代管理者面前：团队成员不能有效融合，团队协作就难以形成，团队价值就无法创造。如何对VUCA时代的职场团队进行深入融合，成为管理者无法回避的必修课。

4.5.2　VUCA 时代团队融合五要素

在过去的几十年中，团队的管理者从来没有像现在这样面对如此复杂多元的团队融合难题。曾经团队成员很容易就自发地形成价值观趋同的团队文化，但现在整个社会已经完全步入 VUCA 时代，仅仅依靠单一的团队文化已经很难奏效。新生代的团队成员有属于自己的特性，而并不用“屈服”于组织的强行灌输。

在中国的企业组织中，国有企业可以非常明显地体现出团队文化的代差。因为企业性质所决定的工作稳定性，往往团队成员结构也非常稳定，很多从建厂时同期入职的年轻职工，经过三四十年的相处已经潜移默化形成了相当稳固的团队内部文化。然而必须看到一个现实就是，正是由于国有企业组织构成的这种长期稳定性，导致岗位编制一经配备完成，团队就会面临长达将近 30 年的稳定固化。当团队面临下一次的成员更迭时，已经跨过了整整一代人，因此这种稳定固化往往也伴随着与社会变化的隔离。

我多次在国家电网不同省区培训中心的青年员工培训班上和年轻的 90 后学员们沟通。在这些年轻人身上具备着和他们上一辈截然不同的多元文化。他们并不认为工作是一生中唯一的依靠——在江浙地区，很多电力企业青年员工的家庭在其他方面的收入远远高于在企业里的工资水平。他们的脑海里并不觉得像上一辈那样在企业里工作是他们人生中唯一的选择，在他们和同龄人之间的交流中，可以经常听见各种职业选项。在培训班下课之后去食堂的路上，他们最常见的行为就是三三两两走在一起掏出手机，在各种游戏上厮杀一把。

没错，自由地谈论并大胆实践各种新型创业，业余时间玩游戏、看动漫、叫外卖、网购、刷剧等这些都是他们在校园里就形成了的多元文化价值观。

团队融合的五要素如图 4-5 所示。

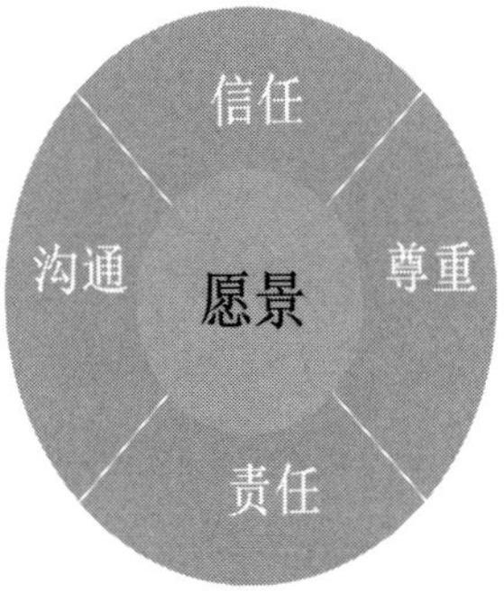

图 4-5　团队融合五要素

1. 团队的愿景

正如上面的案例中所分析的，在大多数 95 后眼里，金钱已经失去了主导地位，他们对个人未来发展的关注显得更加务实。曾经的企业管理者更多的是站在公司和自我的角度强调团队成员必须和公司具有一致的共同愿景。而 VUCA 时代的 95 后心中，则更加关注公司的愿景是否与自己的个人成长愿景相匹配。这个时代的组织领导者在为团队设立共同愿景时，必须将员工的成长愿景考虑在内，转换愿景思维，通过帮助员工在为实现自己的愿景而努力的同时，实现团队愿景。

2. 信任与责任

信任与责任是共生共存的，管理者希望成员能够对工作承担起相应的责任，就有必要给予他充分的信任。任何人都不可能在职业生涯中从不犯错，包容别人的过错其实就是把一份信任、一份责任交给对方，而别人一旦得到了信任，也会尽全力去防范工作中的风险，改正自己的过失。

鲍勃·胡佛是一位著名的飞机试飞员。在一次飞行表演活动即将结束时，他驾驶的飞机两个引擎忽然全部熄火。转瞬间，飞机开始从高空向下急速坠落。就在一场机毁人亡的悲剧将要发生的危急关头，胡佛经过冷静思考果断采取了一系列有效措施，借助他那高超的技术最终使得飞机安全着陆。

《飞行作业》杂志报道，紧急迫降之后，胡佛所做的第一件事就是检查飞机的燃料。果然，事实和胡佛所推测的一样，他所驾驶的机型是二战时期的螺旋桨飞机，可是油箱里装的竟然不是这种机型使用的汽油，而是喷气式发动机所用的燃油。

此时，为飞机保养的机械师戴维正目瞪口呆地站在那里，全身早已因为惊吓而颤抖不已。然而，出人意料的是胡佛并未向他大声斥责，而是用双臂将这个年轻人紧紧抱住，安慰道："为了表明我的信任，我希望你明天能为我的 F-51 进行保养……"

他的这种高尚举动不仅挽救了一名机械师，更使得戴维很快从痛苦的阴影中走出来。在以后的岁月中，他一直与胡佛并肩战斗，配合默契，再也没有出现过任何过失，直至两人退役。

3. 尊重与沟通

很多 95 后年轻人大学毕业刚刚踏入社会不久，他们对职场规则一窍不通，在工作中会出于单方面的自我想象，甚至还有可能自以为是地出一些馊主意。但是他们的蓬勃朝气和新潮思想，会不会带来新的创意呢？有不少 70 后、80 后的管理者把"听话、照做"当作对下级的最根本要求，喜欢员工当他的"提线木偶"，而 95 后的思维意识里觉得哪有那么多不行，哪有那么多局限，他们希望能够在组织中体现自己的价值。

国际旅馆业大王希尔顿经常对犯有过失的属下说："不要难过，这点小错误不值一提。我在年轻的时候曾犯过比这更严重的错误。我认为，有错误就代表了一种进步，表示你正在辛勤地工作，只有一点都不干的人才会完全避免错误。"

当管理者在面对 95 后团队成员时主动建立了尊重的心态，沟通则会显得更加融洽。如果管理者在 95 后下属面前仅凭自己的年资，而强硬地要求下属必须接受他的指令，这种沟通往往会激发严重的逆反心理，甚至有可能促使团队成员产生离开的心理倾向。

4.5.3 用融合文化激发团队协作

企业文化对于一个组织而言并没有明显的好坏区分，更多涉及的是适合与不适合的问题。用文化影响行为，是一个组织真正的能力所在，是植根于团队成员内心深处的使命和愿景、做事方式、协作方式、思考习惯、价值主张。影响短期的是技巧，影响中期的是战略，影响长期的是文化。

对于团队融合而言，有这样一个说法：没有不合群的员工，只有不合适的方法。这是一个非常重要的概念。很多管理人员，在没有客观考量自身团队规模与影响力的情况下，就非常空洞地要求团队成员要像BAT、华为、京东一样具有高度的文化融合，这并不是一个特别正确的思路，只能说明管理人员对团队融合的文化概念仅仅停留在纸上谈兵、照搬照套的教条式运用。

从融合文化的本质来说，就是优秀文化影响力在组织内部散布和贴标的过程。而影响力的形成与这个团队所处的现实实力具有密切的联系。好比北大、清华的毕业生一定会给自己贴上北大、清华的标签，而其他985高校毕业生可能会用毕业于985高校来给自己贴标。在职场上，大家都愿意接受自己进入有影响力的企业而被贴上相应文化标签的情形，而对于一家不知名的小企业，寄希望于用自己看起来非常高大上的企业文化来融合寥寥几人的团队成员，就会显得非常吃力。因此，组织领导者在进行团队融合时，首先要对自己进行深刻的自我认知和反思。

领导者对于公司的态度，决定了员工对于公司的态度。如果高层说一套做一套，还妄想通过老套的画大饼方式让团队增强融合，这只会徒增员工——特别是95后，这些经历过网络时代的员工的反感。

有些管理者会说：我真心希望自己的公司能够有着良好的发展。我们每天都有晨会来强调公司愿景，每周都有会议来讨论公司的未来发展方向，为何员工还是走了？

因为，对于管理者来说，在一个大会里，下面很多人听着自己的宣讲，是一件很有成就感的事情。对于员工来说，这些口号无法给他们带来任何成就感——因为他们在工作的时候，只是公司的一颗螺丝钉。

曾几何时，企业里流行起一股"家文化"之风，不管什么类型、多大规模的企业都蜂拥而上试图通过文化打造让员工对待企业像对待家庭一样负责。

然而，团队融合应该是组织领导者对于团队成员发自内心的情感感染，是团队成员真情实意的情感认同，而不是喊在嘴里、贴在墙上的所谓企业文化。

“士为知己者死”就是团队协作激发的最佳写照，领导者真的做到了对成员呕心沥血、荣辱与共，一旦在面临重大任务和挑战的时候，任何一个有良知的团队成员都会自动地被激发起来与团队一道并肩战斗、共同进退，就如华为“胜则举杯相庆，败则拼死相救”的团队文化，时刻感召华为的英雄儿女，一批一批地冲上前线。

4.6　魅力感染：领导者就应该有血有肉

4.6.1　领导魅力是团队的超强黏合剂

领导魅力是领导者素质能力的构成元素，是领导者职业品格的客观体现。领导者有魅力，团队成员就会自发地团结在他的周围，积极主动地为达成团队目标而奋斗。魅力型领导的概念是西方管理学界在 20 世纪 70 年代提出的，这种领导方式更多地强调了领导者在使命愿景、卓越才能、超凡魅力、预见变化、兑现承诺、额外努力等方面的行为表现。

领导魅力来源于领导行为风格，更来源于领导者的积极心理状态。现代社会，人们不仅希望领导干部有能力，能够多谋善断、正确履职，有效推进工作和事业，而且希望领导干部有魅力，能够吸引人、感召人、凝聚人，展示良好形象。对于如何增强领导魅力，社会心理学、管理心理学都曾做过大量研究。美国心理学家奥尔波特教授认为，拥有魅力的领导者应具有自我广延的能力、与他人热情交往的能力，情绪上有安全感，自我认可，具有自我客体化以及具有现实知觉等基本特征。

俗话说“兵熊熊一个，将熊熊一窝”。

《亮剑》之所以如此热播，那就是广大观众透过屏幕都能够深刻感受到李云龙的气息投射，这足以说明李云龙作为独立团的最高领导具有极强的感染力。他的感染力主要表现在：他在整个独立团内深得人心，以及他有一股领导者的特质，那就是人格魅力。他能让他的部下既爱他又怕他，爱是因为他体恤部下，关心部下，能和下属同甘共苦；而怕他是因为他那表面粗暴的性格和那张得理不饶人的嘴巴。李云龙在战场上的原则是从不丢下一个兄弟，即便自己杀出重围，如果还有一个兄弟没有出来，他都会返回去把他救出来。

领导个人魅力对团队会产生巨大的影响，鉴于此，领导魅力的概念也一直受到管理学研究领域的高度重视。对于哪些是魅力型领导者所应具有的特质，有许多不同的研究结果，也有许多种不同的概括方式。综合国外多个学者的观点，可以将魅力型领导者最主要的特质概括为以下 6 个方面。

1. 对未来有美好的设想

魅力型领导关注组织的未来取向，他能够认识到组织现存的缺陷，并提出克服和改善的设想。他所描述的愿景不只是一种预测，而是表达了整个组织的未来理想。这种愿景为追随者解释各种事件和行为提供了共同的概念框架，对追随者既具有激励效用，也具有凝聚效用。

2. 对自己有高度的信任

魅力型领导对自己在能力上的正确性以及在道德上的正义性高度自信。越是自信的领导者，越能够对下属产生激励，激励下属全身心地投入，以实现领导者的愿望。

3. 精力充沛、充满热情、自我激励

魅力型领导精神饱满、精力充沛，对实现目标充满激情。他们能够运用各种方式充分和生动地表达自己的情感和热情。他们不需要别人的鼓励，而是自我激励。

4. 善于言辞并传递感染力

魅力型领导善于表达自己的思想，擅长运用各种言辞和非言辞的表达技巧。他们具有卓越的沟通能力，与下属交流时思想内容丰富，旁征博引，能够对追随者产生强烈的感染力。凭借这种表达能力，他能够使追随者理解他的愿景，激发追随者的热情，推动他们对未来设想的支持。

5. 愿冒个人风险并承担责任

魅力型领导通常都具有一定的冒险精神，并愿意为此承担潜在的风险损失。这些个人风险可能包括：经济损失或事业失败的可能性；组织资源被撤销的可能性；被开除或降职的可能性。领导者为了共同事业所付出的代价或牺牲越大，他们就越能赢得别人的信赖。

6. 对环境的敏感性

魅力型领导具有对现实的洞察力，他们实事求是地评估组织内的各种环境资源和条件限制，并基于对环境资源的现实评估来制定变革策略和非常规行动。他们不是一旦形成某种目标就马上付诸行动，而是先进行基础准备工作，或者等待一个合适的时间、地点以及可利用的资源。当环境对他们比较有利时，才会实施其变革方案。

4.6.2　领导者情怀源于血肉丰满的人生

当年，谷歌还是家不起眼的初创公司，创始人拉里·佩奇偶然发现网站上的搜索结果和关键词匹配度很低，这让他很吃惊。于是，他把问题贴到了公司的公告板上。

72 小时后，一个名叫迪安的搜索引擎工程师给拉里发了一封电子邮件。邮件里详细分析了问题出现的原因，同时给出了一个放弃周末休息，连续加班编写的解决方案，当然这其中包括他自己。这份方案的核心理念彻底改变了谷歌在搜索领域的地位，为谷歌带来了价值几十亿美元的市场。

很多人不相信，觉得这个世界上根本不可能有人加班。但实际上可以很肯定地说，总是有一些领导者可以不费吹灰之力，就能让员工心甘情愿地加班。在谷歌，不仅是老板拉里·佩奇，你会发现很多普通员工都有情怀：我们要做世界一流的公司，让全世界免费搜索到想要的信息，我们不是在赚钱，我们是在改变人们的生活。

有人认为所谓领导者情怀，不过就是老板给员工画的大饼。但就实际而言，人在某种程度上不可能永远活在当下，之所以会有人任劳任怨、拼命加班，正是因为对未来有期盼。有一句略带戏谑的话是这样说的：谁还不是靠大饼活着呢？听着像是玩笑，但其中的乐趣，外人很难懂。领导者如果没有情怀，员工不仅不会主动，即便天天在工作群里督促日报，大家都觉得痛苦。

领导者的情怀可以产生超越管理制度的团队影响力。

从创办阿里巴巴之初，马云就已经将武侠精神融入至阿里巴巴以及其个人的生活中。阿里巴巴能有今天的成就可以说与马云的武侠情怀有着不同寻常的重要关系。

当阿里巴巴还是一个没有什么名气的小公司的时候，马云就在西湖边上摆地摊，只要有观众愿意看，马云便放开手脚，大秀他所习练的太极拳术。人们从此也就知道有个打太极的马云，马云有个公司叫阿里巴巴。马云从此把地摊摆到全国各地，直到让阿里巴巴传遍世界各地，其中少不了马云的武侠精神。更确切地说，这也是马云自己在创业人生里挥洒自如的一种武侠情怀。

中国从古至今都不乏“飞鸟尽良弓藏，狡兔死走狗烹”的故事，也不乏功高震主、自立为王的下属。面对新时代的员工，若再继续画着“现在好好奋斗几年，等将来公司上市了，你们都是公司的联合创始人”这样的遮天大饼，对于塑造自己的领导者形象已没有太多实际用处。当下领导者的情怀中需要融入平等的契约精神，即将风险与责任、短期与长远、奋斗与分享进行正向积极的约定与贯彻。这样才有助于营造生生不息的组织文化，帮助我们摆脱“君臣之义，难长久难善终”的怪圈，获得持续健康的组织成长。

第 5 章

识人用人：共情领导力之识人用人技巧

5.1 识人用人：找准员工差异化优势

历史上的楚汉之战最终的战局是刘邦大胜、项羽惜败，为什么豪气盖天的项羽最终失败，而平民出身的刘邦却能最终得到天下？刘邦在称帝后的一次酒宴上讲出了秘密："决胜千里之外，吾不如子房；镇国家，抚百姓，给饷馈，不绝粮道，吾不如萧何；连百万之众，战必胜，攻必取，吾不如韩信。三人皆人杰，吾能用之，此吾所以取天下者也。项羽有一范增而不用，此所以为我所擒也。"汉高祖刘邦正确地总结了他取得战争胜利的成功经验和项羽失败的教训，慧眼识才，并为其所用，才最终取得天下。

如今的主流经济模式是人才密集型和智力密集型的经济，拥有杰出的人才可以改变一家企业、一种产品、一个市场甚至一个产业的面貌。对于互联网时代下的企业管理者而言，人才有时甚至比企业战略本身更为重要，因为有了杰出的人才，企业才能在市场上有所作为，管理者才能真正拥有一个管理者应有的价值。

5.1.1 看人要有慧眼，精准选配

优秀的企业在人才管理方面往往是：人才招得进、用得好、留得住，是因为优秀的企业招人有标准，用人有方法，留人有措施。而大部分企业在人才管理方面做得一团糟，老板关注的往往是企业的业绩，而不擅长选人、用人，更别说培养人。

1. 选人的标准

在选人维度上，首先要明确企业选人的标准，要学会有效区分与衡量人才的价值。老子在《道德经》中说："无名，万物之母，常以无欲以观其妙；有名，万物之始，常以有欲以观其檄。在没有人的概念之道，万物就已经存在了，有了人的概念，才开始对事物和现象进行分类。"《西游记》中如来说："周天之内有五仙，乃天地神人鬼；有五虫，乃嬴鳞毛羽昆。"然后又谈及四猴混世，有一类是六耳猕猴。分类与细化是自古就常用的方法，作为管理者，对人才和日常管理工作进行分类细化是基本功。

不同的企业，在选人、用人的标准上是不一样的，比如有的公司领导者

认为，公司在选择人才的时候，价值观是放在第一位的。在京东集团，那些能力非常强但价值观与公司不匹配的员工，被刘强东归为“铁锈”，对公司文化和团队文化的破坏性最强，是需要第一时间被淘汰的。无独有偶，在阿里的用人体系中，绩效和价值观各占 50%，那些绩效很强但是价值观与公司不匹配的员工，被归为“野狗”，也是需要被首先淘汰的，其次需要淘汰的是那些态度还可以但长期不出业绩的老员工，这类被归为“老白兔”。

我根据多年的管理实践经验得出，企业在选人、用人时一般基于四大标准，分别是：价值观、态度、能力和绩效，如图 5-1 所示。价值观与态度决定去留，能力与绩效决定升降，人岗匹配率决定人才价值的有效发挥。

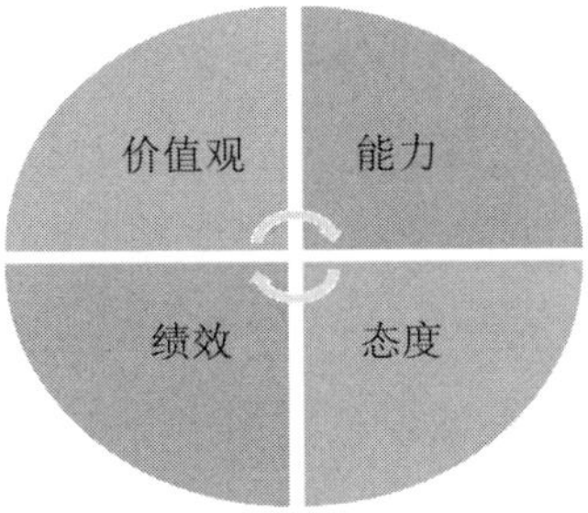

图 5-1　企业选人、用人的四大基本标准

2. 选人的方法

选对人才单纯有标准还是不够的，拿到了“尺子”，还要知道衡量的方法。人力资源管理领域有一个常识性认知：所有的测评工具都是辅助手段，只有面试是关键的甄别手段。全球最强的企业、猎头公司都是如此。

常用的面试选人方法有：结构化面试、STAR 行为面试法、无领导小组讨论、情景测评、压力面试法等，业界最佳的工具个人认为是STAR 行为面试法。

其中，S 代表 Situation（情景），指的是面试者过去工作的背景情境；T 代表 Task（任务），是指面试者在过去曾经承担的工作任务或角色；A 代表 Action（行动），指的是面试者在过去工作中具体的操作和执行；R 代表 Result（结果），指的是面试者过去曾经做出的成绩。用一句话来概括这个面试方法就是：在什么情况下，承担什么任务，采取了什么行动，最后得出结果，如图 5-2 所示。

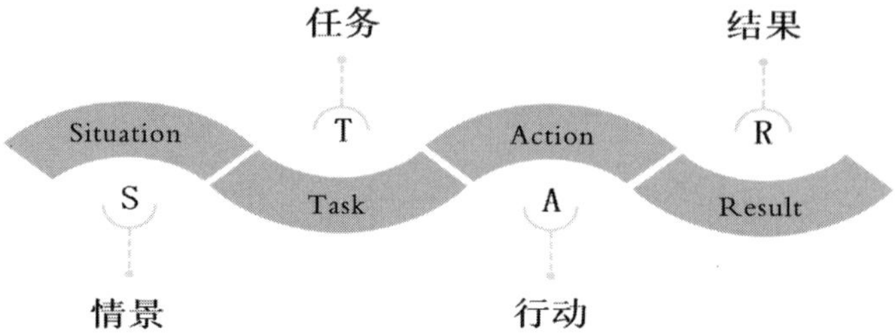

图 5-2 STAR 行为面试法

5.1.2 找准定位，发现员工差异化优势

经常用“慧眼识珠”来形容领导敏锐的眼力，善于发现与识别人才。因为每个人都有自己的优势和劣势，在工作中如果善于找到员工的差异化优势，就有可能充分发挥出员工的潜能，从而实现员工价值与岗位效益的最大化。

高晓松在《鱼羊野史》里讲述过一个宫斗故事：咸丰皇帝能够从那么多皇子中胜出，并不是因为他先天条件有多好，而是他和他的团队特别善于分析自我，找准优势。

当时，道光皇帝的前三个儿子全部夭折，谁是四皇子，谁就是老大。虽然按照清朝的惯例，皇长子未必有绝对继承权，但皇帝年老，年长的皇子更有优势，为此咸丰的母亲特地吃了催生药，咸丰成了老大。遗憾的是咸丰由于早产，体质非常差，小时候把腿也摔瘸了，甚至脸上还有麻子，外在形象毫无优势，就连他的父亲道光最喜欢的孩子都是六皇子，也就是后来的恭亲王奕䜣，眼看咸丰就要扎扎实实地输在起跑线上了。

可是，老四咸丰的老师杜受田谋略过人，并且特别不信命；老六奕䜣的老师却是刻板方正的书生，只走寻常路，只读圣贤书。咸丰最终的胜出，很大程度上在于杜受田合理运用取长补短的规则，帮助他在两个关键场合获得了道光皇帝的认可。

第一次是道光皇帝组织皇子们南苑打猎，考验大家的骑射功夫。杜受田对咸丰说：“你啊，一箭不发，因为你射箭也比不过老六，不如不出手。果然，晚上清点猎物，老六最多，道光特别高兴，但是，咸丰什么都没有打到也很奇怪，道光接着问老四：“你怎么连一个猎物都没有打着啊！”

咸丰说了这么一段话：“现在正是春天，万物怀春，母兽即将产子，我怜惜这些动物，不想违天和，所以一箭未发。”道光皇帝听完，非常高兴，认为四皇子有仁心。“仁厚之心”对于古代的帝王是非常高尚且难能可贵的品质，被作为选拔储君的重要标准。咸丰扬长避短，获得一次漂亮的加分。

咸丰的第二次胜出也很意外。当时，年迈的道光皇帝把皇子们叫到面前，想了解他们各自的治国策略，杜受田再次叮嘱咸丰：皇上这次肯定要说自己老了，以后当然要靠你们。四皇子你的口才不如六皇子，一旦皇上说到自己老了，你也别接话，只管哭，避免与六皇子同台而衬托他的长处。果然像老师预料的那样，六皇子奕䜣回答得头头是道，但咸丰边哭边表达：只要想到父皇千古这件让人这么难过的事，就没办法考虑其他问题。

答案让道光皇帝非常感动。从身份上说，道光既是皇帝也是父亲，他既希望看到能干的接班人，也盼望儿子对自己有孝心。这种复杂多变的心理被杜受田准确捕捉到，避开六皇子能言善辩的长处，发挥四皇子忠厚、孝顺的特点，再次反败为胜。

5.1.3　扶上马，送一程

当把一个人放在匹配的岗位上之后，管理者的工作远未结束，我们要扶其上马，更要送一程，还要时刻关注人才的成长状态，加强对人才的辅导，利用多渠道对人才进行培养。同时，管理者帮助员工成长的过程也是自我进步的过程，俗话说：教学相长。老子在《道德经》里说：“圣人不积，既以为人，己愈有；既以与人，己愈多。”圣贤之人不会掖着、藏着，反过来，越帮助别人，自己越富有。

员工上岗的成长过程可以划分为 4 个阶段，管理者在这 4 个阶段可采取不同的管理与辅导方式。

第一阶段：见龙在田。刚刚到岗位的新手就像龙刚刚浮出水面，出现在田野中，心中跃跃欲试。这个阶段的员工积极性很高，但技能水平不高，此时应给予员工明确的方向指导，帮助其尽快进入轨道。

第二阶段：终日乾乾。经过一段时间的学习后，员工开始不断上手工作，一天从早到晚勤奋与忙碌，此阶段应给予其感情上的支持、鼓励，并指明提升的方向和方法。

第三阶段：或跃在渊。这个阶段，员工的能力已经基本胜任，但在工作中可能遭遇一定的瓶颈或困难，导致无法进一步提高，此时管理者应帮助其开悟和实现自我突破。

第四阶段：飞龙在天。开悟之后进入最后一个阶段，应当是如鱼得水、游刃有余的完全胜任阶段。这个阶段的员工在工作上可以独当一面，甚至走上中层管理岗位，此时已无须更多支持性帮助，只需为其明确方向就可以自然得到良好的发展。

5.2 能岗匹配：提升人效的基本保障

作为管理者，识人用人是一项基本功，GE 公司前 CEO 杰克·韦尔奇说："用人之道，其精髓就是将合适的人放在合适的位置上，使其长处得以发挥，短处得以克服，这样个人和组织都能得到持续的发展。"

"知人善用"的核心是人岗匹配，它是根据"岗得其人""人适其岗"的原则，根据个体间的素质差异将不同的人安排在各自合适的位置上，从而做到"人尽其才，物尽其用"，人岗匹配能有效实现个人与企业的双赢，对个人而言能实现职业发展的最优化，对企业而言能实现人才作用的最大化。

5.2.1 如何有效提升人岗匹配率

造成企业人岗不匹配率的主要原因有：（1）对从事该岗位的人员所需具备的特质、能力和任职资格缺乏足够的了解；（2）人员选拔缺乏标准，面试选拔精准度不够；（3）对岗位的工作内容缺乏清晰、有效的说明；（4）缺乏有效的管理，员工发挥工作效能的环境与条件存在问题；（5）缺乏有效的方法来衡量员工的效能。

因此，作为管理者，我们可以从 5 个方面来提升各自所辖部门的人岗匹配率，如图 5-3 所示。

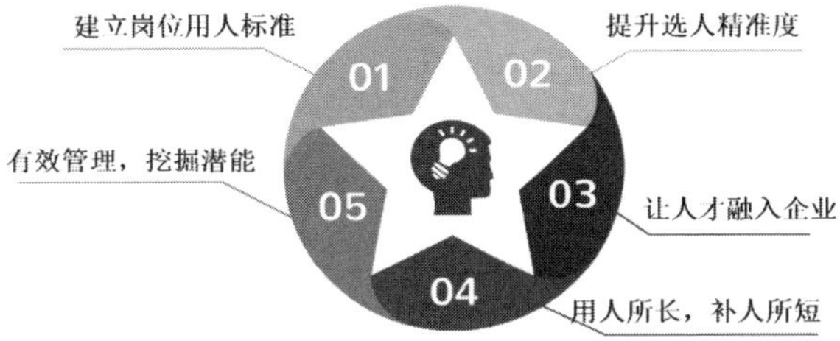

图 5-3　提升人岗匹配率的 5 招

（1）建立岗位用人标准。明确该岗位所需人员的基本要求，包括个性特质、学历、岗位经验、能力素质、个人价值观、综合能力等。

（2）提升选人精准度。选人一般有两大维度的基本标准，第一个维度是该岗位的能力素质匹配，第二个维度是个人的价值观是否与企业的核心价值观一致。根据这两个维度标准选拔出适合企业的人才，尤其是找到匹配企业核心价值观的人才。同时，管理者要初步掌握各类面试技巧，包括 STAR 行为面试法、结构化面试、无领导小组讨论、情景演练面试法、测评考核法等。

（3）让人才融入企业。选对人才是第一步，更重要的是让人才融合组织，才能为企业创造价值，很多公司的招聘就像一个大型漏斗，一头拼命地狂招，一头大量地流失，这个问题要引起重视。人才招入企业要把他留下来并融入团队并发挥价值才是核心，“用薪招人不如用心留人”，同时，要关注新员工的动态管理，加快他们融入企业的速度。

（4）用人所长，补人所短。彼得·德鲁克说：“用人所长是卓有成效的管理者必须具备的一种素质，是组织工作是否有效的关键。”金无足赤，人无完人，每个人都有优缺点，如果光盯着员工的缺点将无可用之人，只有发挥员工长处，并优势互补有效组建团队才是管理的核心，团队组建的原则是：价值趋同，优势互补，上下一心，形成合力。阿里巴巴把这种人才搭配的做法称为“政委制”，华为则称之为“狼狈计划”。

（5）有效管理，挖掘潜能。影响员工绩效的因素包括员工的态度、能力与环境，态度是想不想干，能力是会不会干，环境与机会是允不允许干。通过有效的管理，一方面加速度员工的成长，提升能力，更重要的打造员工想干事、干成事的平台，做得好的奖励，做得不好的惩罚，拉开员工差距，实现“干好干坏不一样、干多干少不一样”，从而形成有效的员工管理与激励正向循环。

5.2.2 确保人才的流动性与竞争性

《吕氏春秋》云：“流水不腐，户枢不蠹”，意思是说一直流动的水不会腐臭，经常开合的门枢不会生虫。同样的道理，只有让人才流动起来，才能保持活力和动态量优的人岗匹配率，从而为客户持续创造最大的价值。

而在现实的企业管理中，往往忽视人才的流动性与竞争性，把企业当成滋养绵羊的丰盛草原，结果搞得团队没有了狼性，市场人员没有冲劲，业绩持续下滑。出现的现象往往是，很多关键岗位的人才胜任率很低，但依然没有通过内部调整或外部引入加以改善。再比如，某些关键岗位的人才，初期胜任力很高，但因为居功自傲、不思进取、成长缓慢，目前已经不能再胜任岗位要求，却依然占据着关键位置。

一般而言，随着企业的规模化发展，企业人力资本的流动性开始下降，最典型的表现就是：员工进来容易出去难，上去容易下来难。对人体而言，新陈代谢指数能够衡量人的健康状况或者生理寿命；对企业而言，新陈代谢指数同样可以衡量企业的健康和寿命。

有一次我去哈尔滨某生产型企业上课，上完课第二天下午启程，于是上午被他们老板邀请到他们的生产车间去参观。生产车间不大，员工大约有70人左右，大多是年龄偏大一点的中年员工，老板得意地给我介绍说，他们公司的人才优势就是老员工多，因为听话所以执行力强，由于员工大多喜欢上班离家近，工资在当地中等偏上，这几年离职的员工很少，我听完笑了笑。

随后，我被邀请到他们办公室，我发现他的办公桌上摆了一个玉质的貔貅和一个木质的帆船模型。我问那个老板为什么桌上要摆放个貔貅。他说，貔貅代表只进不出，也就是财源广进的意思。我当时就半开玩笑地说：“从新陈代谢上看，人不可以一直只进不出，企业也是一样，有进也要有出，否则就会失去活力。就像盖房子一样，只有上水道没有下水道，必然会产生污垢沉淀。”

在随后的聊天中，这位老板向我诉苦道：“其实我也知道公司在人才管理方面出现了问题，有些人才刚刚招聘进来的时候很有能力，随着时间的推移，相当一部分人才变得思维老化、不思进取，甚至居功自傲，但这些人的岗位依然雷打不动、稳如泰山，由此造成团队战斗力持续减弱，这几年公司的业务也一直有下滑趋势。更有甚者，这几年哈尔滨的人才大量外流，在当地要招到好的人才确实不易。”

《道德经》云：“独立而不改，周行而不殆”，这是老子对“道”的认知，唯物辩证法也告诉我们事物处于不断变化之中。在现实管理中，每一位管理者都应有“动态管理”的思维，凡事有预见性、前瞻性，对人才的管理也是如此，要保持人才的流动性和竞争性，就像鲶鱼一样去搅动沙丁鱼的生存环境的同时，激活了沙丁鱼的求生能力。在企业中的老员工就像鱼箱中的沙丁鱼，在长期“安分”的状态下，将失去生命力与创新能力。保持人才的流动与竞争性可以有效增强组织活力，并想方设法去持续保障公司关键岗位上员工的胜任率，从而最大化提升组织的效益。

5.3　用人所长：打破用人的“套娃”困惑

人岗匹配的目的是使得“人尽其才”“物尽其用”，最终聚焦绩效的提升。我们从小被教育要德、智、体、美、劳全面发展，取长补短，而管理学大师彼得•德鲁克却反其道而行之，他倡导用人所长，彼得•德鲁克一针见血地指出：“一个管理者如果过于在乎下属不能做什么，而不在乎能做什么，在乎如何去回避下属的缺点，而不是考虑如何去发挥他们的优点，这说明他本身可能是个弱者，因为自己不行，于是将别人的长处当成自己的一种威胁。”

5.3.1　打破识人用人的“套娃”现象

著名广告公司奥美的创始人大卫•奥格威是个很有个性的人。据说，有一次开董事会的时候，他给每位与会者送了从俄罗斯带回来的玩具——套娃，套娃是俄罗斯的纪念品，打开一个大的空心木娃娃，里面还套着一个小的空心木娃娃，再打开，里面还有一个更小的……一层层下去，通常能有 5 ～ 7 个，当董事会成员们打开套娃到最后一层，里面有一张字条：你要是永远都只任用比自己水平差的人，公司就会沦为侏儒；你要是敢启用比自己水平高的人，公司就会成为巨人。

这个故事就是管理学界的“奥格尔维定律”——善用比管理者更优秀的人。

为什么企业会出现套娃现象？武大郎开店，选的员工一个比一个矮。原因有3个：第一，因为管理人员感到不安全，怕受到下属的威胁；第二，容易沟通，下属不如上级，所以下属总是赞同、敬佩上级，这样一来管理者向下传达任务更流畅，自身也更有成就感；第三，便于管理人员掌握团队局面。

那么，企业如何破解人才引进、任用的套娃现象？

首先，解决管理人员的安全感问题，公司应给管理者提供更多培训和独当一面的机会，给他们带来自信；在薪酬待遇或利益方面形成捆绑，部分优秀管理人员可以纳入股东或合伙人，这样使得管理人员心中容得下更优秀的下属。

其次，解决制度问题，直属经理的上级参与面试，避免直属经理招人时的套娃心态，设定明确的选人标准，拟聘用人的能力水平必须超过团队的平均能力水平，才能正式录用。

第三，人才培养要求与有效奖励。公司形成人才梯队建设机制，每个管理人员必须培养1～3个后备继任人员才能获得升迁机会；设立导师带徒机制，每成功培养一位徒弟获得一定奖励等。

彼得•德鲁克说：“组织有一种非常重要的属性，那就是它既可以使人的长处得以发挥，又可以使人的短处所带来的影响减少到最低程度。”组织的价值就在这里，可以让缺点与组织无关，彼得•德鲁克讲了3个机制。

第一，合作。不要一味地改造人，不是让有优点的人把缺点改掉，而是去找到与他互补的人一起工作。

第二，制度与文化制衡。通过制定权力监督机制，通过道德与舆论的监督，与其相信个人良知，不如不给员工犯错的机会。

第三，注意用人的基本线。若用的员工短处太明显，那就是用人之误，若长处到极致，那便无短处。

同时，彼得•德鲁克还指出：“所有致力于对员工弱点改造的行为，都是对组织的伤害。让员工的长处发挥到极致，而又让员工的短处不起作用，这才是组织的特性。”

5.3.2　不要让“猫”做“狗”的事

法国著名企业家皮卡·卡丹说：“在用人上一加一不等于二，搞不好等于零。”强调用人不善可能带来的后果。通用汽车公司的首席执行官艾尔弗雷德·斯隆同样对企业人事安排极其注重，他曾经说：“如果我们不用 4 小时好好安排一个职位，让最合适的人来担任，那么以后就得花上几百小时来收拾烂摊子。”这句话真实反映了许多企业管理者的用人之痛。

有调查显示，在中国企业中，尤其是中小微企业中，人岗不匹配现象高达 60%，由于管理者不善于识人用人而使得人才无法得到有效安排，导致“用猫做狗的事”的情况。要么员工被安排到新的岗位上之后能力跟不上，要么他压根就不喜欢这类工作，比如叫一个喜欢搞技术的去做管理，他自己往往感觉一个头两个大。

在企业用人方面往往出现以下 3 种情况，需要管理者去反思与注意。

第一种，无法辨别人才的真正使用价值，所谓“猫狗难分”。依据我们熟悉的冰山模型，往往能看到员工表现出来的能力、行为、个性特征，而很难辨别员工隐藏在冰山以下的价值观、信念及潜力等，因此即使识人再厉害的领导者也会出现用人失误的情况。比如诸葛亮任用马谡就是一个典型的例子。

第二种，“猫当狗用”或“狗当猫用”。由于企业在快速发展过程中，一时很难找到合适的人才，或者本来企业内部的岗位需求多种多样，我们经常在用人方面出现错把“猫当狗用”或“狗当猫用”的情况。

一次在江西某国有企业给青年后备干部上课，课堂上一学员向我倾诉她的痛苦，她是某名牌大学研究生毕业，父母想让她进国企，自己经过层层考核进了这家企业，可进来之后自己被安排到了仓库做库管员，当初领导说会尽快安排其他工作给她做，可谁知一做就是 4 年，她心里很是焦虑，她咨询我有没有高招。对于这样的问题，我一时不知该怎么回答。

第三种，试图“把猫逼成老虎”。部分以狼性文化著称的企业总是试图“把猫逼成老虎”，认为员工的能力是逼出来的，从理论上来说没错，但有限度。

从满意度的公式来看：满意度 = 期望值 − 体验值，如果从管理者对员工的满意度评价角度来说，当管理者把员工都看成了老虎，那么对员工的期望值就会很高，当员工的实际业绩与管理者当初对其要求有较大差距时，管理者就会怒气冲天，经常骂下面的员工是“废物”，导致员工的离职率上升。与此同时，管理者往往在制定部门业绩目标时会虚高，当任务制定得太高而压根无法完成时，将导致团队士气低落。

因此，作为管理者，在识人用人方面真的是一门大学问，更需要细致、用心，合情合理，科学用人，把合适的人才放到合适的岗位，才能真正发挥出人才的价值。

5.4 组建团队：DISC 助你快速打造完美团队

米格 −25 是苏联研制生产的喷气式战斗机，它所使用的许多零部件与美国战机相比要落后得多，然而其整体作战性能却达到甚至超过美国的战斗机。米格公司在设计时从整体性能考虑，对各零部件进行了组合，使米格 −25 战斗机在升降、速度、应急反应等方面成为当时一流的战斗机。这种因组合协调而产生的意想不到的效果，被称为“米格 −25 效应”。

在团队管理中，“米格 −25 效应”代表的是对团队的人力资源进行整合优化，从而产生“1+1 > 2”的效果。但在现实企业管理中，管理者由于诸多原因，比如盲目追求英雄式员工、缺乏完善的人力资源系统、管理者个人的认知局限等，造成团队用人方面往往是“1+1 < 2”的局面，甚至出现严重内耗而导致出现“1+1 < 0”的团队局面。

作为管理者，你的价值是由下属及团队的业绩来体现的，当通过你的管理之后，团队的业绩比自然状态还差，说明你的管理不仅没有起到好的作用，相反说明你的管理出现了负面效果。

5.4.1 完美团队的特征与组建原则

在职场中，任何一个人的力量都是渺小的，只有融入团队，与你的团队一起奋斗才能实现个人的最大价值，职场从来不是一个人的江湖，团队是为了实现一个共同目标而集合起来的团队，分工协作，优势互补，共同进步。根据管理界的经验总结，一般管理者在打造完美团队时有五大原则，如图 5-4 所示。

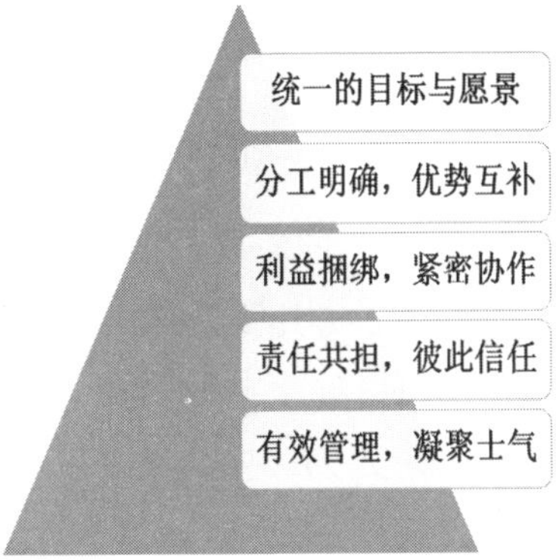

图 5-4 完美团队组建五大原则

第一，有统一的目标和愿景。

刘邦的团队是打天下，封侯称帝；刘备团队是匡扶汉室，一统天下；唐僧的团队是前往西天取经，造福大唐。目标是团队前进的灯塔与航向标，有了目标，团队成员由“要我干”变成“我要干”，团队成员都会为了共同目标主动去做事。

第二，分工明确，优势互补。

这一点是管理者在团队中用人的核心之一，每个团队成员都有优缺点，只有做到分工明确，优势互补，才能形成团队合力，管理者要善于挖掘下属的潜能，让他们做自己擅长的事情，才能创造团队的最佳绩效。

唐太宗李世民就是一个善用人才的贤主，他有两个得力宰相，一个是“尚书左仆射”房玄龄，另一个是“尚书右仆射”杜如晦，房玄龄善于出计谋，杜如晦善于决断。唐太宗同房玄龄研究国事的时候，房玄龄总是能够提出精辟的意见和具体办法，但是往往不能做决定。这时，唐太宗就把杜如晦请来。而杜如晦一来，将问题略加分析，就立刻肯定了房玄龄的意见和办法。这样，房玄龄、杜如晦两个人的优势和劣势形成了有效的补充，一个善于出计算，另一个善于决断，这也是成语“房谋杜断”的由来。

第三，利益捆绑，紧密合作。

美国篮球职业联赛中，把最厉害的球员组合到一起不一定取得最佳成绩，原因是能力强者可能缺乏合作，都想当团队英雄，为什么强强合作反倒造成内耗？为什么 1+1 ＜ 2？因为团队的力量并不是简单的力量叠加，更重要的是个性互补、相互协作，这样才能达到 1+1 ＞ 2 的效果。因此，我经常在培训授课中讲：“团队合作精神从某种意义上讲是牺牲与付出精神，既想合作又想公平是不成熟的表现，公平的叫买卖，相对公平的才叫合作，尤其作为团队中的管理者与核心骨干更应有付出与担当精神。”

团队合作要做到“四同”：目标上共同向往，利益上相互依存，行为上相互支持，心理上相互吸引。人人为团队，心往一处想，劲往一处使，才是真正的团队。

第四，责任共担，彼此信任。

团队合作的基础是责任共担与彼此信任，千斤重担大家挑，人人身上有指标，管理者应想方设法打破团队中的“搭便车”“劣币驱良币”现象。就像打篮球，团队应有团队的目标（面），个人有个人的目标（点），全体成员才能打出好成绩（线），这叫“点线面结合管理”。

彼此信任是团队合作的有力支撑，就像夫妻之间，信任是维持家庭和谐的重要因素之一。信任又分为三个维度：自信、他信和互信。自信是能力的体现，他信是态度的体现，互信是团队文化的体现，一个团队成员自信才能让你更好地融入，对团队中其他人负责是你对团队的态度，相互信任是团队融洽走向成功的基石。

第五，有效管理，凝聚士气。

有效管理，凝聚团队士气是团队管理者的核心责任，一个自然状态下的团队就像一团发散的面粉，而加入水再加上搅拌才能使散的面粉变成一团强有劲的面团，管理者在团队中起到的核心作用也是如此。正如华为的任正非说：“我在华为的核心价值就是把全球 18 万多名华为员工凝聚在一起。”

美国心理学家库尔特·勒温（Kurt Lewin）曾提出“团体动力学”理论，说明团体成员之间各种力量相互依存和相互作用的关系，认为团队不是简单的个体之和，而是大于个体的总和，这种强大的力量就是凝聚力。

作为团队管理者，可以有多种方法来凝聚团队力量，包括识人、用人、留人、团队文化打造、有效激励等，同时管理者的影响本身就是一种凝聚力，一群人真正算一个团队，最显著的标志是有一个团队领袖，比如阿里的马云、华为的任正非、苹果的史蒂夫·乔布斯、海尔的张瑞敏……每个优秀的团队都会有一个灵魂人物，能把团队的成员凝聚起来，让大家前进有方向，行动有计划，纪律有约束。

5.4.2　DISC 性格工具助你快速打造完美团队

1. 认识 DISC 性格工具

DISC 是目前人力资源领域一种广泛用于人才测评、团队组建、员工培训、领导力提升等多领域的简单实用的常用工具。

它是 20 世纪 20 年代美国心理学家马斯顿博士提出的，马斯顿设计了一种可测量四项重要因子的性格测验方法，这 4 项因子分别为支配(Dominance)、影响 (Influence)、稳健 (Steadiness) 与服从 (Compliance)，这套测评以这 4 项因子的英文首字母命名。根据个体的不同特征，DISC 将人的性格分为以下 4 种。

- D 支配型：外向、关注事，重视结果、目标性强，行动迅速、讲究效率、说话简要直接、不绕弯子、善于掌控局面、控制欲强、易怒。
- I 影响型：外向、关注人，表现欲强、口才好、注重人际关系、说话语速快、肢体语言丰富、爱表现、喜欢标新立异、情绪波动大、爱好多。
- S 稳健型：内向、关注人，依赖团队、关注别人、喜欢和谐稳定、不喜欢改变、逆来顺受不懂得拒绝人、善于协调、有耐心、说话语速慢。
- C 完美型：内向、关注事，注重细节、做事严谨、讲原则，重视逻辑、规则，高标准严要求、冷静、情绪变化不大，善于研究分析。

2. 优势互补，打配合，做组合

很多管理者喜欢用跟自己性格或品行相同的人，这样沟通起来比较顺畅，结果发现实际上不是这样的，比如全部由 D 型（支配型）性格组成的团队目标感强、行动迅速，但不注重细节、不喜欢作计划，且控制欲强，在一起经常容易争执，谁也不让谁，团队氛围差；全部由 I 型（影响型）性格组成的团队活跃、氛围好、内外部关系融洽、易于创新，但做事不务实、目标不坚定、不讲规则等。因此，在现实的团队组建中最好是打配合、做组合，各种性格的成员优势互补。

在团队的常规成员组合中主要有三类性格组合。

①补充型组合。比如D型（支配型）加C型（完美型）组合，即《亮剑》中李云龙和赵刚的组合，这类组合的团队目标性强、行动迅速、讲究效率，同时又能注重细节、有明确的计划性，内外向性格优势互补。

②矛盾型组合。比如I型（影响型）加C型（完美型）组合，影响型以娱乐为主、相对比较马虎，完美型则要求严谨，是典型的工作狂。此外，D型（支配型）加S型（稳健型）也是一对矛盾组合：面对工作，支配型成员常常先冲在前面去做，无所谓结果，而稳健型成员则会分析事物的利弊，思前想后，追求和谐。

③自然组合型。比如C型（完美型）加S型（稳健型）组合，即唐僧和沙和尚的组合，这种组合的特点是冷静、低调、沉闷、内敛，不足之处是平静得甚至有一点压抑，需要适当给予调剂；再比如D型（支配型）加I型（影响型）组合，即孙悟空和猪八戒的组合，这种组合的成员性格外向、积极乐观、坦率，团队氛围活跃、责任感强、能有效处理麻烦，但这种组合的成员比较任性、固执、缺乏耐心。 作为管理者要了解性格类型，懂得不同性格类型组合的优劣势，同时根据管理者自己的性格来搭配团队成员。表5-1是我们熟知的不同团队的性格搭配，以供参考。

表5-1　不同团队DISC性格搭配表

团队	D型性格	I型性格	S型性格	C型性格
西游记团队	孙悟空	猪八戒	沙僧	唐僧
蜀国刘备团队	关羽（DC型）	张飞（ID型）	刘备	诸葛亮
亮剑	李云龙			赵刚
刘邦团队	韩信（DC型）	刘邦（ID型）	萧何	张良
项羽团队	项羽			范增

接下来我们再看一下现实世界中优秀企业的团队人才搭配之道。

华为任正非的战略思想和领导力超强，就像华为的远光灯；而孙亚芳的职业化素养很高，在组织管理上细致入微，像华为的近光灯。二者相辅相成，共同推动华为近 20 年的高速发展。阿里也是如此，马云擅长描绘蓝图，激发梦想，彭蕾则擅长落地执行。彭蕾退休后，讲一了句很震撼的话："我在阿里巴巴的主要作用就是确保马云的所有决策都成为一项正确的决策。"马化腾到今天还被认为是腾讯最大的产品经理，但因为有刘炽平负责战略规则和组织建设，任宇昕负责运营管理，同样构成优势互补的核心领导团队。

3. 活用性格，化劣势为优势

学习性格分析工具不是让我们对员工形成框架式固定的思维，我们在授课的时候，经常发现部分管理者在学习了《DISC 性格与领导力》课程后，喜欢给员工贴标签，比如，张三是 D 型性格，李四是 I 型性格，王五是 S 型性格……其实这样是不对的。原因有二：第一，每个人的性格都是由 DISC 四种特质综合而成，只是大部分人某一特质相对比较突出；与此同时，随着年龄、工作环境、人际关系等的影响，人的性格会发生变化。第二，管理者学习性格的目的，是为了更好地了解员工，活用性格，化劣势为优势。同时，DISC 性格分析工具也能帮助管理者更好地认知自己，并处理好与他人的人际关系。

在性格运用中，我们经常强调："没有绝对的优点，没有绝对的缺点，只有特点。"性格这东西很有趣，用得好，它就成就了你，用得不好，可能就是你最大的障碍。

作为 S 型的刘备，重感情，对关羽、张飞以兄弟相待，重用诸葛亮，他还有一个副业：编草鞋，撤退的时候还帮老百姓编了几双草鞋。送徐庶那天，脚穿一双草鞋，帮徐庶牵着马，一路走一路挽留："先生，真舍不得你啊！舍不得啊，先生！"走着走着，把马走累了，打算第二天再走，晚上刘备又编出了一双草鞋，第二天又开始帮徐庶牵着马，徐庶从马上下来说："主公，你放心，我去曹营那里不会为他献任何一计。"这就是"身在曹营心在汉"典故的由来。D 特质的曹操拿走了徐庶的身，S 特质的刘备却留住了徐庶的心，这便是 S 型性格特质的成功之处，但也是他的失败之处，刘备是怎么死的？病死的，病死的前因是为关羽报仇，结果被陆逊打得一败涂地。当初刘备要去报仇，诸葛亮、魏延两人跪在地上劝说："主公不要去呀，留得青山在，不怕没柴烧。"刘备回答道："我三兄弟曾桃园结义，不求同年同月同日生，但求同年同月同日死。"所以，刘备一直强调他是三兄弟的老大，此仇一定要报，最后他打输了，一病不起。刘备败也在这里，忘了他除了是三兄弟的老大，更是蜀国的君主。

因此，活用性格才能成就高手。工作中很多职业经理人也像刘备一样，成也性格，败也性格。所以真正的高手要学会调适性格，学会让自己的性格适应当下的环境，让自己坏的情绪转化为前进的动力，而不是阻碍自己前进的绊脚石。

5.5 由"心"领导：有效授权与团队情绪管理

知识经济时代下管理者一定要充分调动团队的力量，由单兵作战的习惯改为团队作战，要学会共情式管理，要同步关注员工的能力成长与情绪的调整，这样才能打造高能量、高素质、高绩效的"三高"人才团队。

首先，作为共情领导者，要学会给员工授权。授权既可让管理者从繁重的业务工作中解放出来，更重要的是让下属得到有效的锻炼。据数据统计显示，有效授权是企业管理过程中最有效的激励手段。

其次，作为共情领导者，必须要兼顾员工的情绪管理与心理疏导。能力解决的是员工会不会的问题，态度是解决员工愿不愿意的问题。一般而言，在企业管理过程中员工的能力培养已经有成熟的培养模式与标准，而对于员工的态度与情绪的管理至今管理界尚无准确的标准答案。因为它的管理牵涉复杂的人性。

因此，作为管理必须要学会了解员工的心理与关注员工情绪。从行为刺激理论来看，情绪影响人，人影响绩效，情绪管理对于员工绩效的提升起着重要作用。

5.5.1 不懂授权，做不好管理

管理者要想带好团队，就要识人善用，要辅导和培养下属，让其能在工作中成长起来，而在这个过程中，授权就起到了非常关键的作用。一些失败的管理者，大多都不懂授权的艺术。

一般来说，作为管理者在授权方面的困惑主要有三点：一是不愿授权，

怕下属抢了自己的功劳；二是不会授权，授权后容易导致工作失控；三是授权不当，不懂得授权中的用人与授权中的关键注意事项。

有个笑话，一个即将出国深造的小伙子一直在纠结：我这一去 3 年，热恋中的女朋友该怎么办呢？谁来照顾她呢？这时他最好的兄弟站出来说："兄弟，你放心地去吧，好好学习，学成后回来报效祖国，我来替你照顾好弟妹。"

小伙子感动不已，还是兄弟好呀，于是放心地出国了，3 年后学成归来，恋人成了最好兄弟的老婆。

这是典型的授权不当，以至出现失控的局面。

1. 掌握授权的三要素

首先我们要掌握授权的三要素：工作指派、权力授予和责任创造。工作指派，是指授权也算是工作任务下派的一种表现，不仅要交代清晰授权的工作内容，还要让下属明确自己所要求的工作成效；权力授予，是指工作下派的过程其实同时也是权力下放的过程，只是权力的授权力度范围不同而已；责任创造，是指权力与责任是同等的，下属在享受上级授予的权力的同时，对工作的任务完成是有责任的，当一件事授权给下属时，下属不仅是帮管理者做事，更是在为自己做事，同样也有任务考核的压力。

2. 掌握授权的四原则

管理者若要有效授权，实现授权的目的，应当掌握以下四个原则，如图 5-5 所示。

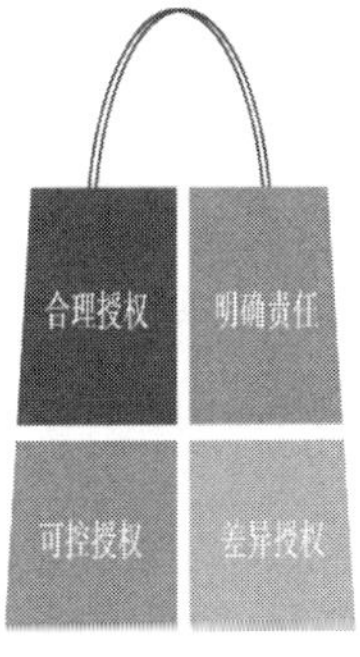

图 5-5　有效授权四原则

（1）合理授权。指管理者授权的动机、程序、途径都必须是正当合理的，管理者授权的目的是出于工作的需要，是公司或组织战略的发展需要，而不是出于自己的主观随意性，更不是任人唯亲。并且授权的力度要适中，授权不能过宽或过窄，过度授权导致权力滥用而引发失控；授权过窄，可能无法激起员工的工作积极性。

（2）明确责任。在管理者授权的时候，不仅要清晰授权的内容，更要明确被授权者的责任，应明晰工作检查与考核的标准，让下属从一开始就对下派的任务引起高度重视。

（3）可控授权。指管理者授权时有些权力可授，有些权力不能授，比如决策权、人事权、监督权这三样权力不是能授权的。可控授权的原则是管理者不会因此而丧失领导权。

（4）差异授权。指管理者授权时要因事而异、因人而异，避免"大马拉小车"或"小马拉大车"。如果是"大马拉小车"，员工认为自己是大材小用；如果是"小马拉大车"却表现为员工能力不足，耽误工作的进度与质量。

同时，对于不同工作内容的授权应选择不同的授权对象，要依据员工的特性与能力范围来授权，比如一些有挑战性的工作指派可授权给那些有挑战性、有冲劲的人去做；而细致、严谨性的工作指派则可授权给团队中做事细致、精益求精的下属去做。

3. 有效授权的简单五步法

那么到底该怎样授权呢？其实授权的流程只需简单的五步，如图 5-6 所示。

图 5-6　授权的五大步骤

第一步，任务分析。主要包括工作任务的难易程度、是否属于自己的授权范围及任务的基本情况分析，这一步是授权的基础。有些工作任务如果不属于自己的授权范围则不能授权，比如公司层面组织的部门例会，一般情况下你不能授权下属去参加。

第二步，确定授权对象。这一步是根据授权的四原则，分析这项工作可以授权给团队中哪一位下属去做，要综合考虑工作任务的难易程度、员工的能力及这项任务本应属于哪个岗位的职责，尽量不要越级、跨范围去授权，不要跳过你的直接下级去找下级的下级做事。

第三步，明确工作要求。把工作分配给下属时，要明确工作标准，提出任务要求，这样才能确保工作顺利完成。

第四步，过程监控。授权不等于弃权，加强过程监控是授权成功的重要环节，不能等到工作结束再来一次性算总账，这样有时可能导致满盘皆输。

当然工作属性不一样，监控方式也是不一样的。任务越重要，管理者对其进行的监控就应该越重视。常规性、可控制的任务，监控可以宽松些，非常规、变化大的任务，监控就要严格些。

第五步，任务评估。包括过程的评估和最后工作结果的评估，过程的评估在监控过程中就可以完成，因此这里所说的任务评估多指最后结果的评估，评估后要根据结果及当初的约定及时实施奖罚。

柳宗元说："赏务速而后有劝，罚务速而后有惩。"取得成果并及时奖励，有利于激发被授权员工的积极性，同时惩罚对于被授权员工做得不好的行为有警醒作用。

5.5.2　情绪管理促进团队绩效

最新的神经科学研究表明，我们的大脑主要受情绪所驱动，情绪是可以帮助我们生存和发展的宝贵信号，它们像一个内置陀螺仪，帮助我们保持在正确的轨道上，确保我们不仅仅有认知主导。如果学会了如何使用情绪，它们就可以帮助我们做出更加有效的决策、与他人建立联系、确定和追求自己的目标以及更加用心地生活。当我们的"脑 + 心 + 手"共同配合时，才能达到最佳的状态……这就是情商的力量，也是我们共情管理的基础原理。

1. 领导者情商决定团队业绩

领导者需要凝聚和激发强大的潜能，引爆团队无限的能量，他们的情商是直接影响领导力的重要因素，信任、忠诚、创新以及弹性。领导者决定组织情绪，组织情绪决定企业氛围，企业氛围与生态系统一样，影响员工的行为，从而说领导者情商影响团队业绩。

（1）领导者情商决定员工的敬业度。

盖洛普公司通过调查两万多名上班的员工，认为有 3 件事可提升员工的敬业度：一是感受领导的关心；二是得到领导对自己过去一周工作的肯定和表扬；三是相信领导是个人发展的基础。因此，管理学大师理查·德雷认为：员工离开的不是他的公司，而是他的领导。

（2）领导者情商影响企业绩效。

在激励团队的过程中，领导者情绪至关重要，因为它将影响组织氛围与员工情绪，情绪驱动人，人驱动绩效。

2. 有效的团队情绪管理技巧

员工的情绪犹如一把通往不同道路大门的钥匙，如果弄错了门，不仅员工甚至整个团队都会走错路，管理者要学会把这把钥匙握在手中，并学会正确使用。

（1）情绪的分类与产生原因。

人们的情绪复杂多样，心理学一般把常用的情绪分为喜、怒、哀、乐四类，而管理界喜欢把员工的情绪分为两大类：积极的情绪与消极的情绪。积极的情绪是与接近行为相伴产生的情绪，能够提高行动效能，促进高效率解决问题，完成工作。而消极的情绪是与回避行为相伴产生的情绪，会对人的生活和工作造成负面影响。

本质上来说，任何事物它本身是中立的，关键在于人们对他的看法，比如小孩学习成绩不好，一部分父母很是焦虑，而另一部分却不以为然。这体现出了不同的人对同样的事件反映出来的情绪是不一样。但作为管理者，我们不可能直接去影响员工对事物的看法，因为每个人对事物的看法是其以往的经历、价值观、思维模式在综合起作用。作为管理者，我们只能引导与梳理员工的情绪，对团队负面情绪进行有效的管理。

（2）团队情绪管理的 KCT 模型。

对于情绪的管理一般分为三类：认识情绪（Know）、选择情绪（Choose）、超越情绪（Transcend），如图 5-7 所示。

图 5-7　KCT 情绪管理模型

第一步，认识情绪（Know）。

管理者通过观察员工的日常行为发现异常情绪。例如，某位员工平时一向表现非常积极，但是忽然一段时间变得沉默不语，上班经常迟到，工作质量下降，工作心不在焉，那么这名员工的心中一定是产生了消极甚至抵抗情绪。需要管理者初步分析导致他这些异常行为背后的原因。

第二步，选择情绪（Choose）。

多数管理者在发现团队的消极情绪后，会用压制的方法解决，比如在会上训斥全体员工、点名批评个别员工等方式，这些方法常常会压制过头，导致消极的团队情绪更加猛烈。

管理者此时应学会接受这种消极情绪，学会让情绪降级，摆脱“情绪绑架”状态，要在重新聚焦之后，选择有效控制这种消极情绪的影响范围，并将这种能量转化为有利的因素。

第三步，超越情绪（Transcend）。

超越情绪是指与情绪以及更大的目标建立连接，关注真正重要的东西，把情绪转化为有利的团队能量。这个过程也是增强共情管理、追求越我目标的过程。经过长期的团队超越训练，就会转化为团队有力的战斗力和有效的团队文化。

5.5.3　团队情绪管理五大法宝

作为共情领导者，可以通过以下五大方法来有效管理团队的情绪，分别是欣赏、共情、沟通、能量与转念（打破），如图 5-8 所示。其中欣赏、共情、沟通更多的是为团队营造积极融洽的管理氛围，从而带来积极的团队情绪；而能量与转念（打破）更多的是为了有效预防与处理消极的团队情绪。

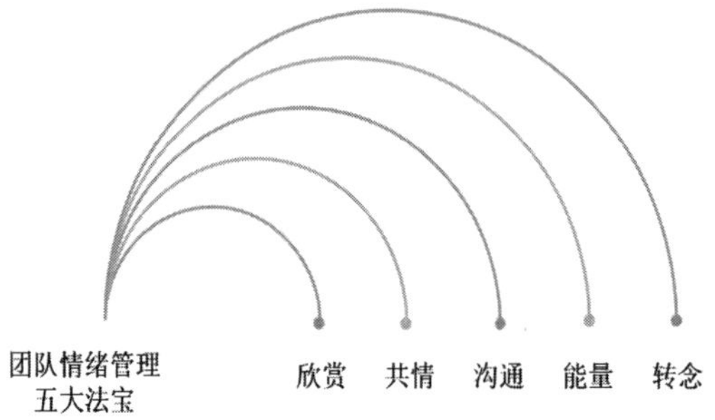

图 5-8　共情领导者之团队情绪管理五大法宝

1. 欣赏与尊重

经常表达对员工的欣赏与感激，不仅是对员工的认可，更是一种最经济实效的激励方法，能有效提升员工在组织中的存在感与成就感。

传统的领导者最大的成就感来自组织的绩效，常常是领导者的成就越大，员工的成就感就越小；而共情领导者的最大成就来自员工的成就感，更多地源于支持、辅导下属取得成就。成就感包括对员工及时的认可、欣赏，足够的施展空间，必要的支持和一定的资源保障。而被欣赏与被尊重是人性的第一需求，被满足后才能产生强大的行动力。

加州医生 Dean Ornish 说：我从未发现任何其他因素，饮食、吸烟、锻炼、压力、遗传、药物、手术能比得上感激与尊重对生命的质量、疾病的发生、健康和防止早逝所产生的积极的影响。

从前，有一家生意很好的点心店，门口来了一个乞丐。他衣衫褴褛，浑身散发着一种怪味，当他畏缩着走到蒸点心的大炉前面，周围的客人都皱着眉，露出厌恶的神色，伙计急忙呵斥乞丐要他滚开。此时，这个乞丐却拿出几个铜钱，说："今天我不是来乞讨的，我听说这里的点心很好吃，我也想尝尝，好不容易才凑到这些钱。"店老板目睹这一幕，走上前十分恭敬地将点心递给乞丐，并深深地向他鞠了一躬，说："多谢关照，欢迎再次光临！"待乞丐离开，店老板转过身，教导伙计说："那些常来光顾我们的顾客，当然应受到欢迎，但买几个点心对他们而言，不是件很难的事，而今天来的这位顾客，虽然是位乞丐，却与众不同，他为了品尝我们的点心，好不容易才讨到几个铜板，实在是难得之至，我们怎么能够忽视这份厚爱？”伙计问：“既然如此，为什么又要收他的钱呢？”老板笑笑说：“他今天是作为一个客人来到这里的，当然要尊重他的选择！如果我不收他的钱，岂不是对他的侮辱？”伙计们点头称是。

2. 共情

当一个管理者能够运用情绪时，能够与他人共情联结，他是创造力的思考者，遇到事情可以从另一个角度看问题，知道什么可以鼓舞人、激励人。

1999 年，现任阿里 CFO 的蔡崇信第一次参观阿里，说：“我被眼前的情景惊呆了，黑压压地坐着 20 多个人，地上满是床单，一群着了魔一样的年轻人在那里喊叫着、欢笑着，仿佛一个吃大锅饭的大家庭，我看到他身边的人眼里都闪着光芒。马云的眼睛里都是大梦想，谈论的是伟大愿景，而不是商业模式、赚钱营利或者其他业务上的东西。”我决定放弃百万年薪而加入阿里，马云说：“我只给你 500 元工资。”我说：“我就是想加入一家伟大的公司。”

想一想你的团队有多少人愿意跟随你，而不是因为钱。

3. 及时沟通

精神分析学家西格蒙德•弗洛伊德曾指出，能够良好表达情绪的人比不能良好表达情绪的人更快乐，更肯定自我，在生活中也不容易遭受压力。相反，研究表明，那些不善于表达情绪的人和那些喜欢抑制自己情绪的人，比较容易患抑郁症、心脏病等疾病。

在实际管理工作中，管理者只看重绩效，认为员工有情绪是心智不够成熟的表现。但随着 90 后、00 后新生代员工增多，他们不懂得如何隐藏自己的情绪，而是喜欢将自己的情绪表达出来，因为对他们而言，情绪表达是释放压力的方式，能让他们更好地投入工作。

因此，作为管理者不能压制员工的情绪表达，而要积极引导、及时沟通，引导他们表达情绪并聆听，做他们的“知心朋友”。

4. 赋能，调动能量的运转状态

中医认为：“气为血之帅，血为气之母。”人体血液循环是靠气打通的，气是血的先锋，气通了，血就跟着流，血脉不通，首先是气不通。同时，人体的情绪不通是由于能量的运转方式出现了问题，导致气血不通，情绪淤积。

管理者可以运用情绪疏导、正面情绪的积极影响、士气激励等方式加强对员工的情绪赋能，如图 5-9 所示。情绪疏导是通过一些合适的方法对员工的情绪进行疏解，让消极情绪能够有效释放，不要让个别员工的情绪影响团队其他成员的情绪，进而影响团队的工作效率。要做到正面情绪的积极影响，首先要给员工营造一个积极的工作氛围，及时用积极的语言回应员工。并且管理者应该以身作则，切忌在员工面前经常表现消极情绪，切忌在员工面前经常带头说公司坏话。士气激励是调动员工能量的有力法宝，通过有效的士气激励充分调动团队的正能量，确保团队的正能量大大超过负能量的比例。

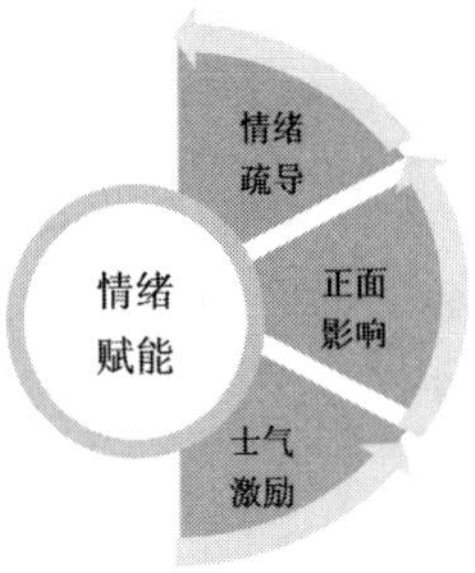

图 5-9　团队情绪赋能“三把利剑”

5. 转念，把负面情绪转化为正面能量

优秀的管理者往往在团队处于消沉、遭遇困难的时候能及时看到团队未来的希望。当团队充满坏情绪的时候，管理者要学会给大家转念，把负面情绪转化为正面能量。

曹操带领的军队在经历赤壁之战大败后，军队内都是消极情绪，随着残兵败将陆续回营，军营内出现许多士兵一见面就抱头痛哭的现象。有一天曹操在营帐内卧病休息时听见大将许褚回营痛哭的声音，便知道这是激励士兵们士气的时机到了。

许褚见到曹操时哭得更凶了，边哭边说：“我的三千士兵都死了。”曹操笑着说：“三千士兵算什么，我再给三万，你去给我擂鼓，将将士们集合起来我有话要讲。”

接下来，曹操对全体将士说："将如同医者，医者是医过的人越多，医术越高明，换句话说，医死的人越多，医术越高明。将者，如果不经历几次败仗，如何能够去打胜仗，这个世界上从来没有百战百胜的将军，只有败而不怠，败而益勇，并且最终取得胜利的人。"

曹操带兵打仗的一个优点就是能在任何坏的情境下看到希望，看到积极的一面，并使团队坏情绪转变为积极的力量，实在是高明。

第 6 章

执行到位：共情领导的核心任务

6.1　战略可以谋划，执行唯有实践

6.1.1　正确认识执行，保障战略落地

执行力是目前管理界提得最多的名词之一，这反映出企业管理普遍存在的一种现象：老板抱怨管理者不能领会精神，管理者抱怨下属不能按要求完成任务，相互推卸、寻找借口，执行不力成了众多企业的“通病”。

那么，什么是执行力？完美的执行力是如何养成的呢？《没有任何借口》一书中提道：“没有任何借口”所体现出的是一种负责敬业的精神，一种服从诚实的态度，一种完美的执行能力。西点军校之所以能够培养出那么多优秀的人才，就在于它将“没有任何借口”作为学生的行为准则，使西点军校的学生在任何一个团体都表现出了良好的团体精神和合作能力。

战略的失败远少于执行的失败，执行力是战略落地的保障，是管理成败的关键。不论是高级管理者、中层干部，还是基层员工，个体执行力的塑造均源于以下三大基本意识，如图 6-1 所示。

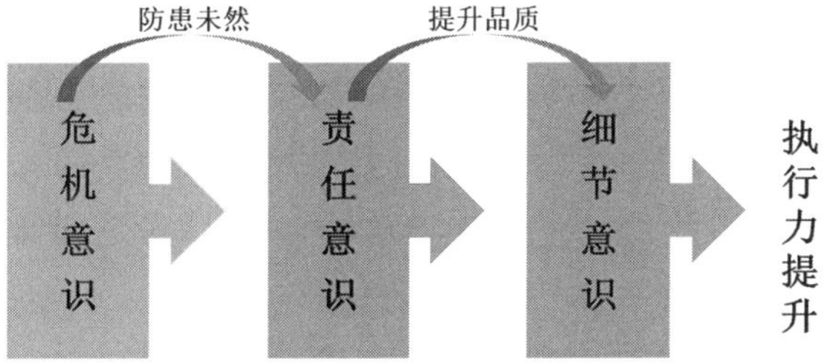

图 6-1　执行力三大基础意识的逻辑模型

1. 危机意识

任正非曾说过，“我们公司的太平时间太长了，在和平时期升的官太多了，这也许就是我们的灾难。‘泰坦尼克号’也是在一片欢呼声中出的海。而且我相信，这一天一定会到来。面对这样的未来，我们怎样来处理，我们是不是思考过？我们好多员工盲目自豪，盲目乐观，如果想过的人太少，也许就快来临了。居安思危，不是危言耸听。”

“10 年来我天天思考的都是失败，对成功视而不见，也没有什么荣誉感、

自豪感，却有危机感。也许是因为这样公司才存活了 10 年。我们大家要一起来想，怎样才能活下去，也许才能存活得久一些。失败这一天是一定会到来，大家要准备迎接，这是我从不动摇的看法，这是历史规律。”

“人无远虑，必有近忧”，危机意识对于人生来说是非常重要的，没有危机意识，不懂得未雨绸缪，只能饿死在漫长的“冬季”。

微软的比尔·盖茨也曾说过：“微软离破产永远只有 12 个月。”一个在行业中占绝对优势的巨无霸企业尚且有如此强烈的危机意识，可见危机意识对于延续企业生命的重要性。从任正非与比尔·盖茨这样两位世界顶级企业家对企业危机的表述，可以用一个最简单的词语来概括，那就是“怕死”。随时随地具有害怕企业死掉的危机意识。同样的，对于在企业组织中工作的员工，也要有这种“怕死”的态度。只有“怕死”，害怕自己的失误与疏忽给企业造成损失，甚至是带来危机性的失败，具有这样的敬畏之心，才会自然而然地对你职责范围内的所有事情负最大的责任。简单来说，因为你对结果心存敬畏，所以才会懂得承担责任。

2. 责任意识

责任意识是一种自觉意识，也是一种传统美德。中国自古以来就重视责任意识的培养。“天下兴亡，匹夫有责”，强调的是振兴国家的责任。“择邻而居”讲述的是孟母历尽艰辛、勇于承担教育子女的责任；“卧冰求鱼”是对晋代王祥恪尽孝道为人子的责任意识的传颂。

责任是一种能力，又远胜于能力；责任是一种精神，更是一种品格；责任就是对自己可能并不喜欢的工作，毫无怨言地承担，并认认真真地做好。责任对于每个人都普遍存在，没有有无之分，只有大小之别。根据不同的人所承担责任范畴的不同，责任可划分为家庭责任、职业责任、社会责任、领导责任四大类别。

3. 细节意识

千里之堤溃于蚁穴，九层之台起于垒土。古往今来不知有多少因为细节问题而造成失败的事件。细节是执行价值的前提，没有细节管理，执行力难以发挥。强调重视细节，主要是倡导一种认真的态度、严谨的作风和科学的精神。

《道德经》第六十三章中有这样的记述：“为无为，事无事，味无味。大小多少，报怨以德。图难于其易，为大于其细。天下难事必作于易，天下大事必作于细。是以圣人终不为大，故能成其大。夫轻诺必寡信，多易必多难。是以圣人犹难之，故终无难矣。”

翻译成白话文的意思是：“做那些别人还没觉察到就该做的工作，办那些还没发生事故之前就该办的事，体味那些没有散发出气味之前的气味。要把小的征兆当成大事，把少的征兆当成多的后果。用恩德对待他人的怨恨。解决难事要从容易解决时去谋划，做大事要从细小处做起。天下的难事都是从容易的时候发展起来的，天下的大事都是从细小的地方一步步形成的。因此圣人始终不直接去做大事，最终能够成就大的功业。轻易许诺肯定难以兑现，把事看得太容易肯定会遇到太多的困难。因此圣人要把事情看得困难一些，所以最终就不会遇到困难。”

老子认为大的事情发生前都会有细微的征兆，天下的大事都是从细微的小事做好开始的，成大事的人都能够关注细节，明察细微之变化。老子关于“细小”的认知与分析，体现了最为古朴的细节意识。

6.1.2　战略容易模仿，执行难以复制

《财富》杂志在对数十位失败的美国 CEO 进行了数年的跟踪调查后，得出的结论是这些 CEO 的问题在于糟糕的执行。概括起来就是：他们一是办不成事，二是优柔寡断，三是不兑现承诺。而决策显然不是最重要的原因。《财富》杂志根据对 CEO 失败原因的长期分析，认为这些企业家们失败的六大原因依次为：缺乏对坏消息（亏损或利润下降）的处理能力、疲劳综合征、缺乏处理人事的能力、决策有局限性、缺乏财务知识、错失良机。

在调研中，《财富》杂志请 38 位曾经叱咤商海、结果壮志未酬的顶级 CEO 们回答问卷，结果 38 位 CEO 对这六大原因的选择依次为：缺乏对坏消息的处理能力（79.5%）、疲劳综合征（51.3%）、缺乏处理人事的能力（43.6%）、决策有局限性（38.5%）、缺乏财务知识（15.4%）、错失良机（10.3%）。从这一调查中，《财富》杂志得出一个结论：CEO 们并不缺少才智或是远见卓识，往往只是一个简单却致命的缺陷让他们跌入深渊。这些 CEO 们大多智商极高，

经验丰富而且一心扑在工作上。《财富》杂志虽然不认为执行问题就是他们失败的唯一原因，但是，执行势必会变得越来越重要。原因就在于这个充满竞争与机遇的世界发展太快，客户、股东的要求令人感到压力沉重。

汪中求老师在《细节决定成败》一书的前言中明确写道："中国绝不缺少雄韬伟略的战略家，缺少的是精益求精的执行者；绝不缺少各类管理制度，缺少的是对战略、规章不折不扣地执行。"战略方向对企业来说至关重要，但实际上，通过近几年对商业生态的发展趋势进行分析，我们不难发现战略方向其实很容易被模仿。

在中国只要有一个好的想法，只要有一个好的战略模式、商业模式，马上就会有大把逻辑一致、内容相似的项目策划书及可行性研究报告如雪片般纷至沓来，随后就会有成千上万个相似的公司在某一领域如雨后春笋般冒出。但是 3 年之后再去看这些有着相同战略的公司，会发现 90% 的同类企业都不见了。当一个企业家发现自己做的事最后都是败局或者做企业的过程中相对比较被动时，不是别的地方出了问题，很可能是组织能力出了问题，在战略趋同的情况下，你不能比竞争对手更加有效地执行战略。

战略是理论和决策，执行是具体的实践，决策是可以模仿的，但在具体实施的时候不可盲目地照搬照套。战略最早是军事方面的概念，中国古代常用"谋略"一词。战略来源于实践，是对实践的高度抽象。《孙子兵法》总结了许多经典战例，理论系统地阐释了战争的哲学思想，但这并不意味着只要熟读《孙子兵法》就会成为运筹帷幄的名将，因为战略形式上易于复制，但内涵上不可复制。

2019 年"海底捞"正式联手"饿了么"推出第三方外卖配送服务，配送时间从上午 9:00 一直到深夜 22:00，对喜欢点外卖的人们来说，不仅可以宅在家里就能吃正宗的海底捞火锅，而且再也不用面对一个人吃火锅的尴尬了。

海底捞，这家成立于 1994 年的火锅店，24 年后成功上市，成为一家国际知名的餐饮企业。海底捞的成功也吸引了众多模仿者和学习者。多年前一本《海底捞你学不会》风靡全国，大家都在学海底捞。

而谈起学习海底捞，大家想到的大多数是学习它的服务。的确，无微不至的服务是海底捞最突出的优势，也是大家讨论最多的特点。贴心、细致，还有美甲、手护、擦皮鞋、打印照片乃至变脸等特色服务，已经成为海底捞的标签。

但光从服务着手，就能学得像吗？很多餐饮企业学海底捞强化服务，即便学到了百分之七八十，但总差那么一口气。

“海底捞你学不会”就是战略容易模仿，执行难以复制的典型案例。一家能把普普通通的火锅店做到上市的企业，背后一定有属于它自己的内核。那海底捞的内核是什么？

你可能会说是它“变态”的服务，是你要求打包一片西瓜，它给你打包一整个西瓜的热情；是你在排队等位时，服务员会主动为你做美甲的惊喜；是你一个人独自用餐，会在你对面摆放一只玩具熊的体贴……

服务态度好是海底捞的核心竞争力，可是为什么许多店学海底捞的极致服务，学着学着就学死了呢？海底捞你学不会，真正学不会的是它的系统组织能力。海底捞把一切都敞开门来给你看，写成教材给你学，然而模仿者真正的差距并不是战略上，最终是输在了执行战略的有效性上。

6.2　高效执行的三个到位与六大法则

6.2.1　落实三个到位，铸就高效执行

执行力是一个变量，不仅因人而异，而且还会因时而变。组织的管理人员想提高成员的执行力，首先需要对影响执行力的根本要素进行深入了解。目前关于执行力要素的分析非常多，这些分析也站在不同的角度得出了一些结论。通过对各种观点和理念进行综合判断与提炼，影响一个人执行力水平高低的三个核心要素就是态度、能力、行为，如图 6-2 所示。

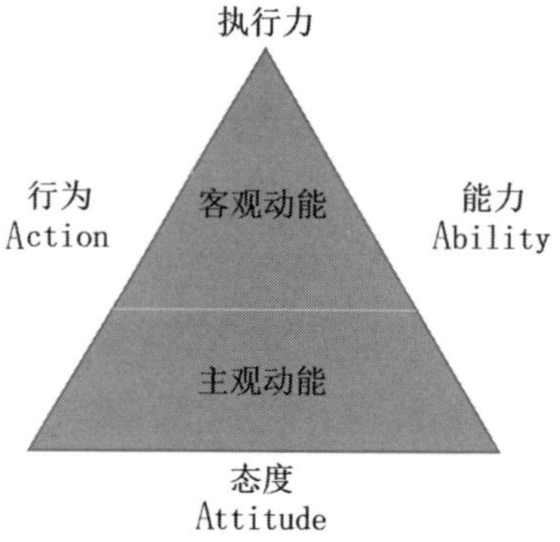

图 6-2 执行力 3A 要素模型

1. 态度（Attitude）

态度是个体针对特定对象所持有的稳定的心理倾向。这种心理倾向蕴含着个体的主观评价以及由此产生的行为倾向性。以成语“好逸恶劳”为例进行解析。“好逸恶劳”非常明显地表现出一个人对待事情的稳定性心理倾向。好逸，指的是对于清闲、安逸的喜好；恶劳，则反映出对待工作、劳动的厌恶与抵触。好逸恶劳的主观心理习惯一旦形成，在面对工作、劳动时就会稳定表现出厌烦的态度。长期的好逸恶劳必然会导致能力的低下与退化，行为的减少与迟缓。

态度反映的是一种主观能动性，就态度本身而言并无好坏之分，但如果态度一旦出现了倾向，则会有积极、消极或者中性的不同属性。比如，常用词“学习态度”，单就“学习态度”的性质而言并无好坏优劣之分。然而不论是生活还是工作中的实际情况来看，不同的人明显具有不同的学习态度倾向。有的人具有积极、主动的学习态度，有的人则相反，学习态度相对比较消极，甚至还会有抵触。这就会导致在学习的课堂上，同一位老师讲同样一门课程，持有不同学习态度的学员所引发的学习效果不一样。

2. 能力（Ability）

能力是完成一项目标或者任务所体现出来的综合素质。人们在完成活动中表现出来的能力有所不同，能力是直接影响活动效率，并使活动顺利完成的主观和客观条件因素。主观条件因素主要表现为心理性格能力，也可以归结为心态，例如在心里下定决心克服困难。心理性格能力越强，对行为的引导越强。客观条件因素主要表现为物理性质能力，例如水上项目运动员的肺活量普遍优于缺乏专业训练的大众人群。能力总是和人们完成一定的实践相联系在一起的。离开了具体实践既不能表现人的能力，也不能发展人的能力。本章节中主要探讨能力的客观条件因素。

客观能力越强，完成相应实践的效能就越高。比如，体力更强的劳动者，在相同作业时间内搬运的货物总量常常比那些力气更小、体格更弱的劳动者要多。但在实际的生产环境中，并不能绝对地说能力更强的劳动者单位作业时间内的劳动效能一定会高于体力相对较弱的。“龟兔赛跑”在中国几乎是家喻户晓的故事，在赛跑比赛中，明显奔跑能力更强的兔子最终输给了能力差距悬殊的乌龟，兔子输的不是客观能力，而是主观态度。可以这样理解，工作当中不同的员工在都拥有全力以赴、相差无几的心态前提下，客观的技术能力将会对结果产生巨大的影响。

3. 行为（Action）

能力是产生最终结果的必要不充分条件，也就是说，要想获得良好的执行结果，一定要拥有相应的执行能力，但是只具备能力条件还不够，行为才是创造结果的直接环节。有能力、没行为或者是有能力但没有很好地发挥出来，就会导致行为失衡。例如，举重运动员明明具备更高重量级的实际能力，却在比赛中动作出现问题，试举起步量级的杠铃时出现失误，这就是行为不到位的表现。当然，具备相应的能力是必要条件，没有能力的行为无异于在做无用功。这就可以解释为什么有的员工态度很端正，行为也一直在持续，但就是做不出符合要求的工作结果。

能力要通过行为进行释放，行为要匹配能力达成效果。与此同时，行为又是受到心态的直接影响。组织当中经常会发生成员明明有能力，但就是不愿付诸行动的现象，或者是明明有能力，也在产生行为，但行为的结果总是不够理想，让上级不够满意。一般来说，出现这种现象的原因基本上都是心态出现了问题。

执行力 3A 模型强调的是态度到位、能力到位、行为到位的三个到位。态度好不好是决定能力强不强、行为有没有的主观动能。能力强不强、行为有没有是决定执行力的客观动能。光有主观态度，但不具备能力或者不实施行为，再小的目标都无法实现。心态好、能力强、行为有，可以输出强大的执行力。但如果能力强、行为却是建立在错误的心态上，就很有可能造成非常巨大的负面影响，对于这种负能量输出的现象，可以用恐怖分子的执行力作为反面教材进行分析。

6.2.2 运用六大法则，助推高效执行

具备了危机意识、责任意识、细节意识的执行力三大意识，实现了态度到位、能力到位、行为到位的三个到位，在执行力的道法术系统就已经完成了“道”和“法”的底层构建。在“道”和“法”的基础逻辑已经完善的情况下，再加以适当的“术”的引导，完成量变到质变的转化。

1. 服从法则：以服从为天职

在沃尔玛集团，“无条件服从”是每一位员工都必须奉行的准则，强化员工对领导指派的任务都必须无条件地服从，而不是去抱怨和逃避。沃尔玛创始人山姆•沃尔顿说:“没有服从就没有执行,团队运作的前提条件就是服从。我们要的不是和领导做对的员工，而是服从领导决策，第一时间完成任务的员工。”

在《服从就是力量》一书中，作者指出：整体的巨大力量来自个体的服从精神。服从必须全心全意遵从团队的价值观和文化内涵，使每个人自觉地服从团队的要求，提升执行力，提高效率。

服从是团队存在的基础，也是团队行动的前提。对于任何组织来说，如果没有服从的基本法则，组织成员自由散漫，一切都将无从谈起。一个具有卓越执行力的企业，一定是建立在意志统一、绝对服从、令行禁止的基础上的。一个优秀的员工，一定是具有绝对服从的意识，积极服从，主动服从。二者之间互为因果，相辅相成，相得益彰。企业的整体利益，不允许员工我行我素、抗令不遵，员工的个人利益也只有服从企业的利益才能得以实现。

2. 目标法则：瞄准一只野兔

金·凯瑞（Jim Carrey）是一个喜剧演员，甚至可以说得上是继卓别林时代后，好莱坞最成功的喜剧演员。17 年演艺生涯，连续两届金球影帝，出演

过《变相怪杰》《永远的蝙蝠侠》《楚门的世界》《好好先生》等多部经典作品。他是好莱坞历史上第一个片酬上亿的演员，从没得过奥斯卡金像奖的他，却被誉为世界喜剧的无冕之王。

20 世纪 90 年代身无分文的金·凯瑞来到了洛杉矶，给自己定了一个小目标：先赚 1 000 万美元。他掏出手中的支票本，给自己开了一张 1 000 万美元的空头支票，并在日期栏内，郑重其事地写下了“1995 年的感恩节”，代表梦想实现的日期。以后的日子，他一直随身携带着那张支票，无论遇见的是困难还是挫折，他都从未被它们打倒。1995 年，他的片酬已经达到了每部电影 200 万美元，那张支票早就可以兑现。

设定一个目标并一直坚持下去，即使受到其他因素的干扰，也要确保自己设定的目标不动摇。漫无目标或者目标过多，都会阻碍我们前进，心无旁骛地追求自己设定的目标，才是明智的选择。猎人在猎取野兔时，会先把猎狗放出去惊扰驱散野兔，并在满草场四散奔逃的野兔群中迅速选定一只作为瞄准的目标。在同个时段内的工作中，重点永远只有一个，目标太多就等于没有目标，请记住：属于你的野兔只有一只，也只能有一只。

3．冠军法则：做自己擅长的事

刘翔从一名普通的少年体校的学生成长为世界冠军，除了自身的努力之外，与发现这个明星苗子的教练有着密切关系，尤其表现在从跳高到跨栏的转行上。可以说，没有这次的改变，也就没有后来的冠军刘翔。

改练跨栏之后，1999 年刘翔与“师傅”孙海平结缘。经过孙海平教练的悉心指导，终于在 2004 年 8 月 27 日雅典奥运会的男子 110 米栏项目上，以 12 秒 91 的成绩刷平由英国选手科林·杰克逊创造的奥运纪录，夺得金牌。而后刘翔以 12 秒 88 的成绩获得瑞士洛桑田径超级大奖赛金牌，并打破沉睡 13 年之久的 12 秒 91 的世界纪录。试想，如果刘翔还在跳高会怎样?

职场上的大多数人并没有做自己喜欢或擅长的事，而是日复一日地消耗着青春，心里却在抱怨：为什么成功总是那么难？为什么冠军不是我？只有少数人找到了自己最擅长的职业，从而彻底地掌握了自己的命运，并把自己的优势发挥到淋漓尽致的程度。这些人也都从弱者的门槛迈进了成功者之列。

与此相对的是，大多数职场人正是因为不知道自己的“对口职业”到底是什么，而总是别别扭扭、浑浑噩噩地做着不擅长的事，难以脱颖而出，更谈不上成大事了。

4. 速度法则：先开枪再瞄准

有一次，记者采访 EDS 总裁罗斯·佩罗：“你们的成功秘诀是啥？”

罗斯·佩罗回答：“预备、发射、瞄准”然后嬉笑哈哈。

记者笑问：“不瞄准，怎么发射？”

罗斯·佩罗立刻说：“我们都是先发射再瞄准，边走边打。”

2000 年初，惠普公司业绩大幅度下滑，究其原因，过分追求完美，总是要等研发出最好的产品才推出市场。巨大无比的惠普公司在市场上总慢于一些小公司推出新产品。新上任的惠普总裁卡莉·费奥利那（Carly S.Fiorina）提出了先开枪再瞄准的理念，在公司全力宣传这一理念并不断推广，惠普很快摆脱了困境，恢复了昔日的雄风。

过去奉行“想好了再跑”，而今天要做到“边跑边想”“边做边改”。其中最重要的一条理由是：做完美的产品，需要花费太多的时间和精力，不仅容易错过迅速占领市场的时机，同时，机会还容易被对手占领。速度第一，完美第二，只有拥有了比对手更快的速度，才有机会让其完美，一旦失去机会，再完美的产品也没有意义。

5. 团队法则：利他就是利己

深山里有三个化缘的和尚，不约而同地来到一间破旧的小庙。庙里的佛像早已倾斜，柱梁里也遭白蚁侵蚀，香炉里见底。想必这庙已经荒废多时，连住持、和尚也不见踪迹。

丙和尚先叹了口气：“看这庙所在之处还蛮清幽的，不应该荒芜呀？”甲和尚分析：“这一定是和尚不虔诚，所以菩萨不灵。”乙和尚认为：“一定是和尚对人不恭敬，所以香客不愿上门。”

这三个和尚经过商议做出决定，留在寺庙里亲身力行，繁荣寺庙。

甲和尚虔诚念佛，从不迟延；乙和尚勤勉打扫，让小庙焕然一新；丙和尚逢人便和气应对，不时对香客讲解生活中的佛法；三个和尚每天都和着悠扬的梵乐吟经诵佛。结果庙里的香火逐渐旺盛，远在县城里的信众都不辞车马劳苦来到寺庙。

中国有个成语叫作“成人达己”。只有成就和帮助他人，才能发展和完善自己，实现自己的理想，达到自己的目标。舍得舍得，一定是先有舍后有得。你希望别人怎样待你，你也就怎么待别人。帮助别人就是强大自己，让别人赢，自己往往会获得更多。要想一个团队拥有强大的凝聚力和战斗力，团队领导人就必须拥有“利他就是利己”的思想意识。

6．“裸奔”法则：没有退路可走

公元前 208 年，秦国镇压陈胜、吴广起义之后，攻破邯郸，反秦武装赵王歇及张耳被迫退守在巨鹿（今河北平乡西南），被秦将王离率 20 万人围困，向楚国求救。

项羽率救援军队悉数渡黄河前去营救赵国以解巨鹿之围。楚军全部渡过漳河以后，项羽让士兵们饱饱地吃了一顿饭，每人再带三天干粮，然后传下命令：“皆沉船，破釜甑，烧庐舍。”把渡河的船凿穿沉入河里，把做饭用的锅砸个粉碎，把附近的房屋放火统统烧毁。项羽用这办法来表示他有进无退、一定要夺取胜利的决心。

就这样，没有退路的楚军战士以一当十，杀伐声惊天动地。经过九次激战，楚军最终大破秦军。秦军的几个主将，有的被杀，有的当了俘虏，有的投降了。这一仗不但解了巨鹿之围，而且把秦军打得再也振作不起来，过了两年，秦朝就灭亡了。

破釜沉舟显示的就是不给自己留下退路，断绝一切杂念的“裸奔”决心。心理学研究发现，人对事物的决心不够大，是因此事承受的痛苦还不够多，你的痛苦越大，你的决心就越大，你的行动力就越强。小到更换家里一个坏了很久的灯泡，大到追求事业更大的进步，都是如此。如果你还不够成功，那是因为你还没下定决心；如果你还没下定决心，那是因为你还不够痛苦。

6.3 立即行动，别让执行毁于拖延

6.3.1 战胜拖延，远离职场“杀手”

明代状元钱福有一首后世广为流传的作品《明日歌》：

明日复明日，明日何其多。我生待明日，万事成蹉跎。

世人若被明日累，春去秋来老将至。

朝看水东流，暮看日西坠。百年明日能几何？请君听我《明日歌》。

小时候的假期作业总要拖到开学最后几天才硬着头皮去完成；长大后总有那么几本书在书架上等着阅读时，更多的结果是在积灰；明天上午就要交的报告，到今天下班了都还没有理清思路，更别说开始动笔了……

当遇到类似现象的时候，大概就是拖延症又犯了。

拖延是惰性心理的一种具体表现，它让人容易消极和疲惫。喜欢拖延的人一般意志力比较软弱，害怕面对困难，选择用逃避的方式来绕开现实，对生活和工作缺乏明确的目标计划。在职场中，拖延症被视为隐形“杀手”。很多人常常感慨自己的职业生涯缺乏机会，然而现实也许并非没有机会，而是有利于自己未来发展的机会稍纵即逝，如若不能及时抓住，就会令自己“万事成蹉跎”。若想成功抓住机遇，就需要有切实的行动，不给自己拖延的机会。

对企业而言，拖延往往是阻碍计划实施的最大隐患。计划通常具有时效性，只有在特定时间内，计划的实施才能达到完美的效果，拖延或延迟都会打乱原有的部署，导致结果发生变化。拖延也会造成更多的犹豫不决，甚至使计划流产。常常会出现因为没能及时实施下去，导致很多原本优秀的计划和点子胎死腹中。拖延还会给企业带来非常致命的危害。任何一项经过决策的行动方案，如果迟迟没有执行下去，那么相应的成本、风险以及其他一些不可控因素也会增加，而且拖延会导致整个企业的各个环节受到牵连，引起企业运作流程的停滞。

在华为流传着这样一个故事。有一次，华为总部财务部门的几个年轻员工在电梯里大发牢骚，抱怨公司为什么不在研发基地设立一套账务系统，害得他们老为结账报销的事情在基地和总部之间两头跑。当时任正非就在电梯里，当他走出电梯时，大家吓得一言不发。可是几天过去了，这些发牢骚的员工并没有受到任何惩罚，反而被告知研发基地已经新建了一套账务系统。

不仅仅是任正非，公司里的经理、主管或者其他负责人，只要目标计划确定下来，所有人就必须立即行动起来，员工根本不用多想，不用犹豫，只要按照上级的要求执行即可。因为在任正非看来，当今社会竞争越来越激烈，不再是大鱼吃小鱼，而是快鱼吃慢鱼的时代。谁能够更快地制订科学的规划，能够更快地实施和执行下去，那么谁就能够更早地掌握先机，获得竞争的主动权和话语权。

所以，在华为公司内部，只要是上级决定了的事情，那么下级人员必定会在第一时间付诸实施，从来不会也不敢拖延，也正是因为这种雷厉风行的办事风格，华为才会屡屡把对手打个措手不及。通过制度规定以及培训，“不要迟疑，立即行动”几乎成了华为企业文化的一部分，而这也是华为区别于其他企业的重要因素之一。就连任正非本人也坚持这一理念，从来不会拖延自己的工作。

拖延症是现代社会的通病。往往开始动手做一件事情只需要一个小时，却花了更多时间在拖延而一直没有开始。并且还伴有这样的恶性循环：越明白自己在拖延，越会陷入无尽的拖延。一方面是想成为理想中在多个领域中有所成就的“斜杠青年”，另一方面则是重度拖延，无法把计划转化为执行力，依旧是现实中的自己。

6.3.2 立即行动是执行的最佳状态

比尔·盖茨说过：“一旦做出决定就不要拖延，任何事情想到就去做，立即行动。”

想得多，行动少，能说出来却做不到的人，最终只会失败。真正的成功者，通常是那些能立即行动的人。“立即行动”应该成为每一位职场人士的座右铭，在职场中向上成长的机会只能从我们的行动中获得。

1876 年 2 月 14 日，亚历山大·格拉汉姆·贝尔申请了电话的专利。而在同一天，另一个发明家伊莱沙·格雷也向美国专利局递交了相似设备的专利申请书，但是他因为比贝尔晚了几个小时而痛失电话发明权，最终失去了这样的荣耀。而更为可惜的是，格雷原本有机会获得这份专利，只不过他在研究成功之后并没有立即去专利局，而是在家待了一段时间，正是这段被延迟的时间导致他被贝尔抢了先。

就因为延迟了几个小时，格雷这个名字并没有像贝尔那样被人所熟知，而是成了反面教材中的案例。多少年来，政治学家、军事学家、经济学家、管理学家都试图从中吸取经验和教训，但是格雷似的拖延症在今天仍然大量存在，尤其是在企业中，很多人都存在拖拖拉拉、延迟行动的习惯，这种低效的执行力常常会给企业带来很大的损失。

无论是领导还是员工，只要是认定的事情，就要立即去做。对于优秀的企业和优秀的员工来说，最重要的并不是拥有足够先进的理念，而是具备立即行动的执行力，这种立即行动的态度才能真正体现出战斗力，才能体现出应有的竞争力。一味拖延只会造成“温水煮青蛙”的状态，导致斗志和竞争力在无谓的等待中逐渐丧失，最终面临被现实所淘汰的困境。

马云对阿里巴巴员工的执行力要求很严格，在阿里巴巴刚成立的时候，他就反复要求员工必须有很强的执行力。他的理由是：“工业时代的发展是人工的，而网络经济时代一切都是信息化的，难以预测。所以，阿里巴巴不是计划出来的，而是‘现在、立刻、马上’干出来的。”在阿里巴巴创业初期，“现在、立刻、马上”一度是马云的口头禅。

马云在不同的场合反复强调，“有时去执行一个错误的决定总比优柔寡断或者没有决定要好得多，因为在执行过程中你可以有更多的时间和机会去发现并改正错误。哪个公司计划书做得越厚、越好、越完美，它死得越快。如果没有人去执行，战略终究是纸上谈兵，是死的。”

一个人是否具有立即行动的习惯，在生活和工作中是具有一致表现的。“下次再说”“现在还不着急”“时间还很充裕”，这些延缓行为的心理暗示会大大削弱立即行动的决心。一旦计划制定好以后就没有了后路，唯一的选择就是立即行动。让自己立即行动起来，可以保持较高的热情和斗志，提高面对问题的勇气和解决问题的效率。拖延只会消耗你的热情和斗志。并在行动之前就制定明确合理的行动期限，如果没有对行动进行时间期限的约束，而是随意而为，往往会导致行动是无效的，或者虽然有效但效率特别低下。一旦设定了时间约束，就意味着必须马上行动，否则在约定时间期限内无法完成行动计划。要提醒自己一次性将行动落实，杜绝“以后还有机会”的自我安慰，否则下一次仍然不得不面对这个问题。

6.4　主动担责，共情领导力的核心素质之一

6.4.1　责任担当是领导者的基本义务

关于责任，根据不同的人所承担责任范畴的不同，责任可划分为家庭责任、职业责任、社会责任、领导责任四大类别。人的一生所需要承担的责任基本都涵盖在这四类里面。一个人如果在家庭方面能承担更大的责任，那么他在家庭中的话语权就会相对较大；一个人如果在团队中敢于承担责任，那么他就会自然成为这个团队中的“领袖”，一个人如果在朋友中愿意主动担当，那么他就能在朋友圈中发挥影响力。

领导者的责任主要体现在组织建设、识人用人、战略决策、方案制定等方面。我们通常理解所谓领导者，是指居于某一领导职位、拥有一定领导职权、承担一定领导责任、实施一定领导职能的人。在职权、责任、职能三者之中，职权是履行职责、行使职能的一种手段和条件，履行职责、行使职能是领导者的实质和核心。

也许有些人在面对成为领导这个话题时，心里首先联想到的是更宽敞舒适的办公室，规模更加庞大的团队以及更加丰厚的收入。其实不然，作为一个领导者，应该认真思考的是：领导职位首先意味着责任；更高的领导职位首先意味着更大的责任，作为领导者首先需要考虑如何承担责任。

作为一个组织的领导者，尤其是想成为优秀的领导者，首先就要有担当精神，敢于承担责任。领导者主动承担了责任，就是减轻了团队成员的负担，团队也更加容易没有顾虑、轻装上阵。要主动承担责任，主动思考自己所在

的团队、组织、群体所面对的问题，勇于挺身而出解决问题，始终牢记责任担当是领导者的基本义务，如图 6-3 所示。

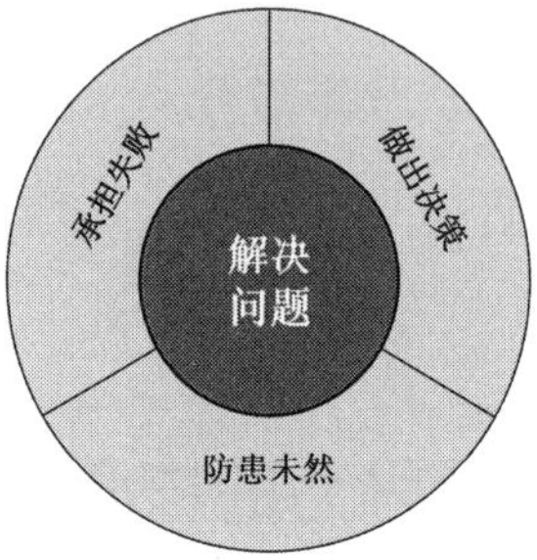

图 6-3　责任担当的基本义务

1. 责任担当以解决问题为核心

作为领导者的责任担当，核心体现就是解决团队和组织所遇到的问题。面对问题不逃避，解决问题有主意，时刻保持自己的进取心，不断带领团队解决在实现目标的过程中所面临的问题，自然就能够在团队中建立起强大的影响力，获得团队成员的认可。如果一个领导者缺乏解决问题的核心能力，就无法带领团队持续前进。

2. 责任担当以做出决策为前提

在带领团队达成目标的过程中，领导者需要把决策的基本前提设置为集体利益最大化，并在面临各种决策时以此为底线。不仅要求领导者自己不从个人利益出发，还应当要求团队成员不从自己的个人利益出发。不论是涉及人或者事，当面临选择的时候，哪怕再艰难，领导者都必须做出相应的决策。

3. 责任担当以承担失败为勇气

领导者一旦做出决策就会面临因为自己决策失误而给团队带来负面影响甚至是失败的后果。正是因为决策风险的不可抗性，才导致并不是所有人都敢于在面对问题的时候由自己做出决策。领导者在做出决策时，必须对失败有充足的心理准备，并勇于承担失败的责任，而不是把失败的责任推给他人或者客观条件。

4. 责任担当以防患于未然为能力

并不是说领导者不害怕失败，就可以在做出决策时任意而为，因为这种失败所造成的负面影响不仅仅体现在你一个人身上，所有团队成员的利益都会因此受到损失。相对于在面临危机时做出选择，更重要的是承担起防患于未然的责任。因此，卓有成效的领导者需要先问这样一个问题：危机为什么会发生？这也是本章开篇所提出执行力三大基础意识模型中的第一个意识——危机意识。

6.4.2　主动担责是共情领导力的根本体现

企业员工作为团队成员，他首先的属性是人，自然就有趋利避害的行为属性。在企业中做下属的最担心的就是做错事，特别是投入了人力、物力和时间成本以后又出了错，因为这意味着将会给自己带来负面影响和损失。但往往开始执行这个任务的时候是源于领导者所做的决策。这个时候，如果领导者用一句“一切责任在我”，主动把责任承担下来，那将会在下属的内心产生巨大的震撼。团队成员对一个领导的评价，往往取决于他是否有责任感，勇于承担责任不仅使下属有安全感，而且也会使下属进行反思，并发现自己的缺陷，从而在下一次任务中更加周密和细致。

2016 年 4 月 17 日，一段时长 1 分 42 秒的司机殴打快递员的视频在微博上引起关注，并迅速登上热搜榜第一名的位置。事情的经过是一名顺丰快递员在北京东城区富贵园内骑三轮车派件过程中，与一辆黑色京 B 牌照的小轿车发生轻微碰撞。驾驶小轿车的中年男子连打快递小哥好几个耳光，并且使用侮辱性语言辱骂。

这件事情发生后，顺丰总裁王卫在朋友圈转发一篇“太欺负人了！快递小伙不小心把一辆车刮了，司机下车又打又骂”的文章，并撂下话：“我王卫向着所有的朋友声明！如果这事我不追究到底，我不再配做顺丰总裁！”

作为团队的领头人，如果不能为下属承担责任，就不配做领导。真正的领导，不是整天挑刺，而是主动担责。想成为团队成员心目中的“老大”，尤其是想成为优秀的领导者，就要从承担责任开始，只有做到感同身受的共情才能真切地感受员工的感情。

马云曾经说：“只有两个情况下你是 CEO。第一，做决定的时候你是 CEO。第二，团队犯错误的时候，你是 CEO，你得说这是我的错。”一个领导者只有懂得为下属负责，为下属担当，为团队承担错误，才能获得团队成员的信任、敬佩和追随。

6.4.3 主动担责是共情执行力的深度修炼

团队的领导者绝不是天生凭空而来的，任何一个领导者都是经历过人生的不断修炼、不断超越，最终才脱颖而出。

共情执行力可以如此理解——当你在执行上级指令时，同时想想作为你的领导为什么给你下达这样的指令？目的是什么？出于怎样的考虑？为什么一件事情总是要求你提供两种以上不同的解决方案？当你能够准确地站在领导的角度考虑为什么要这样做时，你就开始具备领导者的思维意识了。

在一个团队当中，责任担当不仅仅是领导者要做到的，对于员工也是如此，需要通过主动担责来体现自己的执行力。现代职场，过去那种被动等待、听命行事的工作作风早已没有了生存土壤，懂得积极主动承担责任的员工备受青睐。工作中，只要认定那是你要做的事，哪怕看上去“不可能完成”，都要敢于接受挑战，立刻采取行动。如果在工作中出现错误，也要主动承担责任，而不是依照趋利避害的本性去逃避责任。敢做敢当才是好员工，有担当才能为领导处理更多的事情，领导者都喜欢有担当的人。

主动承担责任的员工肯定是一个有责任心的员工，不会像“木偶”一样，领导吩咐做什么就做什么。作为员工，如果对待工作只是尽本分，或者从来都是被动地等待领导指派工作，对企业的发展前景和生存危机从不关心，就无法争取到最大的进步与收益，在获取工作酬劳的时候，充其量只能得到应得的那一部分。而且，这份所得往往与心理预期的标准相差甚远。

主动承担责任的员工在执行领导的工作任务时，会充分发挥自己的主观能动性，把工作做得更加完善和出色。属于分内的工作，不必领导交代就会积极主动地去完成，在做好分内工作的同时，超越领导的要求、突破日常的惯例，做一些有益于企业发展的事，并敢于承担由此带来的后果。主动担责会加深领导对你工作能力的了解，会得到领导对你的认可，对于巩固和强化自己在组织中的地位会起到关键性的作用，是职场上一笔巨大的无形资产。

但在某些企业组织里面，总会有一些员工对待工作既不积极主动，又不愿承担责任。这样的员工在内心深处只是把自己当成一台机器，开机就动关机就停，被动应付工作。对于工作任务没有自己的想法，也不敢尝试任何有创新意义的工作方式，甚至即便发现领导的工作安排确实存在问题，也依然按照错误的安排去执行。原因很简单，本质就是趋利避害，一旦出了问题，他们就会将所有的责任都推给领导。

具备共情执行力思维的员工则不会出现这些负面的表现，他们不但会把自己分内的工作任务圆满完成，还会积极主动地为领导考虑，尽可能多地提出意见和建议，也因此会得到领导的赏识和提拔。这样的员工面对工作自动自发，积极主动，对自己的期望比领导对他的期望更高，获得晋升的机会也将大大提高。如果当你的领导把你和那些没有达到这样工作状态的人相比较，他能看到你们之间的差别十分明显，那么你在一定范围中的职场修炼就已经占据了优势地位。

6.5　结果导向，让执行具有商业价值

6.5.1　态度不等于结果

东方商贸公司策划部有一个青年小张，非常勤奋，经常工作到很晚，交给他的工作总能很好地完成。一次，公司推广一个新代理的产品，急需印制 3 000 份宣传册，小张主动请缨负责宣传册的印制。

他首先找了三家设计公司，进行了询价和比较，经过领导拍板，最终挑中了一家。接下来的几天，他忙里忙外，不断地在印刷厂、设计公司和公司之间协调各项事务，每天的工作时间都超过 12 小时，宣传册终于完工了。

成品交付以后，领导发现宣传册上有关公司的介绍有错误，原来是小张交给设计公司的原始稿件上有误。这时距离产品投放的时间已经非常紧张，只好将宣传册加速印制、重新装订，为此公司损失了两万多元。

这个案例中所描述的类似情况，在很多企业中都曾真实发生。作为一名管理人员，不妨假设一下，如果这件事情就发生在你所领导的部门里，出问题的员工就是你的直接下属，你该怎么办？由此又会引发更深层次的问题：

一方面企业鼓励员工多承担责任，但另一方面又要他承担做错事的责任。做得越多，就容易导致错得越多，长此以往谁还敢积极主动承担责任？企业应该如何解决这个矛盾呢？

在执行力3A要素模型中曾指出，态度反映的是一种主观能动性，就态度本身而言并无好坏之分。良好的态度是一个人主动性、积极性的表现，但良好的态度并不等于结果，只是代表具备主动的心态准备。请牢记：态度不等于结果，态度与结果是两个独立的系统！

作为企业的领导者，既要表扬勇于承担责任的人，但同时也要处罚没有提供结果的人，只有这样，才能在企业内部建立起结果文化。对承担责任进行表扬，是对态度端正的认可；对没有结果进行处罚，是对行为缺失的鞭策。企业关注的是员工做出的“结果”和做出“结果”的员工，企业需要的是把不做“结果”和做不出“结果”的员工培养成“以结果为导向”的职业化员工。

6.5.2 员工依靠结果生存，企业只为结果买单

小鸡问母鸡：“你今天可否不用下蛋，带我出去玩啊？”

母鸡回答说：“不行的，我要工作。”

“可你已经下了许多的蛋了。”小鸡说。

母鸡意味深长地对小鸡说：“干我们这一行的，有句俗话——一天一个蛋，刀斧靠边站。”

商业思维的核心是结果交换，是拿结果出来进行交换。对于企业而言结果就是可以交换的价值，具备可量化、有价值、可交换的三大要素。这三大要素之间具有逻辑递进关系，核心是“可交换”。结果光有可量化的数量并不值钱，能够有效产生价值才值钱，仅仅具备了价值还不值钱，要通过交换才能真正值钱。结果可交换前提是要有价值，有价值的前提是要可量化，如图6-4所示。

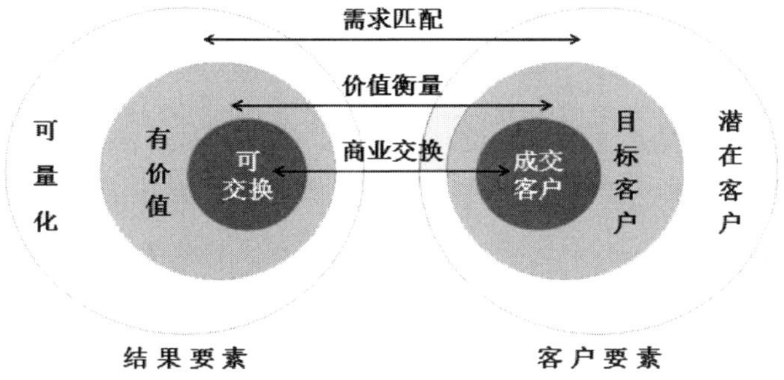

图 6-4　结果要素与客户要素的对应关系

企业与员工之间本质上是一种商业交换关系，企业靠员工提供的结果生存，员工靠创造价值交换报酬，从这个角度而言两者之间是合作关系，各取所需、相互依存。进一步而言，这也可以看作一种客户关系，企业是员工的客户，员工靠为企业提供可量化、有价值、可交换的劳动成果与企业客户成交。员工与企业最终的本质关系应该是结果关系，企业买单的是员工提供的劳动结果，而不是劳动过程——员工依靠结果生存，企业只为结果买单。

只有每个人提供的是有价值的结果，企业才可以利用这些结果去获取自身的利益，才能够不断生存发展。但现在职场上依然有人把工作当成结果，以为只要有工作的过程就应当领取工资得到相应的回报，这种观念大大地扭曲了员工与企业的关系。从本质上说，工作并不能直接来交换工资，工作的结果才可以交换工资。就如同睡觉一样，单纯衡量睡觉这个行为并不能直接产生让人放松、恢复精神和体力的价值，只有睡着的结果才有价值。一直在睡觉，但始终没睡着的状态叫失眠，不仅没有价值，而且还是一种病。

6.5.3　基于结果的过程才有价值

企管界常说这样一句话："不重过程重结果，不重苦劳重功劳"。前文提到的印制宣传册这个案例，如果是印刷厂在宣传册页码装订时出现错误，那东方商贸公司会付款给印刷厂吗？答案是显而易见的。从客观方面来看，印刷厂加班加点、费时费力地印刷了宣传册，既付出了成本也确有苦劳，可是苦劳并不等于功劳——这批装订错误的宣传册不是东方商贸公司想要的结果。任何时候都不要认为只要在过程中有付出就理应获得回报，拿着“苦劳”当“结果”——“苦劳”只有在取得了“结果”之后才会变成“功劳”。

某公司HR经理总是感觉自己工作非常忙，本部门的工作就已经非常繁杂，还经常要参与协调其他各部门之间的事务往来，有时忙得连饭也吃不上。应接不暇的同时，他也乐于把自己搞得忙乱不堪，好像只有通过不停地“忙”才能体现自己的价值，才是对公司负责。

有一次当公司新设立了一家分公司需要进行人员配置，这位经理却拿不出人来。当领导问责时，他振振有词地说：“我一天到晚地忙，一刻也没闲着。”在公司领导看来，这个HR经理虽然对公司很忠诚，对工作也很敬业从不偷懒，可是当分公司需要配备人员时，他却没有已经培训好的员工可以提供。

有很多人像这位HR经理一样，似乎整天都在做着什么，却不知道到底做成了什么，当企业需要拿出结果时，只能用一直在做的过程来解释。对于企业而言，员工工作的过程再辛苦、再困难，如果没有结果，客户是不会为这个过程向企业买单的。不提供结果的工作过程有三种特征：一是完成差事——领导要办的都办了；二是例行公事——该走的程序走过了；三是应付了事——能做的都做了，差不多就行了。对形式负责、程序负责、苦劳负责，就是不对结果负责。

如何理解基于结果的过程才有价值？以快递行业为例，我们不妨思考一下，客户付出20元给快递企业买单，要获得的是快递揽收、分拣、物流、派送的过程，还是最后收到快递的结果。也许快递小哥在派送过程中遇到很多坎坷，又是极端天气，又是交通堵塞，但如果他依然按时把这份快递送到了客户手中，这个基于结果的过程才有价值。现在有很多客户，在恶劣条件下点外卖，当外卖员克服艰难险阻把外卖送到时，客户会另外再打赏一些小费作为对外卖员的感谢，这就是体现了客户对有结果的过程的价值认可。

6.6 打造高效组织执行力的五个步骤

6.6.1 高效执行力组织的建立标准

执行力是对一个团队的真正考验，也是衡量一个团队是否形成的标志。随着市场经济的迅速发展，事实充分证明，企业要想获得加快发展，要走在行业的前端，除了要有好的决策班子、好的发展战略、好的管理体制外，更重要的是团队要有执行力。

执行力强化具备三大前提：一是企业具备正能量的环境；二是企业具备制度执行的惯性；三是企业拥有共同价值观的团队。建立高效的组织执行力，在满足三大前提条件的基础上，还需要在企业组织内部建立起相应的执行力标准体系。

所谓标准，是指为了在一定范围内获得最佳秩序，对活动（工作）及其结果所界定的可以重复使用的规则、规定性文件。这种文件经过相关人员协商一致确定，并经过一个具有公信力的机构批准。按标准去执行，才能确保企业运营过程的规范化、科学化、程序化，建立符合企业实情的生产、经营最佳秩序。不同企业对于同一项任务的标准内容千差万别，但其抽象出来的显著特征有着高度的一致性。高效执行力的体系建设同样可以参照这样的标准特征，并根据这些基本特征来具体建设自己企业的执行力体系。

- 目前最好、最便捷和最安全的工作方式。
- 保存技能和专业技术的最佳方法。
- 下一步工作改善的基础。
- 衡量工作绩效的准绳和依据。
- 防止问题发生和意外最小化的方法。

6.6.2 打造高效执行力的五个步骤

让团队每个人养成自动自发的工作态度与习惯，是落实执行力最大的目标。自动自发不是一蹴而就的事情，必须分阶段按步骤进行。首先培训团队人员自愿自动地发现问题与做事情的能力，其次培养团队人员自愿自动分析和解决问题的能力。最后让团队形成这种氛围，让成员养成这种习惯，从而最终塑造企业的执行文化。打造团队高效执行力，可以通过以下五个步骤具体实现。

第一步：复杂的事情简单化。

对工作中出现的问题进行有效分析，冷静思考清楚问题出现在哪里，问题的根源在哪里，是由于什么引起的，等等。无论是多么复杂的问题，只要经过分析后，就会成为几个清晰的小问题，要把复杂的事情简单化，形成可操控的执行标准，而不是每次碰到问题都重新开始。

第二步：简单的事情定量化。

简单的事情一定要量化，这一点非常重要。如果上级在布置任务时只是表示要把这个事情做好了，再进行工作汇报，那么这种交代对于下属来说是不容易形成执行力的，也不容易达到预期效果。对简单的事情进行量化管理，运用 SMART 原则对工作目标进行有效管理，明确具体工作由谁负责，规定特定的时间、地点等待汇报，这样的交代一定会让下属马上行动起来，才能够在预期的时间获得预期的工作结果。

第三步：定量的因素流程化。

执行过程中的事情如果已经形成简化标准，也实施了量化管理，还要做到流程化。详细地把这件事的每个流程都要具体到地点、时间，各种可能遇到的问题都要考虑在内，让相关的人员必须按照规定的流程办事，少出错，提高效率。

第四步：流程的问题框式化。

把各种流程化的问题尽量运用表格、纸张等做成文件，按步骤做事，每步完成都有相关人员签字确认，留下痕迹。把重要的流程做成可视化的看板张贴起来，起到提醒、约束和督促的作用，从而有效提高组织运行的效率。

第五步：执行的导向结果化。

执行力是一种过程行为表现，所有结果是建立在执行过程的基础上。但是对于企业而言，一定是以功劳为重的价值取向，而不是以苦劳为重。任何一家企业的执行力都是以结果为导向，根据执行力结果的不同给出相应的奖励或处罚。执行人对任务负有全责，同样也对任务的结果负有全责。

第 7 章

共情沟通：高效沟通与有效激励技巧

7.1 效率提升：高效管理沟通的价值与策略

7.1.1 组织高效沟通的价值

松下幸之助有句名言："企业管理过去是沟通，现在是沟通，未来还是沟通。"管理者的重点工作就是沟通，不管到了什么时候，企业管理都离不开沟通。有资料表明，企业管理者 70% 的时间用在沟通上，比如开会、谈判、做报告、上传下达就是常用的沟通方式；企业中 70% 的问题也是由沟通障碍引起的，无论是工作效率低，还是执行力差，领导力不高，归根结底都与沟通有关。

著名未来学家约翰·奈斯比特曾指出："未来企业的竞争是管理的竞争，竞争的焦点在于每个组织内部成员之间及其外部组织的有效沟通上。"

在组织中，中层管理者的作用非常重要，他们是组织纵向及横向沟通的枢纽，起着承上启下的作用。作为管理者，不仅要理解组织的使命、愿景，还要将其传达给基层，并具体领导实施。因此，沟通能力是管理者的重要技能。

1. 高效沟通让你的意图直达，避免工作误差

管理学中有一个叫"沟通漏斗"的原理，意思是：信息传递者传达的信息，会呈现一种由上至下的衰减趋势。具体到管理沟通中来说，如果管理者心里想说的是 100% 的思想、意见，当你在下属面前或在会议场合用语言表达你的想法时，这些信息已经漏掉了 20%。当剩下的 80% 的信息再向下传入下属的耳朵时，由于文化水平、知识背景、沟通噪声等影响，只剩下 60%；之后，下属真正能理解、消化的东西大概只有 40% 了；最后，下属遵照领悟的 40% 具体执行的时候，可能已经变成可怕的 20% 了，如图 7-1 所示。这也就是沟通不良造成执行力差的原因。因此，职场管理中重复沟通、高效沟通有助于让下属准确理解领导的信息，从而避免工作误差。

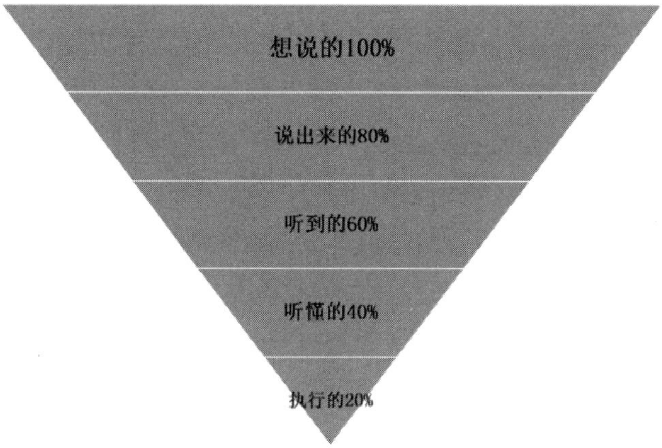

图 7-1　沟通漏斗模型

2. 高效沟通有助于了解彼此需求，获得共赢

我们以沟通双方的坚持性、目的性两大维度划分四象限。坚持性低、目的达成性低称为负向沟通；仅有坚持性、没有任何成效的沟通称为零效沟通；双方都有妥协并达成目的的沟通称为有效沟通；既能尊重双方原则又能达成目标的沟通称为高效沟通，如图 7-2 所示。无疑，高效沟通才是我们职场沟通的最佳选择，在充分表达自我想法、尊重彼此的基础上，达成高目的性，获得共赢。

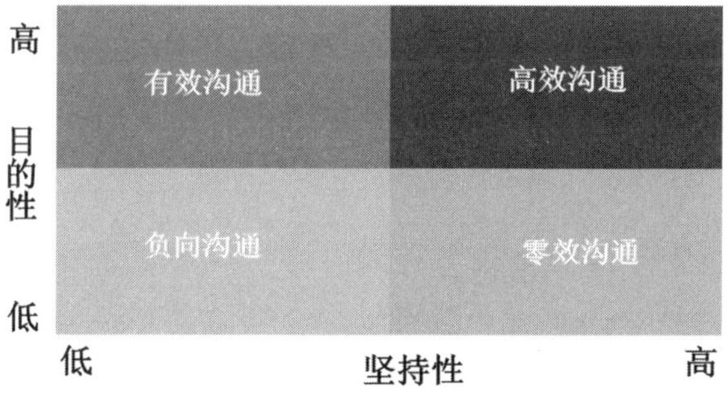

图 7-2　职场沟通分类图

有位妈妈把一个橙子给了邻居的两个孩子。这两个孩子便讨论如何分这个橙子。两人吵来吵去，最终达成一致意见。一个孩子负责切橙子，而另一个孩子负责分橙子。结果，这两个孩子按照商定的办法各自取得了一半橙子，高高兴兴地拿回家去了。第一个孩子把半个橙子拿到家，把皮剥掉扔进垃圾桶，

把果肉放到果汁机中打果汁喝；另一个孩子回到家把果肉挖掉扔进垃圾桶，把橙子皮留下来磨碎了，混在面粉里烤蛋糕吃。

从上面的案例可以看出，虽然两个孩子看似公平地各自得到了一半橙子，然而，他们各自得到的东西并没有物尽其用。这说明，他们事先并未做好沟通，也就是两个孩子并没有讲明各自的需求。在职场沟通中也是如此，如果沟通双方没有把彼此的需求讲清楚，就很可能造成对方的不理解、不认同，从而不能得到共赢。同时，如果沟通不充分就容易导致像上面两个小孩分橙子一样，造成组织资源的浪费。

3. 高效沟通是组织统一目标与行动的有效手段

高效沟通不仅体现在领导者与员工之间、员工与员工之间的高效沟通，更体现在组织文化对组织的引领作用上，它是一种高级的共识沟通。企业文化的愿景、使命、口号、标志是凝聚人心、激励员工不断前行的有效共识语言。

企业愿景和使命的产生，需要决策反复沟通，达成共识，然后宣贯执行。在阿里巴巴，马云喜欢用“故事”的形式成为连接员工和“高大上”的使命、愿景、价值观的有效沟通方式。

马云以前讲过一个“5 块钱变 50 块钱”的故事。他说，一个好的销售和一个差的销售，他的区别是什么？一个差的销售是左眼人民币右眼美元，只想着把客户口袋里的 5 块钱变成自己口袋里的 5 块钱。而一个好的销售是千方百计把客户口袋里的 5 块钱，先变成 50 块钱，那么客户自然而然非常愿意把你想要的 5 块钱给你。

这个故事告诉员工在做销售工作的时候，不要急着签单，而是先看看客户到底需要什么，然后站在客户需求立场来帮助客户。这背后其实是一种利他和自利的关系，“如果你能先帮助别人创造价值，那么你的价值自然而然就来了。”

在阿里巴巴这样的故事有很多，实际上阿里员工就是在这些蕴含着使命、愿景、价值观的故事的滋养下从事着有价值、有意义的工作。这种故事的形式便是组织中一种有效的沟通方式，能让全员快速统一共识，凝心聚力。

7.1.2　高效管理沟通的策略

管理者在管理沟通时应有效聚焦工作目标，避免信息失真，提升沟通效率，减少团队内耗，促进团队的有效执行。具体来说，可运用以下 6 个方法。

1. 清晰向下属阐明工作目标及要求

职场沟通有别于人际沟通，职场沟通追求原则之内的利益最大化，而人际沟通追求彼此信任的快乐最大化。作为管理者，在职场沟通中带有明显的工作任务性质。在安排下属工作时应清晰工作目标及要求，不要让下属干着活还要猜测领导的心思，这样太累了。给下属布置任务时，作为领导，必须清楚地阐述工作任务：需要下属完成什么任务？任务完成标准是什么？哪些是完成工作的关键环节？

而现实中，很多管理者用简单的、笼统的几句话来布置任务，似乎有意要考验下属的领悟能力，结果是下属没听清、没听懂，却不好意思去问，只好靠自己的臆想来猜测，致使任务难以有效完成。

2. 确保下属听明白，最好要求其反馈

管理沟通是一个双向的过程，如果单凭领导的发号施令布置工作是不妥的，因为，这样一方面容易导致理解误差：在没有听到下属的反馈情况下，领导误以为下属听懂了，其实上下级之间的理解是有偏差的；另一方面，下属不能发表自己的意见，从而丧失责任意识与主动意识，反正按领导说的去做，做错了由领导担责。

管理者只有说清楚，下属才能听明白，从而做到位。领导在向下属布置工作任务时，既要清楚明了，还要要求下属及时反馈，一是看下属是否理解你的指令，二是要学会倾听下属的意见，集合大家的智慧，发挥下属的主观能动性。

3. 做好事前、事中、事后三维沟通

管理者与员工的沟通又可分为事前沟通、事中沟通与事后沟通。事前沟通的作用有：说明任务、引导下属想法、告诉原因、激发动力等；事中沟通的作用有：了解进度（困难）、及时检查跟踪、抓关键节点、向下级提供资源等；事后沟通的作用有：及时传达肯定或批评、对工作进行有效总结、加强管理沟通进入下一工作沟通循环，如图 7-3 所示。

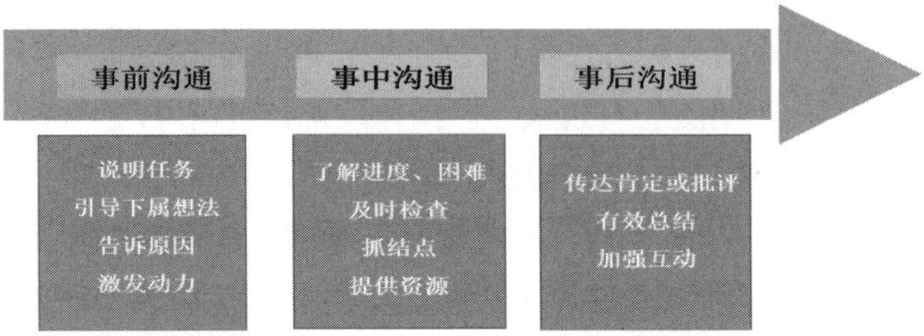

图 7-3　管理沟通三阶段

现实中，很多管理者只注重事前沟通、事后沟通，缺乏有效的事中沟通，认为只要管好结果就行，没必要关注过程与细节，要充分相信员工，或者像有人说的那样：用人不疑、疑人不用。实质上这是一种错误的想法，授权不等于放权，相信员工不等于放任员工，只有关注过程管理才能有好的结果。

4．协同、高效是管理沟通的关键

管理沟通的目的不是为了维护领导的权威，而是为了高效地完成组织目标。促进团队间、跨部门间的高效协作才是沟通的关键。为了达成此目标，需要做好以下四个工作基础：一是构建以客户为导向的服务协同；二是建立以高效协同为基础的沟通文化；三是进一步清晰各部门的职责，减少“三不管”地带；四是各部门管理者养成主动沟通、主动服务的意识。

20 世纪 30 年代，全球最大、最强的汽车制造企业是美国的通用汽车公司，而到了 20 世纪 80 年代，日本的汽车已经成功打入美国市场。日本汽车企业的成功靠的是团队合作，也就是团队沟通协同做得好。

企业生产的产品一般要经过市场调研、产品设计、成本核算、生产制造、销售、售后服务等环节。美国的汽车制造企业当时是按照流程，从市场调研开始，一直到售后服务来开展业务，一般需要 5 年时间形成一个周期；而日本企业通过团队沟通协同，从市场调研开始，各个部门共同参与，一般只需要 18 个月就形成了一个周期。日本企业在 20 世纪 80 年代利用能源危机这一契机，成功占领了美国的汽车市场。

这个时期，日本在汽车制造领域跨部门沟通与协同的能力优于美国，从而最终赢得占领市场的优势能力。

5. 说服技巧的运用：动之以情，晓之以理，诱之以利，胁之以害

鬼谷子把说服的高级技巧总结为“16 个字攻略”：动之以情，晓之以理，诱之以利，胁之以害。在古代，大臣辅佐君王，必须阐明自己的主张，提供决策信息。在说服君王的时候，大臣必须运用以情动人、以理服人的策略，促进自己的意见被采纳。

在日常生活中，中国人求人办事很注重“情理”，并且中国人喜欢按照情理法的顺序做事，把“情”放在“理”的前面。因此，我们在沟通说服中，以讲情方式破冰导入，以讲理方式有效说服，再从利害两方面加以佐证。利用这个方法能有效说服对方达成你想要的目标。

接下来看一个机场工作人员如何利用这一原理成功处理客户投诉事宜的案例。

有一次，我乘坐飞机从南昌去内蒙古讲课，刚上飞机不久，工作人员告知我升仓了（免费从经济舱升到商务舱），一路上我甚是高兴。

可下飞机后不愉快的事情发生了，我去取托运的行李箱时，发现行李箱的两个轮子被弄断了，箱子拉链还被拉开过，于是我找到机场行李查询处说明情况并要求赔偿。在了解事情原因后，等了许久，机场查询处工作人员才开始按流程对我的行李箱进行检查，经过内部协商后，说可以赔偿我 100 元作为损失费。当时我一听，心里很是不爽，钱是小事，主要是对方的态度不是特别好。

出于职业的习惯，加上当时的时间还比较充足，我就想故意刁难一下机场工作人员，看看他们如何来处理这类客户投诉事件？

于是我假装生气地说：“我这个箱子才刚买不久，花了 600 块（元），你们说赔我 100 元，怎么可能？”

机场工作人员说：“先生，根据我们相关规定及我们的权限只能赔偿您这么多。”

我：“你的意思是你权限不够，那找你们领导来，我要与你们能做主的谈。”

过了一会儿，一个戴墨镜的小伙子走出来，打量了我一番，主动上前说：“先生您好，我姓李，是这里的主管，请问发生了什么事？”（亲近破冰）

我生气地说：“还问我什么事，你的同事没有告诉你什么事吗？”

于是他假装向同事了解了一下情况，回头来跟我说：“先生，事情的经过我已经了解清楚了。我看你的箱子的确损坏了两个轮子，给你接下来的出行带来极大的不便。要是我碰到这样的情况也会像你一样生气。你看这样，我尽量争取以我最大的权限给你一个合理的赔偿。”（动之以情）

我：“你说的合理赔偿金额是多少，不会还是100元吧？”

机场查询处主管：“先生，我给你看一下我们的《顾客行李损失赔偿标准》，你的行李损坏属于中度破损，赔付范围是100元到200元，依据我的权限，按最多的标准赔偿给您200元，您觉得怎样？”（晓之以理）

我：“不行，200元买不到我这样同款的箱子，且箱子坏了耽误我接下来的行程，这误工费怎么算？”

机场查询处主管：“先生，我们都是按照标准来办事的，并且我还为你多争取了，双方都通融一下，相互理解。”（诱之以利）

我：“200元还是太少了，至少赔偿我400元，我的箱子明显是你们工作人员人为损坏的，你看箱子拉链都开了。”

机场查询处主管：“先生，如果你这么说，那就按照机场的流程来操作，你可以先把你的行李箱放在这里，待我们有关部门进行情况核查后，按照流程会通知你来机场，到时会按照相关查验结果实付你相关费用，这个过程一般需要2到4天，如果你行程不急的话，可以这么做。”（胁之以害）

我一番权衡后，发现后者处理方式还不如前者划算，我没有这么多时间在这里等。最终妥协，按照200元的赔偿标准答应办理损坏赔付手续。

我也经常在课堂上运用这个案例来讲解有效沟通的技巧，案例中的机场主管不卑不亢、有理有据地处理了我的“刁难式投诉”，我猜想一定是机场平常的培训工作做得比较到位，对于这类客户应急事件有着丰富的处理经验。

管理者在工作中遇到难题怎么办？一般有两个途径，其中一个是关起门来冥思苦想，仔细研究，认真推理，最后有可能豁然开朗，找到有效的答案，也可能始终无解。还有一种途径就是借助群众的力量，集思广益，跟大家一起进行头脑风暴。

头脑风暴的原理是，众人围绕一个确定的课题或问题，提出自己各自的思考设想。头脑风暴鼓励创新，鼓励解决问题的数量而不是质量；更鼓励搭便车，在别人的想法基础上提出更好的创新性设想；在头脑风暴的过程中，注重延迟评判，鼓励大家畅所欲言，并以此来凝聚所有参会者，让大家在同心协力的发散思维中收获创新与创造性解决问题的快乐。

管理界有个说法：二流的领导借用员工的手脚，一流的领导借用员工的大脑。头脑风暴、世界咖啡是目前非常好的用集体智慧解决团队问题的沟通方式。它们最大的好处是，打破常规团队会议的庄重、死板、沉闷和官僚化；集大众智慧于一体，博采众长，广纳贤言。

7.2　技巧掌握：职场 360度沟通技巧

组织沟通一般可分为向上、向下和平行沟通三个维度，我们又称为 360 度管理沟通。不同的沟通维度应运用不同的沟通策略，作为公司的管理者，应有效掌握相关的沟通原理与技巧。

7.2.1　向上沟通技巧

向上沟通主要包括接受命令、向上级汇报、请求支援、向上级建议等形式。在向上沟通时应遵循六个基本原则：尊重原则、请示原则、服从原则、主动积极原则、站在上级的角度、及时反省，如图 7-4 所示。

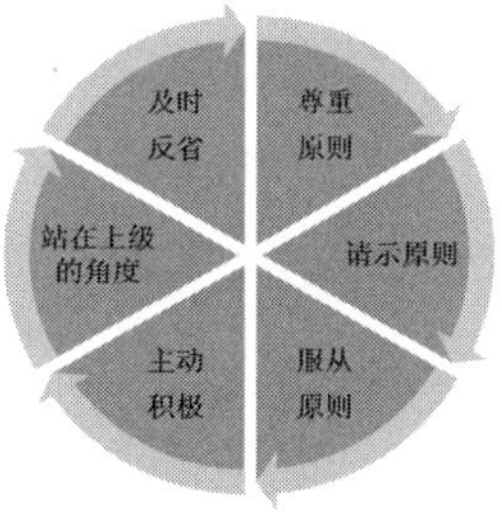

图 7-4　向上沟通六原则

向上沟通的策略是：要有胆有识，有理有据。具体表现在以下五个方面。

（1）向领导汇报工作时，要选择合理的时机与地点；客观、准确，以数字和事实为依据，不要带有个人色彩和自我评价；汇报的内容要与原有期望对应。

（2）在寻求领导的反馈时，应确认领导清晰地了解你汇报的内容。

（3）对领导的指令，要及时响应，不明白之处要及时反馈。

（4）在向领导请示工作时，尽量出选择题，而不是问答题，并提供方案的优劣对比以供领导决策。

（5）与领导沟通时，要讲究有效的策略，既达成自己的目标，又不能让领导失去面子。

有一次，宋太祖赵匡胤私下许诺臣子张思先："因你这次为君为国做出如此重大贡献，我决定让你官拜司徒。"

张思先左等右等总不见任命下来，可是又不好当面质询，这会让皇帝面子上不好看，也可能此事就吹了。左思右想，只能幽默一下，来个皆大欢喜。

有一天，张思先故意骑一匹奇瘦之马从赵匡胤面前经过，并惊慌下马向皇帝请安。

赵匡胤问道："你这匹马为何如此之瘦？是不是你不好好喂它？"

张思先回答："一天三斗。"

赵匡胤说："吃得这么多，为何还如此之瘦。"

张思先答："我答应给它一天三斗粮，可是我没给它吃那么多。"于是，两人大笑不止。

赵匡胤是个聪明人，马上顿悟。第二天，就下旨任命张思先为司徒长史。

7.2.2 向下沟通技巧

向下沟通主要包括向下级传达命令、工作指导、绩效反馈、批评和表扬等方式。在向下沟通时应遵循五个基本原则：关心原则、公平原则、绩效原则、全局观念、反求诸己，如图 7-5 所示。

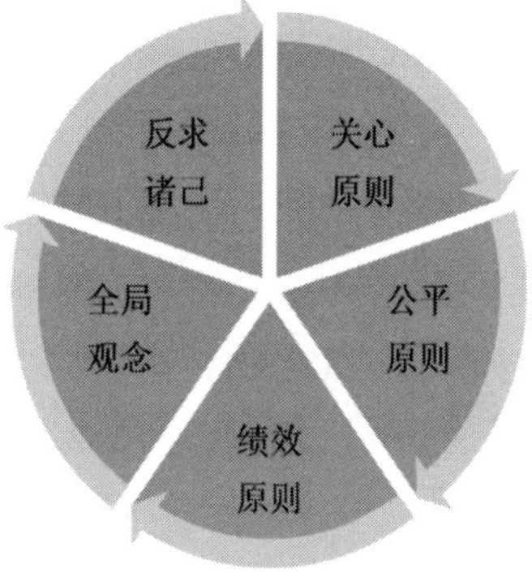

图 7-5　向下沟通五原则

其实向下沟通首先是“心态”的问题，向下沟通要有心有情。有些管理者会在下属面前摆资格，给脸色，觉得高人一等。没错，在职务上说，你的职位可能比下级员工要高，但人是平等的。并且管理者主要是依靠下属来完成工作，所以对下属好一点总没有坏处。老子《道德经》第三十九章提出：“贱以贵为本，高以下为基。”这句话告诫统治者，百姓才是根本和基础。

其次，向下沟通应以绩效为原则，公平公正地对待下属的工作，及时做好工作辅导与绩效面谈反馈工作，促进下属能力的提升与绩效的改善。

最后，向下沟通应有全局观，并要求做到反求诸己，要求下属做到的自己先做到。《孟子》云：“爱人不亲，反其仁；治人不治，反其智；礼人不答，反其敬——行有不得者皆反求诸己，其身正而天下归之。”当发生问题时，管理应先从自身找问题，正所谓“我是一切的根源”。

7.2.3　平行沟通技巧

管理者的平行沟通主要包括跨部门沟通、与平级管理者沟通、与客户沟通等方式。平行沟通也应遵循三个基本原则：换位思考、求同存异、追求双赢，如图 7-6 所示。

图 7-6　平行沟通三原则

平行沟通不仅是一门学问，更是一门艺术。因为，沟通双方是平级，不存在上下级关系，你管不着别人，双方之间也不存在明显的利益关系。于是，上面所讲的平行沟通三原则就显得非常重要，追求双赢是出发点，换位思考与求同存异是有效策略。中国人做事喜欢讲究一个“情”字，所以有人总结中国式沟通更多是人情式沟通，尤其是平行沟通与跨部门沟通，先讲情才能再去讲理。

作为管理者，在平行沟通的维度上频次非常多，其有效策略总结如下，供大家参考。

- 彼此尊重，先从自己做起，主动积极地与对方进行沟通。
- 知己知彼，充分了解双方的需求，尊重别人的行为。
- 平等互惠，换位思考，以平和的心态寻求双赢的解决办法。
- 依据情况，把握适当时机，巧妙地推进。
- 如有误会，诚心化解障碍，主动担责。
- 尊重规则，按公司的游戏规则办事，切忌私下交易。

7.3　共情沟通：与员工共赢的艺术

国内著名管理学专家陈春花老师曾说过，“沟通的核心是要达成共识，而不是通知别人。在沟通里，有两件事最重要：第一件事是信息对称，如果信息不对称，就没有办法达成共识；第二件事情是站在别人的立场换位思考。

有人说，情商高的管理者就是会带团队、说话让人听起来舒服。而那些“高情商”的管理者说，哪有什么高情商，只不过是懂得“共情”罢了。

沟通的目的在于双方的信息互通、情感交流、合作共赢，“沟”的原则是以最小的成本解决矛盾，保证渠道畅通；“通”的逻辑是合作共赢，促进行动。而共赢的基础是共情，共情的原则是善意与同理心。

7.3.1　共情，一种有温度的沟通

在企业管理中领导对下属的沟通过程中，解决问题的关键在于深度沟通，深度沟通不仅可以让我们找到问题的本质，更可以促进员工与领导者之间进行心与心的交流，从而建立深厚的友谊，这样对工作效率的提升和工作环境的改善起着非常重要的作用。而人性天生只关心重要的、与自己有关的事情。也就是说，员工不会在乎领导者讲的话是否正确，是否有道理，而是在乎这件事对他来说是不是有利可图，如果领导总是公事公办，就不是有效的沟通，而成了命令。

为什么在职场中，有的人说话虽然很有道理，但往往表达时只强调自己的关切，完全无视对方的关切，甚至为了追求坚持自己的正确性，不惜损坏对方的面子，结果往往使别人远离他，从而导致没有达成有效的沟通目标。

因此，沟通不仅要有力度，更要有温度。力度代表你沟通的逻辑性与说服力，温度代表你沟通的艺术性。只有将心比心才能让你走进员工的心里；只有走进员工的心，才能与其深度沟通。

随着职场 90 后、00 后员工的增多，他们不在乎领导者说得是否有道理，对公司来说有多重要；他们更在乎领导者说话的温度，正如我们 DISC 社群里李海峰老师跟大家常说的一句话：懂比爱更重要。

假设一个工作场景：你的一名 90 后下属叫小张，由于工作压力大，感觉个人收入不高，很是困惑，更要命的是最近还被女朋友甩了，于是在办公室哭了起来，作为领导你如何与其沟通？

我们来设想几种沟通方式。

沟通方式 1：工作中谁不苦呀，我们过去都是这样过来的，忍忍就好了！你现在吃过所有的苦都会变成未来的甜。

沟通方式 2：面包会有的，牛奶也会有的。天涯何处无芳草，被女朋友甩

了就甩了，不要在办公室哭哭啼啼。赶紧把手上工作完成要紧，我还等着要呢。

沟通方式3：小张，看你最近心情不太好，要不放你半天假回去休息一下，手上的工作我叫同事帮你一下。人生遇到压力与困难是难免的，你还年轻，慢慢来。看看还有什么需要我帮助你的？

这3种沟通方式，在我们管理沟通中经常遇到，3种不同的表达方式，代表背后运用的不同策略，其结果也不一样。

第一种沟通方式叫鸡汤式，有一定效果，但鸡汤多了容易引起90后、00后员工的反感。

第二种沟通方式叫利己式，只关注工作的目标性，不关注员工的心理感受。

第三种沟通方式是共情式，及时分辨与感受员工的情绪，换位思考，以帮助、疏导的方式与员工进行有温度的沟通。

各位，如果你是上面的员工小张，你喜欢哪一种领导的表达方式呢？

我们再来看"触龙何以说动赵太后"的故事，看触龙是如何巧妙地利用共情与说服策略的。

赵太后刚执掌赵国的政事，秦国就派兵前来攻打。赵国向齐国求救，齐国说，必须把长安君送到齐国作人质，才出救兵。赵国的大臣们尽力劝谏，赵太后宣布："再有人劝说要把长安君送去当人质，我一定用唾沫吐在他脸上。"

左师触龙请求参见赵太后，赵太后怒气冲冲地等着他。触龙进宫，从容小步快步到太后面前告罪说："我的脚有病，竟不能大步快走，也很久没有前来拜见您了。私下里竟自我原谅。可是我仍然担心太后您贵体健康，所以还是愿意来看望太后。"太后说："我依靠坐车行动。"触龙说："每日饮食没减少吧？"太后说："吃粥罢了。"触龙说："我近来特别不想吃东西，却勉强散步，日行三四里，才稍微吃一点东西，身子也舒服了。"太后说："我不能做到。"太后的怒气渐渐地退了一些。

左师触龙说："我的贱子名舒祺，年龄最小，又不成材，而我年老力衰，内心爱怜他，希望您能同意给他补一个王宫卫士之职，我冒着死罪，向您请求。"太后说："好吧，同意你的请求。你的小儿子多大啦？"答："十五岁了，年纪虽小，但我希望趁着我还没死的时候，把他托付给您。"太后说：

“男人也爱怜儿子吗？”答：“比妇女爱得还更甚一些。”太后笑着说：“妇人爱子更重啊！”

左师触龙说：“从我内心认为，您老人家爱您女儿燕后，超过爱您儿子长安君。”太后说：“你搞错了！我爱燕后不及长安君。”触龙说：“父母爱子女，替他们作长久打算。您老人家嫁送燕后，临上轿还拉住她的手，舍不得她走而哭泣，想到她远嫁难归很哀伤。她嫁走以后，您时时想念她，祭祀祷告却说希望她不要被赶回来。这难道不是为她的长远着想，希望她的子孙相继为燕王吗？”太后说：“是的。”

左师触龙说：“从现在起向前推算三代，赵氏主持赵国政事以来，赵氏子孙有功封侯的，还有存在的吗？”太后说：“没有。”触龙说：“不仅赵国，其他诸国中有吗？”太后说：“没有听说。”触龙说：“从近来说，灾祸降到人君身上；从远的来说，灾祸波及人君的子孙，这何尝不是子孙不好呢！这是因为子孙位尊却无功，享受高薪而不出力，收藏财宝多的缘故啊！如今您老人家把长安君放在养尊处优的地位，封他肥沃的土地，给他许多贵重器物，却至今不叫他有立功于国的机会，一旦太后驾崩，长安君依靠什么在赵国安身？所以我认为您老人家为长安君打算得短浅了，不及为燕后之长远打算。”太后说：“唉，好吧！就按照你说的做吧。”于是为长安君准备一百辆车，去齐国当人质。齐国乃出兵救赵。

7.3.2　共情沟通的原则：善意

在演艺圈，何炅、黄渤、李易峰、林志玲、杨幂被评为高情商的代表。除了何炅，我最喜欢的便是黄渤，他的高情商是大家有目共睹的。

有一次黄渤做客《人物专访》，当时主持人问他：“怎么看待外界对你的高情商评价？”

本来以为黄渤会机智幽默来回应，没想到黄渤很认真地说：“你知道真实的情况不是这样的，其实有的时候，情商高是你不想伤害人。我不是一个冲动、侵略性特别强的人，不喜欢把话说那么绝。”

是的，所谓高情商其实是一种善良。正是因为不想伤害别人，所以黄渤才有一系列“高情商”的表达。

比如，有一次黄渤和闫妮一起拍戏，闫妮调侃他：“我以前都是跟帅哥演戏，这次我跟你演夫妇，我知道自己要进入丑星的行列了。”黄渤非但不恼羞成怒，反而机智地答：“那我觉得和你一起演戏，是我走向帅哥的行列。”言语之间，反倒夸了对方一番。

曾经有一个记者问黄渤：“是否觉得你能代替葛优？”

黄渤是这样回答的：“这个时代不会阻止你自己闪耀，但你也盖不住任何人的光芒。因为人家曾是开天辟地，在中国电影那样的时候，是创时代的电影人，我们只是继续前行的晚辈，对这个我不敢造次。”

几句话不卑不亢，既表达了对葛优的肯定，也肯定了努力奋斗的力量。

在一档综艺节目中，林志玲如愿“嫁给了”黄渤，节目组要求黄渤对林志玲说一段话，黄渤脱口而出：“你演绎了无数的爱情，但是就是希望有一天，能够看到你脸上露出真正的、不是剧本里的笑容。”一番话，说得林志玲热泪盈眶。

随后林志玲多次在公开场合表示，以后找对象，就要按照黄渤的模子去找。

从黄渤的案例我们可以得出：善意是一种高情商，而真正的善良需要用共情来点亮。《孟子·公孙丑上》云：“取诸人以为善，是与人为善者也。故君子莫大乎与人为善。”真正优秀的人是懂得与人为善，并帮助别人行善。

7.3.3 清晰沟通双方的共同利益

利益是促进深度沟通与合作的基础。沟通的目的是实现共赢。在沟通过程中，任何强调牺牲的企图和行为都是错误的，唯一正确的办法，只能是强调利益。这是决定沟通成败的关键，尤其是在跨部门沟通、与客户沟通时，应注重这一点。

我们来看一下诸葛亮如何通过共赢策略说服孙权集团来共同抗曹的故事。

“联吴抗曹”是诸葛亮提出的重要外交政策，它奠定了刘备集团崛起的基础。诸葛亮是怎样说服孙权，达成战略联盟的呢？

公元208年，曹操打算一举拿下刘备和孙权两股势力，以孙权为首的东吴，在应战和投降两个选择之间徘徊不定。此时诸葛亮来到东吴，面见孙权。诸葛亮开门见山，简短分析了当时混乱紧张的局势，之后故意反激孙权：情况这么紧迫，我希望将军能量力而行，如果有能力与曹操抗衡，赶紧趁早下备战策略；如果没有能力抗衡，也赶紧投戈卸甲，准备投降。现在与曹操人合心不合，当断不断，以后更麻烦。

孙权觉得诸葛亮小瞧自己，便反唇相讥："你千里迢迢来劝我投降，你的主公刘备为什么不投降曹操呢？"诸葛亮斩钉截铁地回答："刘备将军是皇室后代，他的英雄才气，盖世无双，在下仰慕，绝不可能投降。"

于是，孙权被激怒了，说："刘备能做到我也能，我决心抗击曹操。"

话说到这里，诸葛亮的目标达成了一半，他继续胸有成竹地向孙权分析敌我双方的力量对比，鼓励孙权和刘备联合作战，等曹操兵败之后向北方撤退，就奠定了三分天下的局面。这些话利弊得失分析得客观到位，引起孙权的共鸣，于是，双方达成了联合抗曹的约定。

诸葛亮是卓越的外交家，他说服孙权接受建议，既没有威逼利诱，也没有委曲求全，而是用理性的逻辑思考，抓住了双方的共同利益，清晰分析了矛盾三方的局势，每句话都站在对方的立场考虑。他的建议既对自己有利，同时对别人有益，还把选择的主动权交给了对方，看上去是对方自己选择了答案，实际上是诸葛亮早已暗示了结果。

在职场上，不管与客户谈判还是给领导提出建议，又或者跟同事做出责任划分，总有利益得失相互博弈的时候，多站在对方的立场上考虑问题，更多地诉诸理性和利益，这样才更容易获得别人的理解和信任，进而接受你的善意，最终达到目标。

7.4　员工激励：调动员工活力的有力武器

7.4.1　利益机制是管理的主旋律

在企业的发展过程中，领导者要做好两件关键的事：一件是激发员工的善意；另一件是设计好管理系统。激发员工善意决定公司的上限，管理系统决定公司的下限。管理系统主要解决两类问题：一类是结构性问题，另一类是非结构性问题。结构性问题就是公司的制度、流程、框架这类问题，它们有明确的答案。非结构性问题就是激发员工的主动性以及公司战略、未来业务方向的探索，这类问题没有明确的标准答案。建立好企业的利益分配机制可以让员工自动自发，从而推动企业这台机器自动自发，持续盈利。

以前我一直想不明白：为什么孙悟空能大闹天宫，却常打不过西天取经途中的妖怪，总劳烦观音菩萨搭救？后来做了多年的公司高管后终于明白了。一方面对孙悟空来说，大闹天宫是为了彰显自己的诉求与价值，但西天取经是为了唐僧。另一方面从对手来看，大闹天宫时遇到的都是给玉皇大帝打工的，出力但不玩命；而西天途中碰到的妖怪都是自己出来创业的，为自己而拼杀。同理，员工只有为自己做事才有力量，团队精神只能强调协作，而难以让员工竭尽全力，因此，利益分配才是管理的主旋律。没有很好的分钱制度和激励制度，很难让员工为自己而干，也很难指望员工全力以赴。

对员工有效激励的目的是提升员工的敬业度，让员工爱上自己的事业，全球知名咨询公司盖洛普的研究表明，一个爱岗敬业的员工，其产出效率远远超过一般员工，如果一个员工发挥 30% 的潜能，就能胜任工作；发挥 60% 的潜能，就可以做得很优秀。但研究表明，超过 85% 的员工没有充分发挥其工作潜能。

组织方或领导者要设计有效的利益分配机制，让员工与公司形成 3 个共同体：利益共同体、事业共同体、命运共同体，如图 7-7 所示。

图 7-7　员工与公司的 3 个共同体

7.4.2　员工有效激励的原理

由于人性的复杂性及人的需求是多维度的，在进行员工激励时一定要讲究科学的方法和有效的艺术，否则激励不到位，不仅起不了激励作用，还可能引发负面效果。一般来说，有效激励有以下几个原则：科学性原则、针对性原则、差异性原则、时效性原则和规则性原则，如图 7-8 所示。

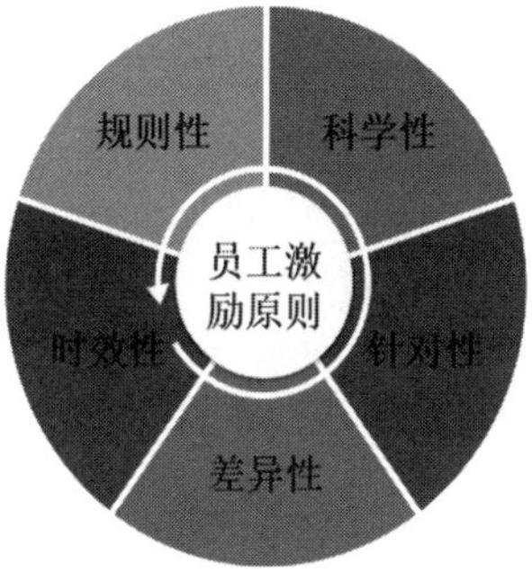

图 7-8　有效激励的 5 个原则

（1）科学性原则。

激励是一门科学，既要充分发挥人性与员工的需要，激励具有针对性、系统性，又要科学有效。激励的最大困惑是“水烧到 99° C 也无法沸腾”，比如某热恋中的男生积攒了好几个月工资给女朋友买了一部手机，结果女朋友没有表现出半点喜悦，因为她期望的手机是另一部。同样企业中员工的激励也是一样，激励不到位等于没有激励，激励成本太高无疑会增加企业的成本，同时，领导者手中可能没有更多的激励权限。因此，激励要掌握好度，用科学的方法与有效的艺术，达到小激励大效果的妙处。

（2）针对性原则。

强化激励理论认为：一种行为的肯定或否定的后果（报酬和惩罚），可以在一定程度上决定这种行为在以后是否会重复发生。根据强化的性质和目的，可以把强化分为正强化和负强化。在管理上，正强化就是激励那些组织上需要的行为，从而加强这种行为；负强化是对一些错误的行为采取一些使人受挫的措施，告知人们这种行为是不可取的，从而削弱这种行为。

因此得出，激励具有导向性，希望员工去做的，我们用正向激励法，不希望员工去做的，我们用负向激励法，激励必须有明确的目标性和针对性。

（3）差异性原则。

同时激励一定是有差异性的，不能搞成普惠大众。原因有三：一是不同的员工有不同的需求，甚至同样的员工在不同的年龄、工作时段有不同的需求；二是激励必须差异化，打破平衡才能真正起到奖勤罚懒，鼓励大家争先抢优；三是不同的企业有不同的文化、员工特征，不能照搬别的企业的激励方式，而是要找到最适合企业的员工激励方式。

（4）时效性原则。

激励的时效性原则也非常重要，激励一定要掌握时机，既要做到不偏不倚，又要及时有效。当团队员工做出成绩时，作为团队领导者要懂得及时肯定与表扬，甚至可以是口头表扬。

（5）规则性原则。

最后，激励应具有规则性，最好是把激励措施作为公司的相关制度固化下来，做到有法可依，有据可查，切忌根据领导者的个性拍脑袋行事或随意更改。

7.4.3 员工有效激励的技巧

激励的方式各种各样，各有用途，我们要注意特质激励与精神激励相结合，并要学会打组合拳，让多种激励手段组合才能发挥更好的激励效果。

具体来说，不同的激励手段创造不同的激励效果，适用于不同的激励场景与时机。

1. 愿景激励最给力

愿景是企业和员工共同的长期奋斗目标，一个清晰而激动人心的愿景，意味着团队中的每个成员都知道组织未来可能长成的样子，以及自己奋斗的价值和意义。比如阿里巴巴的愿景是成长为一家持续发展102年的公司；华为的愿景是构建万物互联的智能世界；百度的愿景是成为最懂用户，并帮助人们成长的全球顶级高科技公司。愿景激励对于快速成长的中小企业尤为重要，企业发展初期的实力有限，但想象力巨大，如果企业提出的愿景既大胆又具备可实现性，对年轻员工的激励作用就会非常大。

2. 薪酬激励最实在

对于参加工作的人而言，工资是生活的主要来源，所以工资对大部分人的重要性不言而喻，作为企业方，如果想依靠员工使企业得到更好的发展，最基础和最重要的就是解决员工的薪酬问题，通过薪酬激励凝聚员工的心。薪酬一般又可分为两个部分：一是保障性薪酬，如工资、固定津贴、社会强制性福利及企业内部统一的福利项目等；二是激励性薪酬，如奖金和物质性奖励等。

3. 福利激励创惊喜

随着商业环境的日益复杂，劳动力市场的流动性日益加大，工作价值也慢慢向多元化发展，员工和企业对福利项目越来越看重，福利已然成为企业激励员工不可或缺的手段。福利的好坏成为应聘者选择企业的重要参考条件之一，作为企业方，进行有效的福利激励可以有效抓住员工或者应聘者的心，从而为企业留住或找到有用的人才。企业为员工提供的福利项目包括：五险一金、旅游补助、带薪假期、商业保险、医疗方案、弹性福利、各类津贴、住房补贴、购物卡等。

4. 股权激励魅力大

股权激励是当下管理中一种比较新颖的激励措施，也是一种长期的激励方法，为企业留住核心人才起到很好的作用。股权激励能够实现企业和员工的利益双赢，不仅让员工在工作上有所提升，还能使企业的发展道路走得更稳、更好。

常见的股权激励的模式有：业绩股票、股票期权、虚拟股票、股票增值权、限制性股票。大多数企业在经济市场的发展中，根据自身的实际情况采取了灵活的股权激励办法，因此衍生出常见的三大模式：虚拟股权激励、实际股权激励和虚实结合的股权激励模式。

5. 成长激励有盼头

对于大多数青年员工（尤其是知识型青年员工）来讲，成长空间比薪酬对他们更重要，用时下流行的一句话说："成长比一时的成功更重要"。成长包括能力提升、职业晋升，尤其是职业晋升意味着高工资，也意味着拥有更大的权力，作为员工，肯定是非常开心的，觉得工作的前景有盼头。

6. 成就激励树自信

成就感就是能够看到自己工作的意义和价值，从而产生一种内心的满足和愉悦。如果员工能看到自己在工作中的成就感，感受到自己工作的意义，那么他们的工作激情和工作效率就要高很多。

让员工获得成就感的途径有：直接主管对员工工作业绩和能力成长的嘉奖和认可、有效授权、让员工参与重要会议、荣誉奖励等，通过让员工提升成就感而树立自信，提升工作的动力和责任心。

7. 情感激励可攻心

“人情味”是个人、团队或公司等生存延续的调味剂和催化剂，情感的力量可以攻心，以情动人的效果是人们难以预估和想象的，像老干妈、海底捞、胖东来的管理都透着人情味。

8. 竞争激励树危机

有竞争才有压力，有压力才有动力，让员工之间存在竞争才能让员工有危机感，为了避免落后就会更加主动自觉地工作，因此，企业采取竞争激励为员工营造充满危机感的氛围，可有效促进员工自觉且积极地工作。竞争就像鲶鱼一样在搅动沙丁鱼生存环境的同时，激活了沙丁鱼的求生能力。企业中的老员工就像鱼箱中的沙丁鱼，在长期“安分”的状态下，将失去生命力与创新能力，而如果往企业里注入像鲶鱼一样的新鲜力量，就能起到有效的激励作用。

竞争激励的主要方式有：绩效考核、末位淘汰、内部 PK、PK 结果与薪酬挂钩等。

9. 负面激励约束强

激励不仅要有正向激励也需要有负向激励，但不能过度强调负向激励。许多企业员工抱怨：“我们只有罚没有奖”，这样便显得不人性化了。其实负向激励是企业通过制定底线标准，再配合未达标时的惩罚机制，激励员工努力工作免于受罚。人的天性是追求快乐、逃避痛苦，因此，正向激励与负向激励的结合更能促进员工努力工作与主动担责。

10. 氛围激励不可少

氛围就是员工的工作环境，轻松愉悦的工作氛围是员工激励的要害。现在 90 后甚至 00 后员工大量进入工作岗位，他们更看重良好的工作氛围，他们更喜欢宽松、民主、活跃的团队氛围。

7.5　激励技巧：有效员工激励的“伏虎 6 式”

员工激励重在“有效”两个字，领导者可以选择的激励手段有很多，但在不同企业发展阶段、针对不同的人群激励要差异化、要科学有效，没有最好的激励方式，只有最合适的激励方式。比如你天天给基层员工画大饼、大谈公司发展蓝图，不如实实在在请他们吃一顿饭；同时，激励措施不能太单一，而是要多样化，因为激励不像工资那样一针见血，激励要多管齐下，打组合拳，动静结合、阴阳互动。

领导者及 HR 部门在设计激励措施时，要在员工需求维度调研的基础上，根据团队实际情况、公司文化特性、发展目标，设计科学合理的激励制度，实施有效的激励措施，达到激励效果最大化。根据多年的实践经验，我把有效激励员工的核心方法总结为六招，又称员工激励“伏虎 6 式”，如图 7-9 所示。

图 7-9　员工激励“伏虎六式”

1. 打破平衡，PK 机制常态化

激励的首要做法便是打破平衡，建立 PK 机制，形成比学赶超、争先创优的竞争氛围，小组与小组 PK，班级与班级 PK。华为公司设置专门的蓝军部与红军部对抗，专门挑刺，“蓝军”的核心职责是对抗“红军”的执行战略与方案，模拟对手的策略来对抗“红军”。

PK 机制的目的不是把对方打倒而是促进组织内部的优化，发挥“鲶鱼效应”，防止企业僵化。PK机制的重点是“促进相互学习、相互帮助、彼此超越”，同时让PK机制常态化，通过不断的“比”达到“学、赶、超、帮”的效果。

海尔非常重视在企业内部为员工创造竞争的环境。“生于忧患，死于安乐”，这是海尔总裁张瑞敏经常告诫员工的一句话，也是海尔文化的核心内容之一。在海尔企业内部传阅着两幅主题为“适者生存”的漫画。一幅是老鹰喂食的故事：老鹰是所有鸟类中最强壮的种族，根据动物学家所做的研究，这可能与老鹰的喂食习惯有关。老鹰一次生下四五只小鹰，由于它们的巢穴很高，所以猎捕回来的食物一次只能喂食一只小鹰，而老鹰的喂食方式并不是依照平等的原则，而是哪个小鹰抢得最凶就给它吃，在此情况下，瘦弱的小鹰吃不到食物都死了，最凶狠的存活下来，代代相传，老鹰一族越来越强壮。另一幅是狮子与鹿对话的漫画，狮子说：我非常强壮，但如果我不去捕食，明天就会和鹿一样软弱无力。鹿则对狮子说：由于有了你，才使我的生命遇到了威胁，为了不让你追上我，我必须不停地奔跑。

这两幅漫画告诫所有员工：当今社会就是一个适者生存的社会，如果我们没有强烈的危机感和竞争意识，必将成为失败者。倘若一个企业没有适当的竞争制度，常因小仁小义而耽误了进化，在竞争的环境中将会遭到自然淘汰。不管是强者还是弱者，都要努力工作。

2. 多管齐下，员工激励组合化

激励要多管齐下，不能措施太单一，光用物质激励或非物质激励都达不到理想的效果。由马斯洛需求层次理论可以得知，员工的需求是多层次、多维度的，既有物质需求又有精神需求，同时员工的价值观也是多元化的。企业的激励目的也存在多样化，激励的核心目的是激发员工采取积极行动，实现我们所期望的行为和目标。

比如，激发新员工的干劲可以采取赞扬法、小激励法；激发技能水平高、主动性差的老员工可采取尊重、信任授权等方式；激励即将退休的员工可采用“带薪疗养、减轻工作负担”等方式。因此，在员工激励上，应该针对不同的人，采取不同的激励措施，形成多种激励组合，多管齐下，满足员工“面子、票子、位子”等多方面的需求期望。

3. 科学设计，增量式激励法

我们上大学时去食堂吃饭，如果看见食堂阿姨给我们打菜时先打一大勺再慢慢抖掉一些，心理上就很不舒服；如果食堂阿姨打菜时先打一勺再加几次小勺我们就会很开心。这其实是我们的心理在起作用，人们一旦得到一个东西再失去，心里便会很不是滋味，这也是企业中员工工资与职位能升不能降的原因。

这种增量式激励法运用得非常好的案例是秦国商鞅策划的秦军激励制度。

商鞅变法规定：秦国的士兵只要斩获敌人“甲士”一个首级，就可获得一级爵位“公士”，田一顷和仆人一个；如果斩获敌军两个“甲士”首级，他做囚犯的父母就可以立即释放，如果他的妻子是奴隶便可以转为平民。杀敌人五个“甲士”首级，可拥有五户人的仆人。打一次胜仗，小官升一级，大官升三级。看到这样的激励政策，是不是也想穿越到秦国，立即当兵为国杀敌立功？

4. 奖罚分明，奖罚激励荣辱化

万达的执行力在业界很出名，实行军事化管理，所有考核量化，严格执行奖罚，工作模块化管理。每个人都特别紧张自己的工作，生怕误了节点，比计划晚一周亮黄灯；黄灯出现一周工作量没有上去或者工作量没有达到，变成红灯；黄灯不扣分，红灯扣分。按照一、二、三级节点，扣多少分就扣多少钱。如果出现一个黄灯，工作量补上去，黄灯便消失，变成绿灯。但一年之内有三个黄灯出现等于一个红灯。这样每个人都知道下一步要干什么，一定不能耽误，耽误了全系统都能看到，这样压力会很大。出现红灯是很大的事，如果你出现三次红灯，按制度就要换人。因此，在万达被罚是一种很没面子的事情，内部有一句话“在万达开会，没人敢睡觉、没人敢迟到”，不仅因为开会迟到、睡觉被罚得很重，而且搞得很没有面子。

因此，企业激励要做到奖罚分明，有价值必奖，有错必罚，做到奖罚激励荣辱化，人活脸树活皮，有时面子激励比里子激励更有效。

5. 阴阳互动，内驱动 + 外驱动并行

一阴一阳谓之道，世界万事万物强调阴阳平衡，相辅相成。激励也是如此，

激励可分为物质激励与精神激励，物质是外在的名与利，表象为机制；精神是内在的灵与魂，表象为文化。

从马斯洛需求理论来看，物质激励是员工基层的需求，是员工的外在动力系统；精神激励是员工高层次的需求，是员工的内在驱动力。人的一生一定是“物质需求 + 精神需求”的组合实现，才显得圆满。为什么有的人有了钱并不快乐，因为快乐并不仅仅有钱就行。满足员工的物质需求就是给票子、位子，比如工资、奖金、股权激励、职位升迁等；满足员工的精神需求就是给面子，比如年度优秀员工、十大明星员工、带薪休假奖励等。公司不能光让员工讲奉献，不强调付出后的回报，用道德来捆绑员工；也不能只强调金钱激励，导致员工“唯利是图”。

丹尼尔·平克在《驱动力》中，以长达 40 年有关激励的持续研究为基础，揭示出“胡萝卜 + 大棒”的外部激励措施，已不再是激励我们自己和其他人的最好方法。唯有唤起员工的内在驱动力，才能让企业事业线持续提升。打个比方，外在激励是“打鸡血”，内在激励是“喝十全大补汤”，效果更持久，副作用少。

6. 少数原则，把握关键员工的激励

按照二八原则，企业中 20% 的员工创造了 80% 的业绩，关键岗位、关键员工创造的价值往往比普通员工创造的价值要多得多，所以对关键岗位或关键员工进行有效的激励比激励普通员工的作用更大，同时企业的资源是有限的，只有集中优势资源有效激励关键员工，才能让激励资源起到倍增器的作用。

部队中往往设置先锋队、独立团（如李云龙的独立团）之类的组织，他们的装备一定是最精良的，打完胜仗他们的激励一定是最多的。

华为的人才战略之一便是组建相对独立的战略突击队，让他们快速聚焦新业务，求快、求创新，而不是成熟业务的“稳”，战略突击队可以在规避风险的前提下，给他们充分的授权和独立自主的成长。

华为的手机业务之所以可以快速发展，很大原因是因为副总裁余承东手中握有“尚方宝剑”，即他可以独立自主地确定手机业务的组织体系和考核激励机制，让大家奋勇争先，快速拿下与苹果、三星等对手竞争的阶段性制高点。

第 8 章

赋能员工：做员工成长的教练

8.1 教练的本质：改善下属的心智模式、激发潜能

“教练”一词最早由英文Coach翻译而来，它的原始意思是“四轮大马车”，马车是古代能快速将人们送到想去的地方的一种交通工具。后来Coach的意义延伸为“训练、指导”，尤其是在体育领域被广泛使用。

如今，教练技术广泛应用于商业和生活等领域，更被引入企业管理领域，我们称为“企业教练”或“管理教练”。对于企业而言，引入教练的目的是帮助企业解决诸多问题，如领导力提升、绩效改善、目标聚焦、有效沟通、留住优秀人才、员工赋能、员工职业生涯规划、心理辅导等。

作为领导者，自然应有效学习教练技术的相关知识，把教练技术应用到员工管理、员工培养、日常工作沟通等领域中。真正有责任的领导者不仅要为团队业绩负责，更要为员工的成长负责。通过担任下属的管理教练，不仅可以促进与下属的信任与伙伴关系，更可以聚焦工作目标，调动员工的正能量，充分发挥员工潜能，从而提升团队工作绩效。

8.1.1 教练的赋能本质

先来看一下“教练”的定义：教练致力于帮助被教练者获得未来，是一种有动力的对话过程，不直接提供建议和答案，大部分时间只提出问题，帮助被教练者反思、觉察自己，找到答案。教练与被教练者是一种伙伴关系，通过发人深思和富有创造性的对话过程，最大限度地激发个人的天赋和职业潜能，提升工作、生活品质。

通过以上文字我们可以提炼出教练的核心：改善被教练者的心智模式来发挥其潜能和提升效率的管理技术。教练的结果在于追求被教练者的内心变化和外在成长；要素是教练与被教练者是一种伙伴关系，通过发人深思和富有创造性的对话过程，不提供建议和答案，使人们能够自主地将答案创造出来。

1. 一切成长源于自我改变

世界上有两件事情最难：一件是改变自己；另一件是改变别人。经过无数次的实践证明，没有人可以改变另一个人，除非他自己决定改变。因此有人调侃说：“改变自己的是神，改变别人的是神经病。”

但现实中人们往往容易犯难：总想改变别人。比如管理者总想改变下属，父母总想改变自己的孩子，夫妻之间总想改变另一方，这些都会将一切努力付诸东流。

往往夫妻之间因为没有“看清”而结婚，因为彻底“看清”而分手，“水至清则无鱼，人至察则无徒”，夫妻之间的和谐相处更多的是包容，不要老是指望强行去改变另一方，因为这样做很难，且没有效果。

因此，一切的成长源于自我的改变。教练技术的本质是 3 个关键词：觉察、选择、改变，如图 8-1 所示。通过动力对话引导、启发员工的自我觉察；让其发现自己的盲点或更多的可能性，从而做出最佳的选择，并且愿意为自己的选择承担责任；当员工做出正确的选择和付诸有效的努力之后，改变自然而然就发生了。

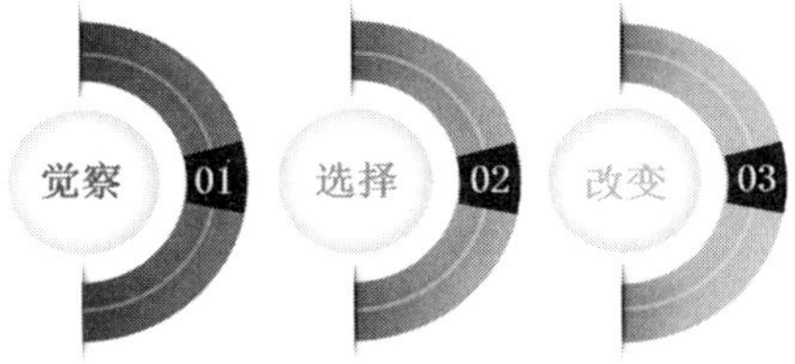

图 8-1　关于教练本质的 3 个关键词

这一点似乎跟王阳明先生的“知行合一”“致良知”的观点是一致的。王阳明认为，人们做不到知行合一，根本上还是因为没有达成真知，真知达到了，知行自然合一。而教练技术是通过管理者的有效教练对话让员工提升“真知”，发现自己的盲点与潜能，从而促进有效行动。同时，王阳明认为：“致良知”就是将良知扩充到事事物物，“致”本身就是兼知兼行的过程，因而也就是自觉之知和推致知、行合一的过程。而企业管理的本质是帮助员工建立自我觉察，发现自己“内在良知”与“内在力量”，由内而外地改善，正如王阳明在龙场悟道后欣喜若狂时道出的真谛：“圣人之道，吾性自足，向之求理于事物者误也。”

2．一切突破源于自我的点滴积累

善不积不足以成名，恶不积不足以灭身。马尔科姆·格兰德威尔在他的《异类》中指出：“成功就是优势积累的结果。”任何成功都是由点滴积累而成，员工的职场成功不可能一蹴而就，必须经过成长、成才、成功 3 个阶段。

在这3个阶段，员工可以通过自我学习（阅读）、向上级或同事学习、导师带徒、工作实践等多种方式来完成。根据微软的“721学习经验模型”可知，员工的职业发展70%的来自工作中的学习，20%是从他人身上学习，10%是常规培训。而工作中员工的重要学习对象便是直接上级，因此作为员工的直接领导，你的才能、言行一致、以身作则在很大程度上影响着员工的成长，也影响着员工对你的看法。其实，管理者对员工的管理过程更是一个教育、辅导的过程，但这种教育不是灌输式的，而是自发的潜移默化。

《论语》第十二篇颜渊向孔子问仁，子曰：“克己复礼为仁，一日克己复礼，天下归仁焉。为仁由己，而由人乎哉？”颜渊曰：“回虽不敏，请事斯这语矣。”意思就是，颜渊向孔子请教如何行仁（这里说的仁不同于平常意义的仁，它是指人生正途），孔子说：“能够战胜自己的私欲，自己做主去实践礼的要求，就是人生正途。不论任何时候，只要能够自己做主去实践礼的要求，天下人都会肯定你是走在人生的正途上。走上人生的正途完全靠自己，难道还能靠别人吗？”颜渊回答说：“我虽然不够聪明，也要努力做到这些话。”

任何人的成长、改变都只能靠自己，一切成长源于自我改变，一切突破源于自我点滴积累。

教练的本质最早记录源于《管子·心术篇》中“勿代马走，使尽其力；勿代鸟飞，使弊其翼”，意思是说：你无须代替马儿去行走，马儿自然会奋力前奔；你无须代替鸟儿飞翔，鸟儿自然会振翅高飞。在职场中，管理者不能包办员工的一切工作，在家庭中父母不能包办孩子的一切生活，而应帮助其提升能力，丰盛“羽毛”，让其自行选择，自行去做出他们的最佳抉择方案。

唐伯虎是明朝著名的画家和文学家，小的时候在画画方面就显示出超人的才华。唐伯虎拜在大画家沈周门下，学习自然更加刻苦勤奋，掌握绘画的技巧很快，深受沈周的称赞。不久，由于沈周的称赞，使一向谦虚的唐伯虎也渐渐产生了自傲的情绪，沈周看在眼中，记在心里。一次吃饭，沈周让唐伯虎去开窗户，唐伯虎发现自己手边的窗户竟是自己老师沈周的一幅画，唐伯虎非常惭愧，从此潜心学画，终成一代传奇。

8.1.2　教练带给员工的改善价值

管理者通过运用有效的管理教练技术，可以给企业管理带来一系列改善，如图 8-2 所示。

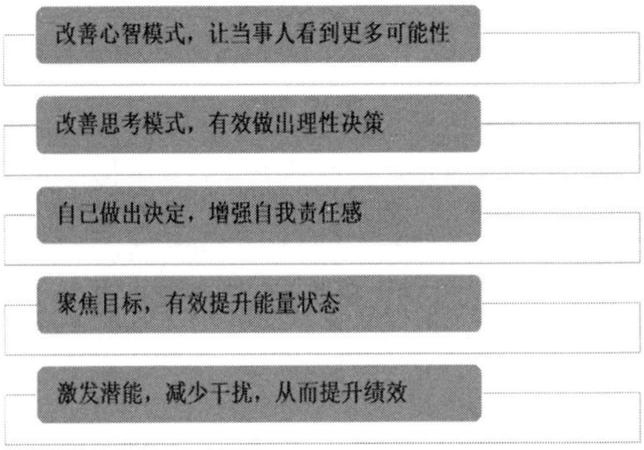

图 8-2　教练的改善价值

（1）改善员工的心智模式，让员工看到更多可能性，从而为做出正确选择提供更多有效信息。

（2）改善员工的思维模式，决策时的思维更理性、更客观，从而有效做出理性决策。

（3）增强自我责任感。由于是员工自己做的选择，自己自觉地愿意改变与行动，所以员工自己会对自己的选择承担更大的责任，由“要他干”变为“他要干”。

（4）聚焦目标，厘清现状，寻找更多的资源与选择方案，想方设法解决过程中的各类问题，促进员工与组织绩效的提升。

（5）激发员工潜能，减少干扰，从而提升绩效。在《高绩效教练》一书中有一个公式：绩效 = 潜能 − 干扰，用字母来表示这个公式为 $P=p-i$，这个公式广泛应用于教练领域，尤其是体育运动领域，提升运动员业绩的好方法就是挖掘其身体各方面机能的潜能，减少其在各类运动比赛中的外界和内在干扰。

8.2 教练的准备：坚定信念，状态先行

要做好员工成长的教练，除了掌握熟练的专业技术、良好的沟通能力之外，更需要坚定信念，调整自我状态。一是管理者自身的人生观和价值观是否正确，这决定了管理者在教练下属时的动机是否纯净，为什么在企业中有的师傅传承做得非常好，而有的师傅在传承过程中更多的是把对公司的负面看法、抱怨传给了徒弟，这很大程度上取决于师傅在传承时的价值观与自我人生观是否正确。二是管理者是否自身正直、健康且拥有强大的能量场，能否有效为下属赋能。三是作为教练的管理者要娴熟地掌握运用教练沟通技术，才会使其教练效果更为明显。

8.2.1 每个员工都是 OK 的，都拥有成功的资源

传统的管理理念认为管理员工就是控制员工，让其听话照做，一切行动听指挥。或许在工业时代，企业更多依赖的是专业化、标准化、流程化，需要的是员工的手跟脚；而在新知识经济时代，企业雇佣的不仅是员工的手跟脚，更需要用到员工的头脑与一颗忠诚而积极正向的心，也就是说，企业雇佣的是一个活生生的人，而不是机器。

传统的管理理念还认为"人之初，性本恶"，人天生下来就是恶的，在工作中天生就是想偷懒的。于是通过设置大量管理制度、处罚措施来约束员工罪恶的一面，让其不违背公司方方面面的规章制度。而作为教练，你的管理与育人理念应是"人之初，性本善""每个员工都是 OK 的，都是完整的。"

ICF（International Coach Federation，国际教练联合会）教练先驱埃里克森提出了教练的五大原则，其中重要的两条就是："一切都是 OK 的""每个人拥有成功的资源"。在现实世界中，我们总想借助外界的条件来证明自己的完整、价值，例如追求事业的成功、财富、车子和房子。人的一生都在比较之中，上学时与别人比成绩，工作时与别人比工资，成家后跟别人比另一半，中年跟别人比房子、孩子，老年时还要跟别人比健康的身体，导致人的一生都在比较的痛苦之中。

事实上，我们每个人生来就已经拥有完整的生命，拥有独一无二的特质。

因此，作为员工的教练我们要坚信：“所有员工都是 OK 的”“每个员工都拥有成功的资源”，当你拥有这样的信念去对待你的下属的时候，在你眼里便会出现“没有无能之人”“每个员工都有能力解决自己的问题，只不过他们被当下的问题困住了”的想法，从而使得教练工作的开展一开始就取得下属的信任，让下属感受到被尊重、被欣赏。

多年前我在某家电连锁企业担任 HRD 时，曾经招聘过一个比较特别的女性做新开张门店的店员，说实话我当时没有看上这个女店员，一是她的文化低只有小学学历，二是长相难看且长得太胖，考虑到作为门店店员在相貌上多少要过得去，但当时由于门店开张时间的紧迫性，再加上这名女性应聘者的态度非常好，最终录取了她。可接下来的一段时间她的工作业绩令我刮目相看，她的个人销售量连续一年都排在那个门店个人销售额的前列。

出于好奇，我借去她们门店工作巡查的机会特意去观察、了解她的销售行为，发现她在服务客户时的确有独到的秘诀。一是对待客户非常热情，对待每个进店的顾客就像家人一样。二是服务特别到位，她能做到半跪式服务，让顾客感受到莫大的尊重。三是特别善于运用销售技巧，比如案例销售、对比销售法，首先，她会把每天的销售清单拿给顾客看，运用从众心理促进顾客的购买行为；其次，她很善于站在顾客的角度，以利他的心理帮助顾客省钱，赢得顾客的充分信任。四是化劣势为优势，每次见到女性客户就会称赞人家长得漂亮，经常性用自黑的方式让顾客瞬间有了优越感。

我当时真是非常佩服这个女店员，也暗自庆幸当初自己的正确选择，没有以貌取人，正所谓高手在民间呀！

8.2.2　有效的改变源于正确的方法

虽然说员工的改变很难，但从企业的运作需要来看，员工的改变是必需的。鸡蛋从外向内打破成为别人的食物，而由内向外地突破便是崭新的生命。管理者很难用强行的控制式、命令式让员工改变。通过教练的赋能就能很好地实现员工由内而外的改变。

（1）注意力在哪里，结果就在哪里。

在心理学里有一条定律：注意力等于事实，即注意力在哪里，结果就在哪里。如果当一个人十分注意一件事情时，就没有心思去想别的事情，便会聚精会神地做好这件事。因此，如果把注意力放在困难上就会让你走向失败；如果把注意力放在目标上，你就会想方设法去克服困难实现目标，成为一个成功者。保罗·柯艾略在《牧羊少年奇遇》里有句话："当一个人在追求自己的天命时，整个宇宙都会助他实现愿望。"所以，注意力在哪里，结果就在哪里，每个人都是自己的主宰。

作为管理者首先应及时引导员工的关注点，让员工更多地关注正能量、工作目标、团队贡献及自我成长，带领员工进行有效的深度工作，如图 8-3 所示。

图 8-3　注意力等于结果

（2）有效改变源自正确的策略。

虽说员工的改变是可能的，且最好是由内而外自发地改变，但要保障员工的快速学习，管理者还需要运用一定的教学策略来促进员工的成长。

根据现代教育学原理与众多企业大学的实践经验，促进现代员工加速成长的有效策略，应包括因材施教、训战结合、建构主义、加强考核、团队学习五大基本策略，如图 8-4 所示。

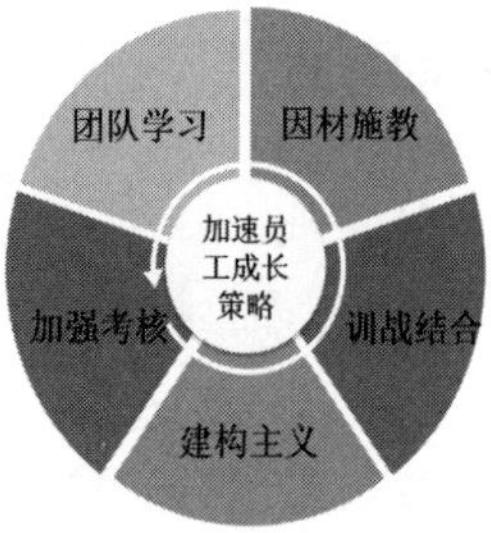

图 8-4　加速员工成长的五大教学策略

策略一：因材施教。因材施教是孔子提出的教学主张，是指针对不同人的志趣、能力等具体情况进行不同的教育。因材施教的典故出自《论语·先进篇》，原文翻译过来大概是这样一个故事。

一次，孔子讲完课回来，学生子路匆匆走过来问："先生，如果我听到一种正确主张，可以立刻去做吗？"孔子说："怎么能听到就去做呢？还是问一下父兄吧！"

子路出去以后，另一个学生冉有也过来问孔子同样的问题，孔子马上回答道："对，应该马上去做。"

听到孔子的回答，他的另一个学生公西华感到很奇怪，就问孔子："先生，子路和冉有提出的是一样的问题，你怎么给出不一样的回答呢？"

孔子笑着说："每个人的性格不一样，教育方法也要不一样，冉有遇事容易犹豫不决，所以我鼓励他果断执行；而子路喜欢逞强好胜，所以我要劝他多听取别人的意见，这就是因材施教呀。"

美国心理学家本杰明·布鲁斯说过，许多学生在学习中未能取得优异成绩，主要问题不是学生智慧的欠缺，而是由于未得到适当的教学条件和合理的帮助。

策略二：训战结合。为什么很多企业反映说公司的培训没有效果，其根本原因是没有训战结合，没有把真实的工作场景带入课堂，学完后学员又没有学以致用，导致教学与工作实际相脱离。其实，真正有效的培训与辅导原则应是训战结合，即围绕实际工作的场景，进行问题解决式的员工培养。

策略三：建构主义。建构主义强调学习者的主动性，认为学习是学习者基于原有的知识经验生成意义、建构理解的过程。建设主义、行动学习是目前企业最实用的教学方式，老师不应再用灌输式方式给学员传授知识和技能，而是应帮助学员一同构建他自己的知识体系与应用体系。苏格拉底早就说过："教育不是灌输而是点燃火焰！"

策略四：加强考核。只有让学员的培训、学习与考核挂钩，他才会真正感受到成长的压力，让员工意识到学习不仅是自己的事，更是组织的事。如果一个组织的成员长期不注重学习，那么经过一定的时间，这家企业就有可能在市场丧失竞争优势。

策略五：团队学习。俗话说，一个人学习可以走得很快，一群人学习才能走得更远。多年前，《第五项修炼》的作者彼得·圣吉提出了“学习型组织”的概念，组织的集体学习能有效加速员工的学习效率，而且是一种组织文化的传承，通过集体学习可以有效统一组织文化和员工的思想。

8.3 教练的激发：员工成长的动力比成长本身更重要

在企业中往往能看到这样的现象：很多企业都会给员工安排学习成长的机会，比如组织培训、团队学习、导师带徒、读书会等，但问题是大部分员工不爱学习，甚至出现抵触情况。西方有一句谚语：“你可以把马儿带到河边，但你无法强迫它们喝水”讲的就是这种无奈的情形。而造成这种情形的原因，我认为主要有三个：一是学习本身是一件“痛苦”的事，会消耗我们的能量；二是许多企业会把培训组织安排在周末或下班时间，无形侵占了员工的休息时间；三是学习是一个持续积累的过程，短期内看不到效果，于是很多员工觉得学了又不马上加工资，何必那么辛苦，下班后玩玩游戏、刷刷抖音多自在！

因此，管理者、人力资源部负责人激发员工学习的兴趣比员工成长本身更重要，还是用苏格拉底的那句话来解释：“教育不是灌输，而是点燃火焰。”兴趣是最好的老师，尼采说：知道“为什么”的人几乎能够克服一切“如何做”的困难。当员工下定决心去做一件事情，他自然会想到解决困难的办法。

8.3.1 激发意愿，寻找成长的动力

许多员工认为愿不愿意成长是自己的事，跟企业没有关系。实质上，作为企业的一员，你的学习不仅是自己的事，更关乎组织的成长，因为组织由个体组成。因此，企业有义务让每一位员工清楚自己不成长的后果——“痛”的后果，促使员工成长。

一次在广东授课结束后，跟公司的人资经理张女士一起吃饭，在闲聊中，张经理说：“我老公是广东人，女儿今年10岁，家庭生活还不错，我们周末基本上待在家里，偶尔出去爬下山，觉得生活挺安逸，也没有什么其他的追求，

关于个人成长方面也没有什么追求，我觉得现在就挺好，我老公和我有差不多的想法。”

我问：家庭生活的满足会产生幸福感，这是很好的。但是在企业里、职场中怎么办？你目前是经理岗位，向上还可以做总监、副总，如果你不提高，你的下属怎么会有上升的空间？你的下属还没有成家（下属是一个男生），他需要升职以获得更多的薪水来成家、买房；并且公司目前的效益不是很好，万一你被裁了怎么办？

张经理沉默了一会儿，笑笑说：“老师你说得对，看来我是安逸惯了。”

1. 有效说服工具：逻辑层次沟通模型

逻辑层次模型最初由格雷戈里•贝特森（Gregory Bateson）发展出来，称为 Neuro-Logical Levels。逻辑层次是指人类所体验的各种要素之间的等级层次关系，无论是实物还是概念，我们的大脑都会用自己的等级层次进行分层和分类，如图 8-5 所示。

其中环境、行为、能力一般称为“下三层”，也是实务层，它强调在什么样的环境下开始行动，采取哪些行动，具备什么才能完成行动的能力。价值观、身份、愿景一般称为“上三层”，它的作用是激发内在动力，通常会关注这件事为什么会对你重要、做这件事的人为什么不是别人而是你，你想要的未来图景是什么。

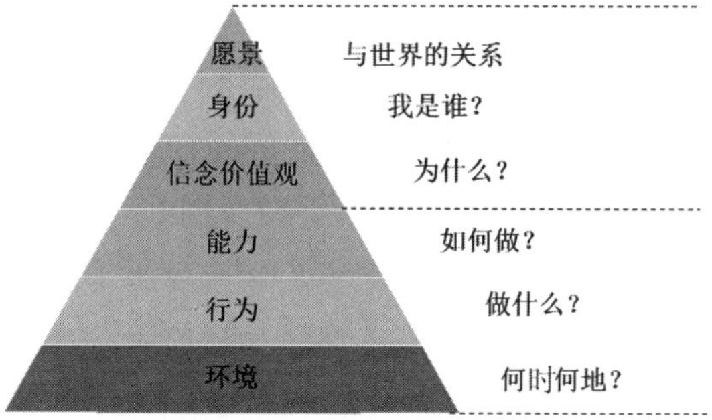

图 8-5　逻辑层次模型

（1）逻辑层次沟通模式应用技巧：上堆下切。

逻辑层次模型理论指出：“上三层”指导“下三层”，高层次上发生的改变必须向下“辐射”，从而在低层次产生相应的改变。而在低层次发生的改变，不一定能够影响到高层次。

从下往上找原因，叫“上堆”，从上往下找方法，叫“下切”。“上堆”是一个归纳总结的收敛过程，比如员工说：“这份工作太累了，我想离职。”“想要离职”是一个行为层面的表达，那么可以上堆，问一个能力层的问题：“你离职就能找到一份更好的工作了吗？”如果对方觉得能力不够，也许就放弃了这个念头。“下切”是一个相反的从抽象到具体的过程，是找方法的过程。比如员工说：“这个工作任务太难了，做不了。”这是能力层面的陈述，可以先用上堆再用下切的方法来说服他：“假如你是一名管理者，并且这份工作必须由你来完成，你会如何来解决？”迫使下属主动去想方法。

（2）价值观与视角一变，行为自然跟着变。

当我们熟悉了逻辑层次模型后发现，它不仅可以用于沟通说服，还可以用于很多工作、生活的场景，当一个人明白为什么要做时，他一定要想方设法去完成这个任务。

比如我们经常看到一些职场女性，即使工作再忙再急，只要有接孩子的任务，也会提前下班去接孩子，一定会准时站在幼儿园门口。记得有一次我在深圳打了一辆顺风车，与一个接小孩的妈妈共乘一车，她在车上一路指挥司机走一条捷径，在一些小路上穿来穿去，不会堵车一路狂奔，提前2分钟到达学校门口。我想她工作上未必有这么娴熟，这是因为一位女性从职场身份转变为妈妈身份后，与工作完全是两种心态，她必须对她的小孩负责。

身份一旦转变，你的价值观就会发生转变，价值观会指挥你挤出时间来锻炼自己新的能力，从这个角度来说，你没有时间学习就是一种借口，那是因为你对这件事不够重视。比如你减肥不成功不是因为你没时间锻炼身体，而是因为肥胖还没有对你的身份构成威胁，如果某女生因为胖得嫁不出去，同事一见到她就会躲开，我相信她会想尽办法去减肥。

因此，员工没有学习意愿主要是因为学习这件事还没有对员工构成威胁，没有引起他足够的重视，尤其是职场员工“懒癌”横向的今天。

2. 巧用心理学原理与榜样带动

组织中学习氛围的推动，企业的管理者发挥着重要的作用，众多实践证明：大多组织的学习是自上而下的，很少有组织的学习是自下而上的。在这个过程中，管理者的以身作则，榜样带动非常重要，不管管理者是出于自己主动喜欢学习还是为了带动员工学习，管理者在学习这件事上都必须起到榜样作用。凡是学习型组织建设做得好的企业，大多是企业一把手在大力推动，很多企业的大学校长都是由一把手担任，比如华为大学由任正非亲自担任校长，湖畔大学由马云亲自担任校长，用友大学由王文京亲自担任校长。

同时，作为管理者要善于利用心理学来促进员工主动学习，人们总是“趋利避害”的，所以管理界发明了“胡萝卜 + 大棒”的管理策略，用“胡萝卜”鼓励有利的一面，用“大棒”约束有害的一面，但有时人们更关注价值的权衡与比较：两害相权取其轻，两利相权取其重。

库克船长生前经常进行远航，在那个年代，远洋航行途中最怕遇到维生素 C 缺乏症。要是得了维生素 C 缺乏症，牙龈会在嘴巴里烂掉——然后这种病就会变得让人们极不舒服，严重会致死。

和一群垂死的水手共处一艘原始的航船上是非常不妙的事情。所以每个人都非常想知道怎样才能治好维生素 C 缺乏症，但他们并不了解维生素 C。库克船长很聪明，他发现同样是进行了远航，荷兰船上的维生素 C 缺乏症就没有英国船上那么严重。所以他问：“荷兰人是怎么做到的呢？”

他发现荷兰船只上有许多装满酸泡菜的木桶。所以他想：“我就要远航了，远航是非常危险的，酸泡菜也许会有用。”所以他把大量的酸泡菜搬到了船上，而酸泡菜正好含有维生素 C。

但在当年，英国水手讨厌“泡菜”，他们吃惯了英国的食物和饮料。所以库克船长要怎样才能让英国水手吃泡菜呢？

库克并不想告诉他们，吃酸泡菜是为了防治维生素 C 缺乏症——因为如果他们知道这是一次远航，而且非常有可能染上维生素 C 缺乏症，可能会起来造反，控制那艘船。

他当时是这么做的：把所有官员聚焦起来，并让普通水手都能看到他们。他让那些官员吃酸泡菜，但不让普通水手吃。经过一段时间之后，库克最终说：

“嗯，普通水手每周有一天可以吃酸泡菜。”

他如愿以偿地让船上所有人都吃上了酸泡菜。

这就是心理学的一次非常有建设性的应用，它拯救了许多人的生命，取得了惊人的成就。因此，在组织学习中，要充分利用心理学及管理者自身的影响力，带动广大员工喜爱学习、主动学习。

3. 成长与幸福的那些事

其实成长是一件幸福的事，2019 年随着《知否，知否，应是绿肥红瘦》的热播，微信上展开了关于“读书无用论”的大讨论，结果绝大部分人反映：“读书无用论”是最大的谎言。

在《知否，知否，应是绿肥红瘦》剧情中，奶奶劝明兰：“读书，毕竟不是女孩子的分内事。”但生于古代、长于深闺的女主明兰，却说了令人深思的观点：依我看，“读书无用论”这话，就是骗人的。如果读书无用，为什么天下男子，都要去科考，难道是闲得慌？我觉得这句话，不过是那些男人们，希望女子一辈子浑噩愚昧、乖巧听话、好摆布。

虽说这一番言论有时代的局限性，但其本质，即使放在现代也不过时，“读书无用”从来就是世上是大的谎言。

股神巴菲特估算自己一生 80% 的时间都在读书，他的合伙人查理 • 芒格曾经评价说：“我这辈子遇到的各行各业的聪明人，没有一个不是每天都在阅读的——没有，一个都没有。”而查理 • 芒格读书之多更是让你感到吃惊，甚至有人评价他是一本长了两条腿的书。

有一次我在南昌参加一个线下读书交流会，会上有一位书友说到一个观点，我至今记忆犹新，他是这么表达的：一个人的一生有三件事最值得我们去做，第一是做一份自己喜欢的事业以彰显你的价值；第二是找一个你喜欢的爱人相伴到老以慰藉你的心灵；第三是不断学习与深思以净化你的灵魂。

说得太好了，人的一生若真能做到上面三件事，我不能确保你是成功的，但我相信你一定是幸福的。

8.3.2　建立目标，把员工训练成你想要的样子

员工主动学习除了管理者的有效说服、组织文化影响外，更重要的是为员工建立学习与成长的目标。部分企业开始实施员工学习积分制，每个员工必须每年度学够多少积分，否则将会受到绩效考核的处罚；如果是管理者，没有积够年度的学习积分，将不能得到晋升。这不仅给员工建立了考核的目标，更是无形给员工形成了学习的压力。

1. 为员工建立明确的学习目标

哈佛大学曾经做过一个关系目标制订的长期跟踪调查，25 年的跟踪调查显示：3% 的人，25 年来都不曾改变过自己的目标，他们朝着目标不懈努力，最终成为行业顶尖人士；10% 的人，生活在社会中高层，短期的目标不断被达成，生活状态稳步提升；60% 的人，几乎都生活在社会的中下层，他们能够安稳地生活，但似乎没有什么特别的成就；27% 的人，几乎都生活在社会的底层，几乎没有明确的目标，25 年来的生活大都很失意。

因此，目标对人们来说有着巨大的导向作用。职场中，管理者作为员工的职业生涯导师，有义务为下属制定明确的工作目标、职业生涯规划路线，让员工工作更有方法，职业发展更有前途。

人们往往是喜欢干自己喜欢（感兴趣）的事而不是公司需要的事。在自然状态中，由兴趣发展为能力，再由能力精进为专长，当一项技能达到一定专业水准后，便会给你带来更加丰厚的价值。但职场中不是所有的岗位工作都能满足员工的兴趣，那么我们就要在兴趣前面加上一个“目标”来推动你的兴趣和能力的发展，从而推动整个循环，当你实现一定的价值后，将进入下一个目标循环，如图 8-6 所示。

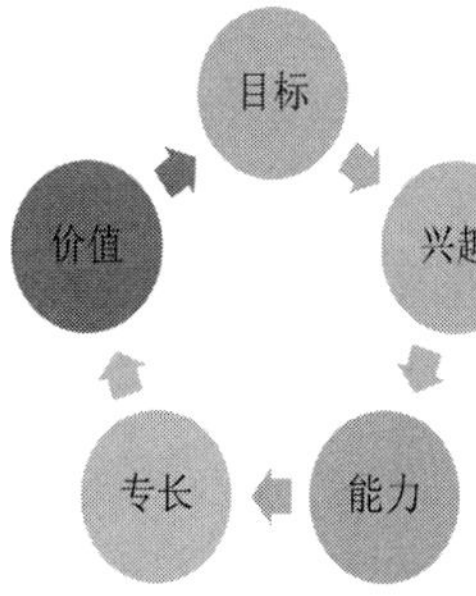

图 8-6　员工职业目标——能力发展图

2. 把业余的员工训练成职场高手

很多人听说过“一万小时”理论，大致意思是人类需要 10 000 小时的时间去理解和吸收一种知识或者技能，然后才能达到大师级水平。比如，莱昂纳多·达·芬奇练习绘画，郎朗练习钢琴等。但在畅销书《异类：不一样的成功启示录》中特意提出“不是 1 万小时的训练，而是 1 万小时的刻意训练。”也就是说，要想成为高手，除了时间量上的积累之外，还必须满足另外两个条件：一是有明确的目标；二是有教练及时的跟踪与反馈。比如，我们身边有一些年龄大的保安做了一辈子为什么没有成为保安专家？种了一辈子水稻的农民其水平为什么不及袁隆平身边的一个普通工作者？原因就是缺乏明确的目标和高效的教练反馈，我们要坚信：一个普通的职业选手一定会比优秀的业余选手强，因为职业选手从一开始就在专业的教练指导下开展专业的、刻意的训练。

而要把一个普通员工训练成职场高手需要进入一个练习循环，我称之为“刻意练习四步循环”，分别是：建立目标—达成结果—有效总结—突破限制，再循环。

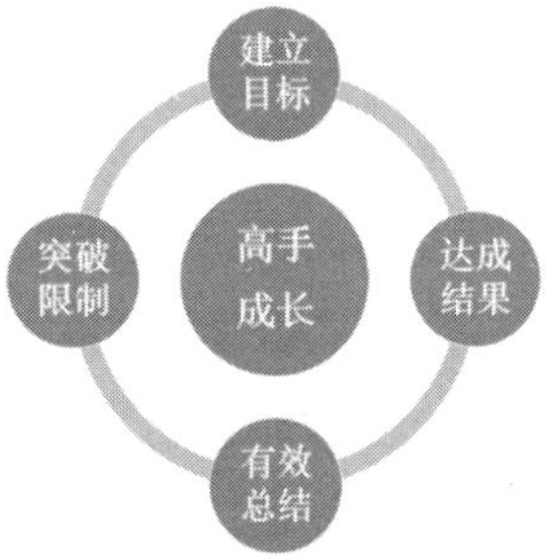

图 8-7　刻意练习循环四步法

我们接下来看一下，教练孙海平是如何训练田径运动员刘翔的。

刘翔跟孙海平练跨栏，孙海平用高清摄像机拍摄刘翔的动作，然后为刘翔提供反馈，确保刘翔能够及时纠正跨栏技术动作中不合理的环节。为了提高成绩，在孙海平的指导下，刘翔选择了七步上栏技术。七步上栏技术需要很强的爆发力，一般身高腿长且爆发力很强的运动员才能采用，中等身材只能是八步。从八步上栏改七步的优点非常明显，会提高成绩。单以数学方式计算，刘翔完成 110 米全程约 41 步，假设成绩在 13 秒，每步平均耗时将超过 0.3 秒，这意味着他少跑一步至少节约 0.3 秒，考虑到跑步频高于栏间步频，且改为七步上栏后每步增加约 0.245 米的长度，也会多耗时。所以刘翔能成功地实现技术转型，成绩提高 0.2 秒是相对客观的。当时 110 米的项目中，除了罗伯斯和奥利弗掌握七步上栏的绝技之外，还有一名美国运动员也是使用七步上栏技术，而且凭借这个技术，该运动员的成绩逐步上升。刘翔是中国第一位、世界第四位用七步上栏技术的运动员。在 2011 年 5 月 15 日的国际田联钻石赛上海站男子 110 米的比赛中，首次使用“七步上栏”技术的刘翔以 13 秒 07 的成绩夺冠，这是刘翔 2008 年奥运会伤退后复出跑出的最好成绩，并且终结了奥利弗 20 场连胜的神话。

8.4　培育的策略：加速员工成长的“345 方法论”

员工培育是管理者的一项重要工作，不仅是组织发展的需要，更是促进上下级关系、发挥管理者影响力的重要手段。作为共情式领导者更应把培育下属与支持下属的成长作为一项重要的工作，尤其是关键人才的培育作为核心工作任务之一。

根据多年的经验与众多企业大学的实践总结，我们把管理者加速团队员工成长的策略总结为“345 方法论”：从业务技能、职业态度、问题分析与解决三大维度来开展员工培育工作；从新员工、日常员工、储备干部、问题员工四个层次分类有针对性地开展员工培育工作；按五大标准步骤有序对员工进行科学化、持续化培育，如图 8-8 所示。

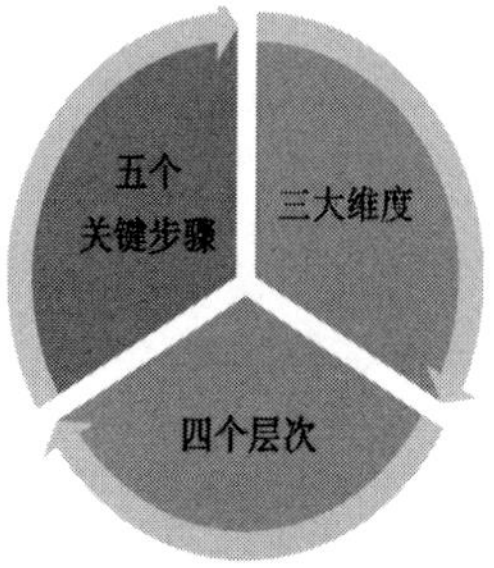

图 8-8　加速团队员工培育的“345 方法论”

8.4.1 员工培育的三大维度

影响员工绩效的三大维度：能力、态度和环境。能力是员工会不会干，态度是员工愿不愿意干，环境是允不允许员工干。因此，从提升员工绩效的角度出发，作为管理者对员工的培育要着重从三大维度来进行：一是提升员工的业务技能；二是改善员工的职业态度；三是培育员工的解决问题的能力，如图 8-9 所示。业务技能的提升是解决员工的能力问题，职业态度的培养是解决员工的态度问题，而分析与解决问题的能力是提升员工做事的思维和方法论。爱因斯坦说：解决问题的所有公式、方法比结果还重要。尤其是在 VUCA 时代下，我们更要培养员工独立解决问题、创新性解决问题的能力。

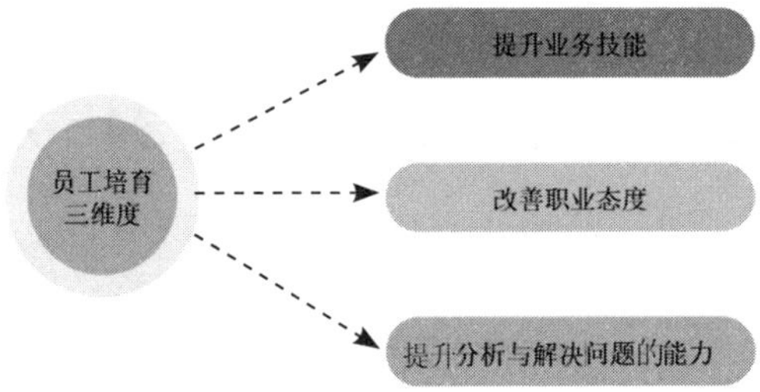

图 8-9　员工培育三大维度

1. 提升业务技能

业务技能是员工体现岗位价值的根本，企业与管理者应为员工提供“立足岗位、学技术、钻业务”的深厚学习氛围，以员工的岗位胜任力为基础，综合通过各种教学方法，如导师带徒、集体学习、岗位练兵、技能比武等一系列方式促进员工的业务技能。

提升业务技能并支撑员工发展是取得良好业绩的重要手段。譬如，销售部要拓展某一片区的业务并希望从竞争对手中夺取更大的市场空间，我们则要放开思路，积极引导员工去主动挖掘市场、寻找客源，并教会他们如何处理各项销售业务，如何灵活多变地与客户进行有效沟通，如何从深度上把握客户的需求、赢得他们的信任与支持。

2. 改善职业态度

员工的职业态度（职业精神）反映员工的状态，若一个员工的工作积极性不高，热情不高，则可判定他的职业态度不佳。企业的根本目标是为了实现企业利润，而要实现企业利润就要依靠忠诚的客户，但事实上没有客户会主动青睐你的产品，想让产品卖出去，关键要通过员工这个桥梁来实现。所以海底捞对门店店长的考核是“员工满意度”与“客户满意度”两个维度，通过尊重员工来提升员工的态度，从而提升海底捞的服务水平与营业能力。

提起日本企业，最值得人们称道的恐怕是员工的职业精神：敬业、严谨、忠诚。那么日本人的职业精神是怎么来的？主要依赖于日本的职业教育与企业职场文化的熏陶。在实际企业里，培养员工的职业精神，主要可以从以下四个方面入手。

一是，加强员工职业精神的教育，包括员工职业文化教育、职业素养与职业技能教育。

二是，用制度规范员工的职业行为，让员工养成自觉的职业习惯，比如工作中很多员工的习惯性违章、不自觉的行为就可以依靠制度的约束来解决。

三是，塑造榜样，加强榜样的宣传。在日常工作中为工匠型人才、技能型人才、敬业型员工的培养营造好的工作环境与氛围，塑造敬业、忠诚、精益求精、勤奋的职员榜样。

四是，管理者以身作则，要求员工做到前管理者自己先做到，以自己忠于业务、踏实勤奋的工作态度去打动你的下属，并以承诺的方式明确期望值。

曾经缔造两个世界 500 强企业的稻盛和夫 2010 年临危授命拯救即将破产的日航，稻盛和夫从未涉足航空业，却只在短短一年的时间就使日航重新实现盈利，并准备再度上市。

稻盛和夫进入日航后发现，日航衰败的主要原因是：日航人思想意识涣散，不统一；虽然日航的服务一直被外界称赞，但是已经表面化、程序化，属于“殷勤无礼”；员工各自为战，按自己的想法做事，形成不了合力；管理层官僚严重，缺乏危机感。

稻盛和夫用“敬天爱人理念”“阿米巴经营机制”迅速使日航崛起，首先他向广大干部、员工宣传他的“敬天爱人”思想：倡导敬天爱人、热爱自己的工作和生活，宣示生命的意义在于克服困难，完善自我。结合日航实际，他要求大家投入热情地做事，发自内心为客户服务，而不仅仅是遵照工作守则。

并且，已经 78 岁高龄的稻盛和夫以身作则，作为航空业的外行，不取一分报酬，没有私利，原来与日航也没有任何瓜葛，成功了也没有报酬。他冒着“玷污晚节”的风险，不顾自己的健康，拼命工作，日航的员工们感动了，他们觉得自己不更加努力可不行啊！由于日航全体员工团结奋斗，不断改革进取，日航重建才获得成功。

3. 提升员工分析与解决问题的能力

在变化速度越来越快，模式迭代越来越频繁的当下，任何一家公司都不可能靠一套模式取得长期、持续的竞争优势。在复杂多变和激烈竞争的环境下，企业与团队唯一不变的核心竞争优势就是创新能力和解决问题能力。换句话说，带领团队解决问题，才是互联网时代的领导者最应该具备的基本能力。

评价一个领导好与不好，优秀与卓越，关键是看解决问题的能力，说得再好不如做得好。“领导力”的分解就是“领导 + 力”，领导是艺术，力是执行力、解决问题的能力。也就是说，做领导者要有艺术的眼光与风格，用方法去解决问题，而不是用艺术的方法去推卸责任与打太极，做拖、推、打的高手。

作为共情式领导者，要有效地把你成功解决问题的方法论、思维方式教给下属，授之以鱼不如授之以渔。检验一个人解决问题的能力，首先是善于发现问题，透过事物的表面看到本质，找准真正的问题；其次是分析问题，可通过有效的思维与工具模型去深入分析问题，如 5WHY 分析法、鱼骨图、曼陀罗思考法、六顶思考帽、金字塔原理等；最后是能有效找到解决问题的对策，及时解决问题。其中，发现问题是基本能力；分析问题检验一个人的思路与深度、全面与宏观的整体协调能力；解决问题是检验你是否有决策力、判断力、整合资源及敢于担责的能力。

8.4.2 团队员工培育的四个层次

作为管理者，对于团队中的新人、专业技术人才、储备干部、问题员工要有针对性地辅导、培育。

根据组织中员工的入职时长与团队职务等级可将员工培育分为四个层次。

第一层级，零点起步，按标准，铆紧新人培养“链条”。

第二层级，全面铺开，重实效，促进专业队伍“孵化”。

第三层级，与时俱进，建规划，激活储干队伍“基因”。

第四层级，查漏补缺，增绩效，厘清问题员工“短板”。

1. 第一层级：新员工培育

在团队中，新员工的培育要作为一项标准工作来抓，应由公司 HR 部门建立统一的新人培训标准流程。首先由人力资源部统一组织入职培训，培训内容可包括企业文化、规章制度、薪酬福利、考勤纪律、职业化素养等；再参加各自部门组织相应的专业业务知识和技能的培训。作为团队管理者，应为每名新员工指定一名经验丰富的师傅进行传帮带，并对刚入职的新员工进行日常工作的指导与生活上的关心。这个阶段的员工培育策略是：零点起步，标准化培训，让新员工快速适应岗位及公司环境，快速提升业务技能，加强留人措施，减少新员工的离职率。

2. 第二层级：日常员工的业务技能培育

日常员工的业务技能培育可以说是管理者的一项常规工作，当团队需要开拓新业务、掌握新技能时，管理者应身先士卒，主动学习并带领团队一起学习，比如新媒体营销、5G 技术、区块链技术在企业的应用等。这个阶段的培育策略是：全面铺开，重实效，紧紧围绕员工的岗位胜任力加强员工专业业务知识和技能的培训。

3. 第三层级：后备干部的培育

后备干部的培育是公司人才梯队建设的重要内容，也是管理者的应尽义务。许多管理者害怕储备干部一旦能力上来了就有可能危及自己的地位，其实这种思想是错误的，按照前面章节所说的用人标准，我们要打破企业的用人“套娃”现象，不能“武大郎开店，一个比一个矮”。

4. 第四层级：问题员工的辅导

问题员工的辅导也是管理者的日常工作重点，每个月根据员工的绩效考核结果及对员工的日常行为观察，去发现员工工作中的问题，对于员工的技能、态度与工作方法方面的问题有区别性地进行辅导，因人而异，因事而异。这个维度的员工培育策略是查漏补缺、聚焦目标、聚焦绩效，有针对性地对员工进行辅导与教育。

8.4.3 员工培育的五大关键步骤

从员工的培育方式来看，包括在岗培训（师带徒、现场辅导、日常指导）、脱岗培训（外出集中培训、出国深造、驻外锻炼）和自我启发，其中在岗培训的方式最常用且非常具有实效性，尤其是师带徒机制，是最古老也最有效的人才培育方式。

以精工制造业享誉全球的瑞士，更是将“师带徒”做到了极致！各行各业都有专业师傅培训学徒工，这些师傅必须持有联邦颁发的技能证书。学徒工必须进行为期 2 ～ 4 年的专业培训，学徒工经过考试合格后，便可领到联邦颁发的技能证书，成为正式的专业技术工人。瑞士产品大到机床，小到军刀、手表，无不以其完善的设计、实用的性能以及精美的内外质量吸引消费者，而这主要得益于瑞士传承至今的“师带徒”。

结合广大企业的管理实践，我们总结出员工培育可分为简单的五个关键步骤：第一步，辅导准备，对应的管理状态是教练准备；第二步，激发员工学习的兴趣，对应的管理状态是教练激发；第三步，讲解新知，对应的管理状态是教练赋能；第四步，强化与巩固新知的应用，对应的管理状态是教练跟踪；第五步，反馈精进，对应的管理状态是教练反馈，如图 8-10 所示。

图 8-10 员工培育五大关键步骤

1. 辅导准备

这个阶段需要对你想培育或辅导的下属进行观察，找准下属的短板，在哪些方面存在问题，是属于能力范畴还是态度范畴，抑或是方法出了问题。比如，你觉得一位下属总是拖延工作，你必须从此开始认真观察并记录他的工作表现，当这种拖拉行为在短时间内总是重复发生时，才说明他真的具有这样不良的工作习惯。也就是说，在辅导之前，你需要验证员工是不是像你想象的那样缺少这样或那样的技能、知识、经验和方法，留意他需要帮助的信号，评估改进的可能性，并让这位员工做好接受培育或辅导的准备。

在生产总监李明的印象中，陈华是一个在一线受到大家广泛称赞的“技术能手”，他工作认真、负责、拼命，上级领导也曾称赞过陈华的表现。

然而，正所谓人无完人，陈华也是公司内颇受争议的人员，因为他虽然工作中表现很严谨，但在人际关系上一团糟，由于性格急躁、讲话偏激、做事古板，经常与同事、领导闹得不可开交，有时甚至倚仗着自己的技术能力强，不愿意帮助别人，似乎有意藏一手，结果搞得大家都很郁闷，工作中的事情尽量绕开他。

刚开始李明认为，这是陈华的“个人工作方式”，并没有进行干预。但是，随着部门同事的反馈增多，就连其他部门的同事也来投诉，李明意识到这不仅是陈华的个人问题，如不尽快解决，将影响其他同事的工作。于是开始思考如何针对陈华的问题开展有针对性的辅导。

2. 建立联结，激发兴趣

在员工培育前，还应找到一个有利的辅导时机与联结点，并充分激发员工的学习兴趣，这个过程也是建立信任的过程。

某互联网公司老板跟 HR 总监曹华说：“小曹，有时间找一个老师来教一下各个部门经理做 PPT，你看咱们的部门负责人每周工作汇报连个 PPT 都不会做，还像互联网公司吗？”可令小曹头痛的是，这些部门负责人平时就比较反感公司搞培训，更别说 PPT 这种枯燥无味的技能培训了。

不久，一个偶然的机会，曹华到同行公司去参观，发现他们公司例会上各部门经理汇报工作制作的 PPT 相当漂亮，于是灵机一动跟对方的 HR 商量，在对方公司找一个做 PPT 厉害的管理人员去他们公司做一个管理方面的经验交流。结果交流当天效果非常好，更重要的是各部门经理看到对方同等级别的管理人员不仅口才好，而且 PPT 做得更是一绝，私底下惭愧得要命，于是纷纷要求 HR 部门组织专门的 PPT 制作培训。

3. 讲解新知，初步掌握

如果是技能与方法方面的传授，讲解新知阶段又可包括三个步骤：一是“说给他听”，形成新的认知与建立标准；二是“做给他看”，形成榜样，防止下属误操作；三是“让他做做看”，检验下属对新知的掌握与理解程度。

如果是心态方面的辅导，这个阶段要让下属了解更多的信息与真相，以多视角看待问题、案例、态度打破等方式，让员工看到自己的盲点与问题。

4. 巩固新知

任何新知与新技能的掌握必须经过一定时间的训练与沉淀之后才能掌握，俗话说“学以致用”，只有让员工结合工作实际，多用、多练才能让新知、新技能变为员工自己的。这一阶段，作为管理者要及时监督与跟进员工的练习，要及时对培训成果进行检验与考核，直到员工熟练掌握为止。

5. 反馈精进

要想成为职场的精英人士、专家级人才，对某项技能的基本掌握还远远不够，还需以工匠精神将其不断精进以形成职场的核心竞争优势。因此，作为负责任的管理者，应把员工技能、方法的不断精进作为一项基本任务来做，像专业教练一样，不断对员工进行反馈，把员工像训练特工一样进行刻意训练。

第 9 章

解决问题：善于做问题的终结者

9.1 入局：管理者的六种重要思维

企业为什么需要管理者？根本原因在于，企业存在问题，需要管理者来解决问题。管理者的价值就体现于此，不能解决问题的管理者绝不是优秀的管理者。

管，原意为细长中空之物，其四周被堵塞，中央可通达；使之闭塞为堵，使之通行为疏，所以管既包含疏通、引导、肯定、打开之意，又包含限制、约束、否定和闭合之意。理，本义为顺玉之纹而剖析，代表事物的发展规律、道理，包含合理、顺理的意思。因此说，管理犹如治水，疏堵结合、顺应规律而已。

根据众多优秀企业的管理实践总结，企业的管理问题归纳起来可总结为如下七大类。

（1）把战略定位搞好，解决去哪里的问题。

（2）把战略目标分解好，解决怎么去的问题。

（3）把人与事管好，解决组织与流程的问题。

（4）把工作分配好，解决人人有事干的问题。

（5）把利益分配好，解决大家积极性的问题。

（6）把工作沟通好，解决任务下达与工作效率的问题。

（7）建立风控与应急机制，减少破坏性与无序性，解决异常性问题。

但在现实企业管理中，说起来容易做起来难，中国众多中小微企业的管理现状可谓一片混乱，管理者也往往成为公司的救火队员，每天忙于处理各类不同的应急问题。虽然解决问题是管理者的主要职责，但每天忙于解决一些无序的、毫无价值的问题就等于白白浪费管理者的时间精力，从而导致管理者工作效率、效益的降低。因此，作为 VUCA 时代下的新型管理者，应不断修炼自己高品质解决问题的能力，这样才能有效提升管理者自身的价值，从而给企业带来更高的效益。

西方有一句谚语：在一个手上拿着锤子的人看来，世界就像一颗钉子，这是处理问题的一种笨方法。而在现实企业中，我们经常看到这种现象，许多管理者试图用一种思维模式去解决所有问题，结果收效甚微，以致失去很多投资与管理机会。

巴菲特的合作伙伴查理·芒格曾提出“多元思维模型”的概念，他说自己收集了大约 100 多个思维模型，这些模型的组合产生巨大的力量，让他在投资中更理性，使他具有看清生活本质和目标的非凡洞察力。因此，查理·芒格提醒大家：“你需要在你的头脑里形成一种思维模型的复式框架，有了这个系统之后，你便能逐渐提高对事物的认识。”

在现实企业中，管理者面对问题时往往会陷入三种困局：第一种是迷宫，管理者在里面走了一圈又一圈，每一次都回到原地，却总是走不出去；第二种是拼图，管理者手握拼图碎片，努力拼凑着，却怎么也拼不出全貌，只能解决局部问题；第三种是擂台，管理者的内心深处好像有几个小人在打拳击，始终难分高下，好不容易找出解决问题的方法也是以损坏别人或公司利益为基础。

我比较认同一句话：“管理学就是破局的智慧”。管理者要想提升解决问题的能力，首先应提升自己破局的思维能力。接下来，向大家介绍六种管理者实用的破局思维，如图 9-1 所示。

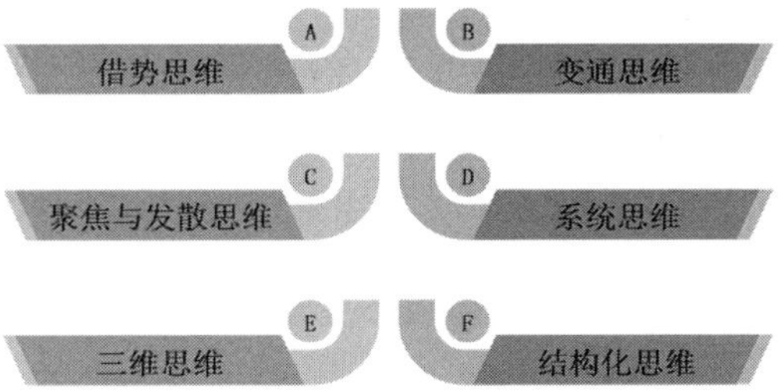

图 9-1　管理者必备的 6 种破局思维

9.1.1　借势思维：善战者，求之于势

我经常在管理课堂上这样来区分企业管理的水平：三流的管理是在做减法，企业内耗严重，业绩不断下滑；二流的管理是在做加法，内部团结一心，持续累积发展力量；一流的管理在做乘法，借势借能，紧跟趋势大步快跑。大凡成功的企业大多会使用借势思维，无论是华为还是阿里巴巴，都是紧跟时代的潮流，抓住国家的发展趋势，顺势而为，扶摇直上。正所谓：没有成功的企业，只有时代的企业。

《孙子兵法》有云："善战者，求之于势，不责于人。"意思是说善于指挥作战的人，创造并利用有利的态势来取得胜利，而不苛求和责备下属。那么到底什么是"势"呢？

《孙子兵法》中又说："转圆石于千仞之山者，势也！"意思是说，石头在千仞之高山上旋转下来，这就是势。"圆石+千仞之山"的结构构成了"势"，要想得"势"，这两个构成要素缺一不可。倘若圆石缺少了"千仞之山"的高度，那么"圆石"就缺乏了力量，也就丝毫没有"势"的功能。反之，如果经营企业不顺势而为，就像逆向推着圆石向山坡上爬行，那将是怎样一种困难？

下面大家来看我服务过的一家客户是如何利用借势思维来突破经营困局的经典案例。

三川智慧科技股份有限公司是一家1971年建厂的改制企业，是国内首家以水表为主业的上市公司。面对传统水表市场的竞争压力，公司自2015年牵手华为着手研发、生产物联网水表，经过两年多的不懈努力，全球首款物联网水表在2017年成功上市。从此，公司的主营业务从传统的机械式水表生产向以物联网水表为核心的各类水表生产、水务管理应用系统、MDA（District Metering Area）分区管理系统、智慧水务数据云平台建设等业务转变。在水表生产方面不断推出国内领先系列产品：NB-loT智能水表、超声波水表、电磁水表等。在智慧水务大数据服务系统与平台构建方面，基于NB-IoT水表大体量和高质量的流量数据，完善以DMA分区计量管理为核心的数字供水、智能管控、实时监测和水务物联等功能，推进城市供水管理工作的数字化、信息化与智能化。

自从完成有效的借势转型之后，公司营销业绩不断增长。截至2019年，NB-IoT物联网水表相继在北京、上海、深圳、天津、江西等大城市实现规模化商用。2019年公司智能水表销售额创历史新高，2019年公司整体业绩同期增长85%。

9.1.2 变通思维：变则通，通则久

变通思维是指从一个方向思考问题容易陷入困境，变通一下思维，从多

视角来思考问题，往往会得到意外收获的一种思维方式。变通有着深刻的含义，变即变化、变革、创新，通即通畅、通达、和谐发展。作为企业管理者若能熟练掌握变通思维将有助于我们创造性解决困局性的问题。

而变通思维又可采取转换视角或思维方式、时间与空间互换、能力与资源互换等方式来实现，如图 9-2 所示。

图 9-2　变通思维三大方式

1. 转变视角法

转变视角意味着打破常规的思考方式，重新建立新的思维模式，从问题的反面或侧面思考解决之法。比如，在曹冲称象的故事中，大家首先想到的是如何称大象，用什么样的称来称大象，这便是常规思维的框架。而曹冲则打破这个固定的思维模式，用“石头”代替“大象”，如此便得到了转换，称“石头”而不称“大象”，石头的重量总和就是大象的重量，如此便解开了这个难题。

凡是让人赏心悦目的好办法都有可能是我们在关键时刻“灵机一动”时产生的，而这个“灵机一动”便是转变视角甚至打破原来所有的思想框架带来的精彩瞬间。

我女儿优优刚上一年级的时候，由于自己经常在外授课，很少接送她，所以一般我去接她放学，她都会很开心。有一次我从外地出差提前回来，带着她喜欢的礼物去校门口接她，可这次她见到我没有表现出开心，相反还一路哭丧着脸，回到家后还忍不住哇哇大哭起来，我很好奇，便问她在学校里发生了什么。只见她拿出期中考试数学试卷，由于粗心做错了一道原来可以做对的试题，被扣了 4 分，没有考得双百分（语文 100 分，数学 96 分），而她妈妈在考试前答应她如果考到双百分就给她买一辆她喜欢的漂亮自行车，眼看着妈妈许诺的自行车没有了，而且她们班上这次有6名同学都考了双百分，也就是说，依照她这次的成绩已经排到班上10名以后了。这时我爱人也开始在旁边教训她，说这么简单的题都会做错，女儿哭得更凶了。

于是我上前去劝女儿，给她讲了一个故事：从前，有一位画家，他画的画非常有名，卖出了很高的价钱，很多人慕名前来购买他的画。在一次采访中，一名记者问了他一个问题："是什么原因促使你从事画画这份工作这么多年？并达到今天的造诣？"这位画家想了想，说："上小学的时候，班里每次考试我都想考第一，拿满分，结果每次都事与愿违，于是每次考完都偷偷躲起来哭，有一次被我的班主任老师碰见了，在了解事情的原委后，老师跟我说'没拿到满分说明还有进步的空间，做什么事情只要每天都在进步就好，只要肯坚持一定会成功'，自此之后，我学习考试时不再以是否考满分为标准，而更多关注我每次考试是否在进步！后来，我在我父亲的影响下喜欢上了画画，在学习画画的路上，我将老师的告诫作为自己的座右铭：每天进步一点点，终有一天会成功。"

听完这个故事后，女儿恢复了平静。经与爱人商量还是答应奖励曾许诺过女儿的自行车。这次事情之后，我发现女儿学习更用心了，在期末考试的时候女儿如愿考了双百分。

管理者在日常工作中，有很多问题要解决，当我们的思维发生变化时，一件坏事有可能变成好事，这就是"思维破局"带来的效应。

2. 资源—能力转换法

资源—能力转换法这个方法也是我比较喜欢用的方法，当一个人能力有限而又想做成某事的时候，可以用资源交换或寻找与他人合作的方式来弥补能力的缺失。面对问题的分析与解决时，管理者要清晰地认识到自己手中的资源与自己团队的能力，从而有效地找到解决问题的思路，如图 9-3 所示。

当管理者在工作中遇到问题时，如果属于"高能力—高资源"区域，那意味着你可以轻松、快速地解决遇到的问题；当属于"高资源—低能力"时，可以找人帮助、授权外包的方式快速解决问题，用专业人做专业事；当属于"高能力—低资源"，可以采取合作、借鸡生蛋的方式整合资源，发挥我们的能力优势；当属于“低资源—低能力”的时候，我们要等待机会，或者选择放弃。

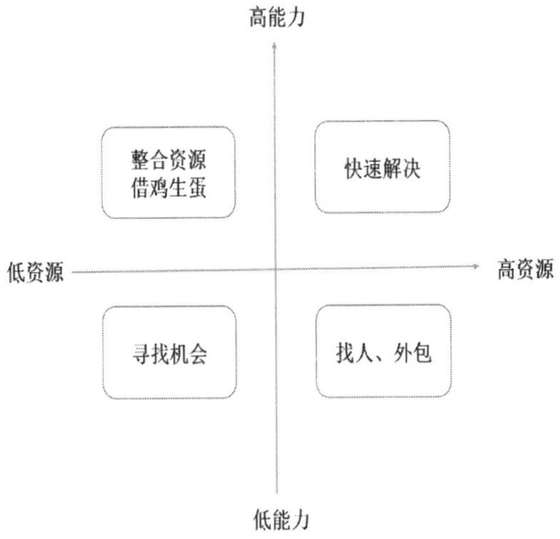

图 9-3　解决问题的“资源—能力”矩阵

3. 时间—空间转换法

经常有人说：用时间换空间。也许有很多人会困惑：“时间怎么可以换空间呢？”当然这里所说的时间与空间并非绝对意义上的时间与空间。“用时间换空间”在股票行业应用非常广泛，往往通过时间的沉淀可以换来股票持有的价值空间。再比如，假如公司食堂的空间有限，每次满座只能安排 300 人，而公司有近 1 000 名职工，怎么办？以时间换空间，以分批用餐的方式就可以解决。而沃尔玛用仓储式货架的方式把仓库搬到商场，一来可以节约租用仓库的成本，另一方面是“以空间换时间”，把商场空间最大限度地利用，让顾客一次性购齐所需商品。

时间—空间转换法在项目管理中经常性用到，比如为了赶项目进度，往往需要并行作业，各个子项目同时进行并及时有效共享沟通、协同作业，最后再进行有效的集成组合。

9.1.3　聚焦与发散思维：成为高手的智慧之路

聚焦思维就是把你的关注点放在提升自己、提升能力、提升目标上，通俗地说，就是把 100% 的精力花在某件事或某个领域上。聚焦思维是把你打造成顶尖高手的有力撒手锏，能迅速提升你的能力。

李小龙说过：“不怕会一万招的对手，就怕把一招练一万次的对手。”

但在如今快速变化的VUCA时代下，光有聚焦思维也不一定让你成功，有可能你长期专注于研发的某产品待上市时，人家早已经进行商品化大卖阶段了；也有可能你专注于去解决企业的某类问题，结果发现此类问题随着时间的推移已经变得不重要了。因此，有时我们需要用到发散思维来快速解决问题。

所谓发散思维，表现为思维视野广阔，思维呈现多维发散状，如“一题多解”“一物多用”“灵活变通”等方式。管理者如果具备发散思维，在面对工作时，可以从不同角度、不同方向、不同层次进行多方面的思维思考与判断，提出多种设想、方案、建议，拓宽决策选择余地，面对困难时善于创新和变通。

吸尘器发明的最初想法是：把灰尘吹走，但怎么也做不到。最后发明者直接转弯了思维方式：既然吹走的办法不行，干脆吸进来不就可以了吗？

我们常说：某某脑瓜真死板，一棵树上吊死，其实讲得就是那种不善于发散与求异思考，习惯于典型的常规思考的人。

9.1.4 系统思维：不谋全局者，不足以谋一域

在平常的企业管理中，常常看到优秀的管理者能统揽全局、着眼未来、胸有成竹、驾轻就熟，而有些管理者则视野狭窄、目光短浅、顾此失彼、心中无数。究其根本，在于其思维的深度与全局性，也就是思维的系统性。系统思维具有全局性、有序性和协调性的特征，它讲究从全局的视角、前瞻性来看待问题，重视事物之间的联系，牵一发而动全身。

系统思考在我们的生活、工作中应用广泛，让我们思考问题逻辑清楚，有理有据，点线面结合。根据其应用方法，接下来将常用的5类系统思维方式列举如下。

1. 宏观微观分析法

宏观微观分析法就是从宏观事物的变化中，通过思考，找到宏观全局性的机会对微观局部产生的影响和联系，进而找到局部可实施的方案。

典型的例子是诸葛亮的《隆中对》，全文如下：

自董卓造逆以来，天下豪杰并起。曹操势不及袁绍，而竟能克绍者，非惟天时，抑亦人谋也。

今曹操拥百万之众，挟天子以令诸侯，此诚不可与争锋。

孙权据有江东，已历三世，国险民附，此可用为援而不可图也。

荆州北据汉、沔，利尽南海，东连天会，西通巴蜀，此用武之地，非其主不能守；是殆天所以资将军，将军岂有意乎？益州险塞，沃野千里，天府之国，高祖因之以成帝业；今刘璋暗弱，民殷国富，而不知存恤，智能之士，思得明君。

将军既帝之胄，信义著于四海，总揽英雄，思贤如渴，若跨有荆、益，保其岩阻，西和诸戎，南抚夷越，外结好孙权，内修政理；天下有变，则命一上将将荆州之军以向宛、洛，将军身率益州之众出于秦川，百姓孰敢不箪食壶浆以迎将军者乎？

将军欲成霸业，北让曹操占天时，南让孙权占地利，将军可占人和，先取荆州为家，后即取西川建基业，以成鼎足之势，然后可图中原也。

《隆中对》可谓是运用全局性系统思维的典范。首先，《隆中对》从宏观全局入手，对曹操、孙权的形势和荆州、益州的地利进行了详尽的分析。其次，从微观局部分析入手，对刘备的优势进行了深入透彻的分析。最后，在宏观与微观的基础上，又分析了刘备集团要想成功的详细步骤：第一步占领荆州；第二步占领益州；第三步占领天下，形成三足鼎立之势；第四步，成大业，兴汉室。

因此，管理者在思考一个问题时不要陷入具体的、孤立的思维中，而要结合公司、环境、行业趋势等宏观视角进行分析，由大及小或由小及大，这样才能让自己思考问题的格局更高，解决问题的对策更有效。

2. 目标反推法

作为管理者，分解与落实企业的经营目标是一项重点工作，而目标反推法是将未来目标设定后，反推出从现在要到达未来目标所经过的步骤，然后从现在起实施的一种系统性的思维方法。

通过目标反推法，可清晰推导出完成目标所需的步骤、资源及可能遇到的问题，从而针对每个步骤中的问题逐一解决。这样既保证了系统性，又保证了可实现性，大事化小，目标导向。

目标反推法可适用于企业战略设计、目标分解、项目规划、人生职业规划等多领域的应用。

3．逻辑推演法

逻辑推演法是指我们在思考问题时按照逻辑的假设先对事物的发展进行有效的推演来判断其解决问题的可行性，从而让解决问题的思路环环相扣、有理有据，提升解决问题的可靠性和可行性。

这一种思维方式被管理咨询师广泛应用，为什么许多年轻的管理咨询师可以给五六十岁有着多年管理经验的企业家们当参谋，到其企业做咨询工作？关键在于管理咨询师有着广阔的管理视角和强大的逻辑推演能力，能有效地把其他企业的成功经验复制到咨询服务的客户企业，或者通过大量的工具、模型来假设推导客户企业在发展过程中可能会遇到的各种问题，从而预先防控，以减少企业的损失。

4．利害分析法

所谓利害分析法，就是在看待问题时，能从有利与不利的两个方面来系统思考，防止出现片面性。管理者在工作中若能客观地从正反两个方面思考问题，便能有效减少风险与后顾之忧。《孙子兵法》曰：不尽知用兵之害者，则不能尽知用兵之利。任何事物都有利有弊，从利害转换原理来看，往往可以从危境中找到机遇。

我们来看一下在企业中如何运用利害分析。公司某阶段由于业务需要便开始大量招聘新员工，但新员工一来便会增加人力成本、管理成本，一旦行业遭遇瓶颈或受外界环境的影响导致业务下滑，又需要大量裁员，这又可能导致员工的离职管理成本，因此，企业有时随意性招人不是一个明智的举措。

5．纵向深挖法

纵向深挖法是管理者养成系统性深度思考的有效方法，通过事物的表面深挖本质，就好比挖井只有深入往一个地方挖才能真正挖出水来。在知识泛滥的时代，我们缺少的不是知识，而是对知识的深度思考与运用。一个普通的大学生通过互联网及外界各种信息资源有可能写出教授级水平的专业论文，但他缺少教授的深厚经验及背后的深入思考。

苏格拉底说："不经过反思的人生不值得过"。作为管理者，凡事养成深思的习惯，学习纵向深挖事物背后的本质，将有助于你看清事物的本来面貌，从而轻松地、本质地解决工作中遇到的各类问题。

9.1.5　三维思维：一生二，二生三，三生万物

三维思维是我们管理者最应学会的思维智慧，它是中国式哲学的结晶。外国人喜欢用二元对立法看事情，而中国人凡事喜欢讲究用"三维"来看待事情，比方说外国人认为管理只有对和错，而我们中国人认为还有第三种，如华为提出的"灰度管理哲学"。

《道德经》云："道生一，一生二，二生三，三生万物，万物负阴而抱阳，冲气以为和。"

所以，我们常用三维思维法来思考与区分万事万物。

- 组织管理维度可分为：高层、中层和基层。
- 企业权力制衡结构可分为：决策、执行、监督。
- 在时间维度上分为：过去、现在、未来；昨天、今天、明天。
- 在空间维度上分为：上中下、左中右、前中后。
- 人体构成分为：头颅、躯干、四肢；头、身、脚。

同时，三维思考法在我们的日常工作、管理中广泛应用。

- 公开讲话、发言常用三点法，三段论，如"接下来的工作任务我重点讲三点……""我从三个维度来对今天的会议做个总结……"。
- 问题分析与解决三步法：确定问题—分析问题—解决问题。
- 现场管理"三现主义"：现场、现物、现实。
- 人力资源改革三要求：人员能进能出、收入能增能减、职位能升能降。
- 海尔的"三工并存"：优秀员工、合格员工、试用员工。
- 华为的三类奋斗者：有成效的奋斗者、一般的奋斗者、普通劳动者。
- 阿里文化三板斧：头脑三板斧、腰部三板斧、腿部三板斧。

9.1.6 结构性思维：管理者的逻辑之道

无论是自然界还是人类社会，“结构”都有其特定的位置，发挥着重要乃至决定性的作用，比如，同样是C（碳）元素的组合，由于结构不一样，结果一个成了黑乎乎的石墨，另一个却成了价值不菲的钻石。同样，思维也是有结构的，有结构的思维我们称之为“结构性思维”。

结构性思维如今已风靡职场，使越来越多的职场人士受益。结构性思维的核心价值就是：化混乱为有序，让我们想清楚、说明白、做到位。

结构性思维一般有四大原则：结论先行，上下对应，分类清晰，排序逻辑。还包括四大基本结构：先重要后次要，先全局后细节，先结论后原因，先结果后过程，如图9-4所示。

图9-4 结构性思维的基本结构和原则

结构性思维能帮助管理者进行有效的思维训练、表达与问题分析解决的能力，比如我们思考如何提升公司新员工的招聘效果，可以进行如图9-5所示的分解。

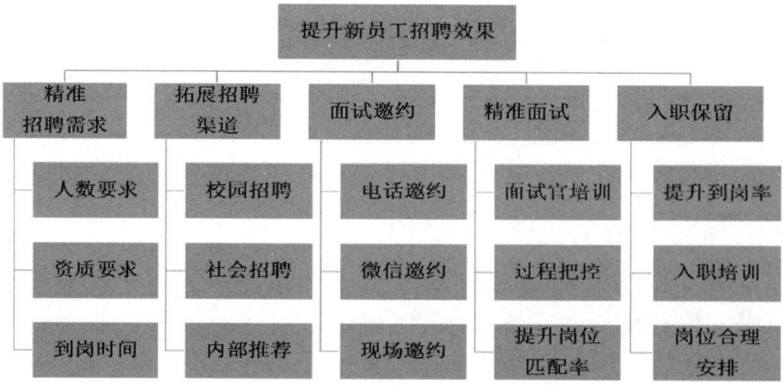

图9-5 提升新员工招聘效果思维图

9.2　识局：快速确定问题，有效分析问题

在了解了管理者常用的 6 种有效思维后，我们要学会在职场中如何有效运用。当管理者在职场中面对各类大大小小的工作困局，应做到快速从中发现问题，并有效分析与解决问题。

9.2.1　发现和界定问题等于解决了一半问题

所谓问题，是指实际状态与应有状态之间存在差异，明确了这个差异，才能发现和界定问题，这是管理的基础。著名科学家爱因斯坦曾说过，提出一个问题往往比解决一个问题更重要，因为解决问题也许是一个数学或实验上的技巧问题，而提出新的问题、新的可能性，从新的角度看旧的问题，却需要创造性的想象力，这标志着科学的真正进步。

因此，对于管理者来说，要想准确地分析、解决企业中存在的问题，必须先找出真正的问题。根据冰山模型原理，我们能看见的、能感知的、能测量到的往往是现象，这是冰山以上的部分，而真正的问题可能是冰山以下看不见的部分。比如，很多朋友抱怨自己的小孩喜欢玩手机、看电视，这可能只是表象而不是问题，小孩喜欢玩手机、看电视的真正原因可能是由于家长陪伴时间太少、小孩缺乏自律意识，也有可能是受家长天天看手机、玩电脑的影响等，这才是真正的问题。

管理者由于长期处于企业中，才使得他们对日常工作中的一些问题或现象熟视无睹，正所谓“不识庐山真面目，只缘身在此山中”。

日本制造业提出了“三现主义”的管理原则，即现场、现物、现实。日本的精益改善大师大野耐一先生一直强调管理人员去现场发现问题，解决问题，不断践行“三现主义”，唯有去现场，亲自去看、去问、去做才能有更多的机会找到解决问题的线索和启示。

从“三现主义”方法论出发，可以通过四大有效方法去发现和界定真正的问题，如图 9-6 所示。

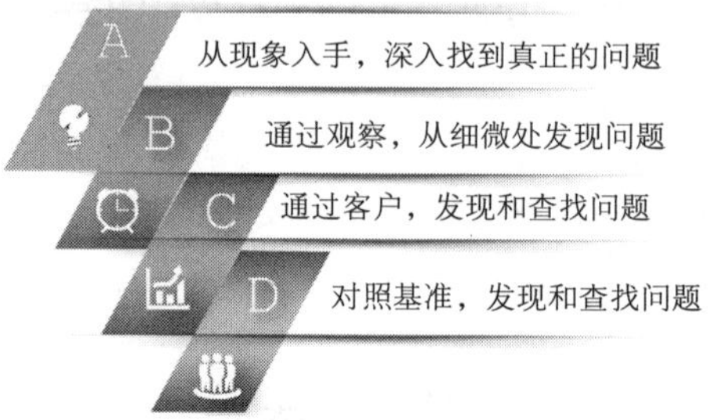

图 9-6　发现真正问题的四大有效方法

9.2.2　评估问题的类别与优先等级

1. 问题的种类分析

当找到真正的问题后，我们需要将问题进行有效的类别区分及等级评估。按照不同的标准，可以将工作中遇到的常见问题划分为如下几个类别。

（1）按时间维度来分：发生型问题（过去）、发现型问题（现在）和设定型问题（未来）。

（2）按人与事维度来分：有关人的问题、有关事的问题。

（3）按内外部维度来分：企业内部的问题、企业外部的问题。

（4）按解决的可能性来分：目前可以解决的问题、目前不能解决的问题。

（5）按管理性质来分：组织方面的问题、产品质量方面的问题、人力资源方面的问题、财务方面的问题、流程问题、制度问题、后勤保障方面的问题，等等。

因此，当管理者查找到真正的问题后，要快速将问题进行有效分类，是组织的问题还是人员的问题？是产品的问题还是销售的问题？是发生型问题还是设定型问题？等等。

2. 问题的优先等级评估

当对问题进行有效区分后，接下来就要及时将问题进行优先等级评估，记住一个重要的管理理念：不是所有的问题都值得被解决。也就是说，有些问题在企业中根本没有解决的必要。

首先来看一个二维矩阵，用它来帮助我们快速区分不同的问题，如图 9-7 所示。

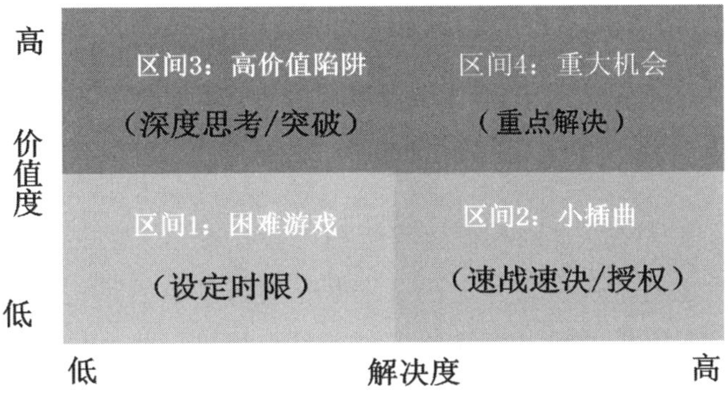

图 9-7　问题评估二维矩阵图

维度一是问题的价值度，也就是当下解决这个问题有多重要；维度二是问题的解决度，也就是这个问题可解决的程度如何。通过这个二维矩阵，我们能够快速区分问题的重要程度，是否需要第一时间解决，避免在无用的工作区域做无用功。

区间 1：解决度低，价值度低——困难游戏。这个区间的问题好像一个困难游戏，几乎没有通关可能，并且这事儿还没有那么重要。这个区间就像困难游戏一样会诱惑我们花费大量时间和精力，做很多无用功。比如，你在人力资源部工作，老板让你做一个员工满意度调查，并进行有效的改善。结果你很认真地设计了在线调查问卷给大家，结果问卷一收上来，员工反应的问题五花八门，并且大多是无关紧要的问题。尤其对于工资满意度这一栏上的调查结果：基本没有人是满意的。其中“基本满意”选项才 25%。于是一番折腾后，你发现做“员工满意度调查”这项工作基本上没有意义。

区间 2：解决度高，但价值度低——小插曲。这个区间的问题通常是最容易对付的，也不会困扰你。对于小插曲的问题，我们可以速战速决或授权下属去解决，以免占用你的主要精力。

区间 3：解决度低，但价值度高——高价值陷阱。这个区间的问题很容易让我们陷入无底洞，因为价值度高但目前的解决度很低，所以你会觉得要多花时间，需要非常谨慎。可是依照你的能力或者公司目前的实力还很难解决，所以这样的问题需要我们多方突破或者寻找外源，比如寻找外界的培训咨询机构帮助等。

区间 4：解决度高，价值度也高——重大机会。这个区间的问题才是管理者需要花大量时间聚焦去做的重点问题，因为能快速产出结果且价值又高。

9.2.3 系统分析，找出问题的真正症结

当找到问题并区分类别和优先等级后，我们接下来的工作就是迅速分析问题，找出问题的真正症结。这个过程就是透过现象去系统地分析现状，深入调查事实，搜集相关信息，综合多种工具与思维模式，从而挖掘出问题的真正症结所在，为下一步解决问题提供有效的基础。

1. 凡事多问为什么——5WHY 分析法

所谓5WHY分析法，又称“5问法”，即对一个问题点连续以5个“为什么”来自问，以追究其根本原因。它是从结果出发，沿着因果关键链，顺藤摸瓜，直到找到问题根本原因的一种有效方法。这个方法最早由丰田佐吉提出，在丰田公司广泛应用。这种方式虽然说是问5个“为什么”，但使用时不限定次数，有时多于 5 次，有时会少于 5 次，直到找到根本原因为止。

5WHY 分析法的提出者是丰田佐吉，后来在丰田汽车广泛应用。

下面举一个例子，以说明“5WHY 分析法”如何帮助我们找出问题的症结。

丰田汽车前副社长大野耐一曾举了一个案例：

问题一：为什么机器停了？

答：因为机器超载，保险丝断了。

问题二：为什么会超载？

答：因为轴承的润滑不够。

问题三：为什么轴承的润滑不够？

答：因为润滑泵失灵了。

问题四：为什么润滑泵会失灵？

答：因为它的轮轴耗损了。

问题五：为什么润滑泵的轮轴会耗损？

答：因为杂质跑到里面去了。

经过连续5次不停地问“为什么”，才找到问题的真正原因和解决的方法.最后，在润滑泵上加装滤网使得问题得以解决。

2. 快速找到原因——鱼骨图分析法

鱼骨图分析法又叫因果分析法、特性要素分析法，是一种透过现象看本质的分析方法，由日本管理大师石川馨发明，故又称石川图，如图 9-8 所示。

问题的产生，总受一些因素的影响，我们可以通过头脑风暴找出这些因素，并将它们与特性值一起，按相互关联整理成层次分明、条理清晰的形状，似鱼骨，所以称之为鱼骨图法。

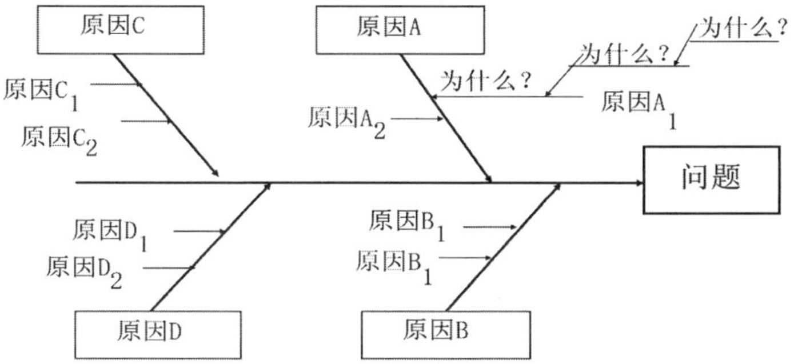

图 9-8　鱼骨图分析法模型

鱼骨图是我们工作中应用非常广泛的一种分析工具，思维先发散后收敛，思路清晰、快速有效。按照不同的维度可以从不同角度来分析原因。生产制造类的相关问题，通常可以分成人员、机械设备、材料、方法、环境、测量 6 个相关因素来进行原因分析；管理服务类的相关问题，通常可以分为政策、人员、程度、地点 4 个相关因素来进行原因分析；销售类的相关问题，通常可以分为产品、渠道、价值、促销 4 个相关因素来进行原因分析。

3. 深度思考，步步为赢——曼陀罗思考法

曼陀罗思考法起源于佛教，经过改造，如今成为有效的问题分析、计划、决策工具，能够有效开发创意，立即找到问题，提高工作效率。

做法很简单，拿一张 A4 纸，在中间画一个大的“井”号，把整张白纸区分为 9 个格子，或者直接在大白纸上画一个九宫格。在最中间的一个格子写上你要分析或解决的问题，余下 8 个格子用来分析问题的原因或解决问题的方法。

一般有两种使用方式：一种是“四面八方扩展型”，另一种是“围绕型”，如图 9-9 所示。

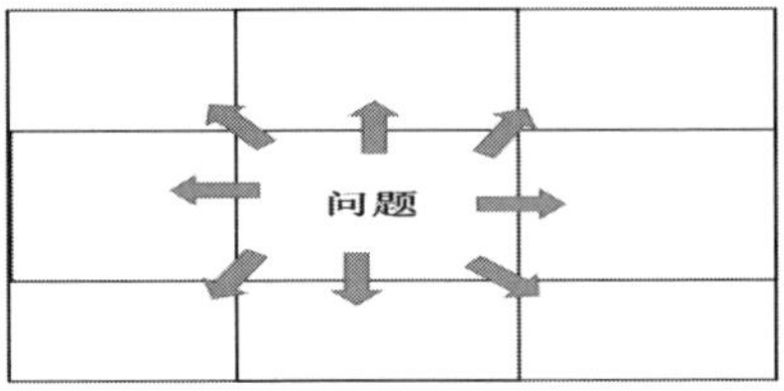

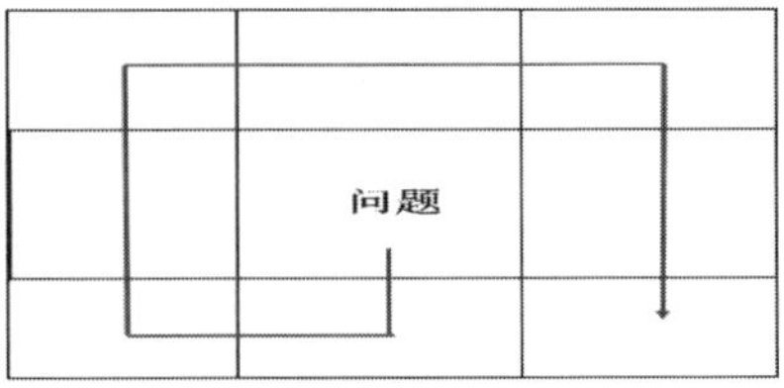

9-9　曼陀罗思考法的两种类型

（1）“四面八方扩展型”曼陀罗思考法。

“四面八方扩展型”是一种没有设限的模式，特别适合用来收集灵感和进行创意思考，当我们在中间格子写上问题后，自然地想把周围的8个格子填满，而这种填满格子的过程就是发挥创意的过程。比如，中间格子的问题是“是什么原因造成公司业务下滑”，在我们通过思维发散后，得出了8个方面的主要原因，于是把这8个原因分别填入周围的8个格子，分别是：①产品质量不稳定；②客户服务不到位；③同行之间竞争太激烈；④研发力度不够，没有核心产品；⑤销售人员技巧有问题；⑥公司物流跟不上；⑦销售队伍不稳定；⑧缺乏有效的系统培训。

（2）“围绕型”曼陀罗思考法。

“围绕型”曼陀罗思考法比较适合用来做流程性质的思考与安排，它是一种顺时针的思考方式。在中心格子列出问题后，便可以顺时针的方式进行思考，并按顺序写出相关步骤。比如，我们以“如何做好竞聘演讲”这一问题为例，可以按顺时针方式写出你解决此问题的方法：第一步，竞聘岗位要求分析；第二步，竞聘材料准备；第三步，自我优劣势分析；第四步，竞争对手分析；第五步，面试官喜好分析；第六步，演讲稿内容熟悉；第七步，服装及仪容仪表梳理；第八步，从容应聘。

4. 多维发散，思维飘扬——思维导图法

思维导图由英国东尼·博赞先生发明，它是一种放射性思考具体化的方式，深受世界500强企业及广大职场人士喜爱。

工作中我们经常遇到各种各样的问题，大多数情况我们是想到什么说什么，不会系统地分析，结果花了很大的力气，问题却仍然没有解决。思维导图是一个很好的系统性分析工具，它可以运用于我们分析与解决问题的全过程：明确问题—分析问题—解决问题—行动计划，图 9-10 为用思维导图来分析与解决问题的模板，供大家参考。

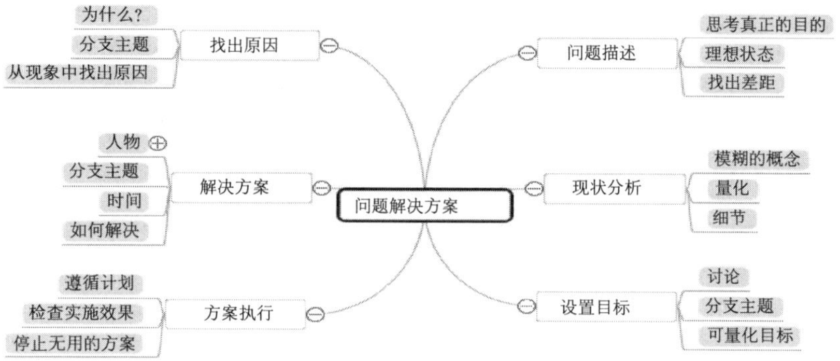

图 9-10　分析与解决问题的思维导图模板

5. 层层分解，抽丝剥茧——逻辑树法

逻辑树又称演绎树或分解树，是一种以树状图形来分析存在的问题及相互关系的方法，首先将已知问题当成树干，然后开始思考这个问题与哪些相关问题或子任务有关，每想到一点就给这个问题加一个“树枝”，并标明这个树枝代表哪个问题，一个大的“树枝”上还可以细分若干小的“树枝”，以此类推，直到找出所有相关要素。

逻辑树又可分为三类：议题树、假设树和是否树。一般来说，解决问题的初期阶段使用议题树，用来分析原因；当对问题有了充分的了解并提出解决方案时，可用假设树来验证；是否树多用在对问题及其结构已经足够了解时。个人认为平常我们用得最多的是议题树，可按以下步骤来构建。

第一步，先从左至右画出树状图，如图 9-11 所示，明确思考的主题，也就是图最左边的问题。

第二步，将问题进行分解，分解为第一层级上的问题；注意同一层级上的内容需要满足“相互独立、完全穷尽”原则，做到不重不漏，结构合理。

第三步，将第一层级上的问题进一步细化，得到第二层级。以此类推，可以分解到第三、四级甚至更多层级。

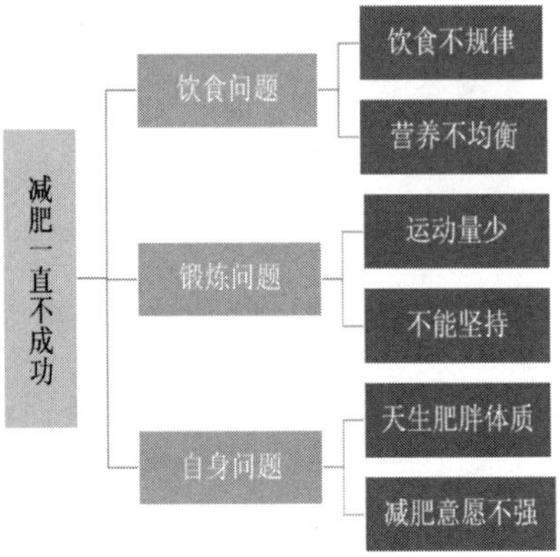

图 9-11　议题树分析问题范例

9.3　解局：快速解决问题并寻找最优决策方案

在明确问题、分析原因后，要做的就是找出最优解决方案，这是解决问题的关键环节，也是体现管理者水平的核心。可能经过我们思考后提出的各类方法，有些在现实中是可行的，有些在现实中是行不通的，或者就公司目前的情况来说，不具备条件来满足该解决方案。

9.3.1　解决问题的八个常用思路

当我们清晰地发现与找到问题的根源后，接下来就要深入地思考解决问题，如果不能解决问题，那么我们本身就可能是企业的一个问题。因此，解决问题的能力是管理者的核心能力之一。俗话说："心中有数，手中有术，做事才能忙而不乱。"接下来，给大家推荐八个寻找问题对策的常用思路，供大家参考，如图 9-12 所示。

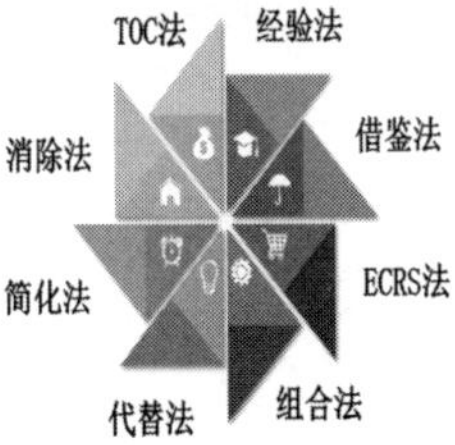

图 9-12　寻找问题对策的 8 个常用思路

1. 经验法

经验法是我们解决问题的一种常用方式，能帮助我们快速解决问题、节约时间。但经验法往往是依据平常的管理实践积累而形成的经验来做判断。特点是：快速、简单。缺点是：过去的经验不一定适应当下的问题，因为“环境 + 行为 = 意义”，当环境变了，即使行为一样，但结果有可能相差甚远。因此，经验法是解决问题的基础，还需进一步运用其他方法进行验证或辅助。

2. 借鉴法

借鉴法是指借鉴同行公司或自己公司过往的成功模式、成功经验来解决问题。在 VUCA 时代，越来越多的企业选择跨界借鉴，正所谓“他山之石，可以攻玉”。

如今流行的标杆学习也算是借鉴法的一种，比如，许多企业开始仿效丰田、华为、阿里、京东、海尔的经营与管理模式。

3. ECRS 改善法

ECRS 法是一种广泛应用于一线现场问题分析与管理流程优化的工具。ECRS 包括取消（Eliminate）、合并（Combine）、调整顺序（Rearrange）、简化（Simplify）四原则。任何作业或工作流程都可以用 ECRS 改善四原则进行分析和改善，通过分析，简化工序流程，从而找出更好的效能、更佳的作业方法和流程。

比如，沃尔玛原来结账时先扫描物品再问顾客是否需要购物袋，导致每位顾客会占用柜台时间完成装袋，后来沃尔玛对结账步骤进行重新排列，先准备好购物袋，便于顾客提前装袋；刷卡消费与现金收费分开，因为现金结算效率高于刷卡消费，便于现金顾客高效完成购物。

美国著名的金门大桥最初是双向 8 车道，即“4+4”模式，通车后一度出现拥堵问题。相关部门决定向社会征集解决方案。一个美国青年通过多日观察，发现了问题：上午市民上班造成左边车道拥挤，下午市民下班造成右边车道拥挤。于是，他提出改为“6+2”车道，即上午左边车道为 6 道，右边为 2 道，下午则相反。如此，问题迎刃而解。

“6+2 ＞ 4+4”，这一小小的改善之举，在原有的 8 车道上“做文章”，对其进行巧妙的“排列组合”，圆满解决了难题，用最小的成本创造出了最大的效果。

4. 组合法

组合法是指按照一定的原理，通过将两组或以上的功能元素或方法进行组合，从而形成一种具有新功能的新产品、新工艺、新材料的方法。

比如，诺贝尔为了将稍一震动就爆炸的液体硝化甘油做成固体易运输的炸药，将硝化甘油与硅藻土混合在一起解决了这个问题。再比如将传统水表与物联网技术结合就变成了智能物联网水表，可实现智能抄表、远程控制。

组合法广泛应用于解决创意或设计类问题，世界上没有真正百分之百的创新，只不过是进行了“加减乘除”而已。日本创造学家菊池诚博士说过：“我认为搞发明有两条路，第一条是全新的发现，第二条是把已知其原理的事实进行组合。”近年来也有人曾经预言，“组合”代表着技术发展的未来趋势。

5. 代替法

所谓代替法，指的是用某些物品或材料代替原来的物品或材料。比如，企业在生产某种产品时，发现使用 A 材料的成本太高，于是积极思考对策，后来想到用 B 材料代替 A 材料。这样一来产品的功能与性能没有发生大的变化，但材料的成本大大降低，这样就提高了企业的利润率。

代替法在企业中的应用还包括用机器、技术、自动化方式代替人工的办法来有效解决问题，既减少了人工成本，又减少了人为的错误损失。

有一家生产复印机的工厂，他们的复印机里面有一个小风扇，这个小风扇非常重要，一旦装反了，就会导致机械损坏。但由于是流水线作业，操作工在装配时，会因为疲劳、遗忘等多种原因而出错。主管就要求操作工装好后进行检查，用手摸一下，试下风向。但是每天生产数千台复印机，操作工可能会产生错觉，有风？没风？不开心了，走神了，还是会产生装反的现象。后来，通过发掘员工潜能，在复印机旁边装一个小风车，如果装配正确就会有风，风车会转，因此只要风车会转，装配就是完好的，否则，就是错误的。这样，这家公司复印机的合格率就大大提高了。

6. 简化法

简化法指的是通过尝试缩小、缩短、减少或简化来解决问题。通过简化法有时可以大大提升企业的管理效率、降低运营成本等。比如，刘翔的八步跨栏技术简化为七步就大大提升了比赛成绩；工作中通过减少会议的次数和缩短每次会议的时间，以降低时间成本，从而提高大家的工作效率。再比如，苹果手机的一键操作就是运用了简化设计的原理。

俗话说："大道至简"，有时候问题的答案其实是我们人为地想得太复杂了，这里就需要我们回到原点或者再次找到问题的当事人或发起人。

英国某家报纸曾举办一项高额奖金的有奖征答活动。

题目：在一个充气不足的热气球上，载着三位关系世界兴亡的科学家，第一位是环保专家，他的研究可拯救无数人，免于因环境污染而面临死亡的厄运；第二位是核子专家，他有能力防止全球性的核子战争，使地球免于遭受灭亡的绝境；第三位是粮食专家，他能在不毛之地，运用专业知识成功地种植食物，使几千万人脱离因饥荒而亡的命运。此刻热气球即将坠毁，必须丢出一个人以减轻载重，使其余两人得以存活，请问该丢下哪一位科学家？

问题刊出之后，因为奖金数额庞大，信件如雪片般飞来。在这些信中，每个人竭尽所能，甚至天马行空地阐述他们认为必须丢下哪位科学家的宏观见解。最后结果揭晓，巨额奖金的得主是一个小男孩。

他的答案是：将最胖的那位科学家丢出去。

7. 消除法

所谓消除法是指尝试消灭当前问题的一种解决方法，也是我们常见的思路之一。比如，医院治疗胆结石的时候，可以运用激光把它消除掉。再比如，公司销售部被客户投诉新产品的质量不稳定，于是公司组织了专门的研发及技术团队，经过反复研究、测试消除了这种现象，结果得到客户的满意评价。

在一次会议上，总经理提到一个新的质量规定，结果有大半的主管没看到这个新规定！原因是：文件在车间里流转时，这些主管根本不知道文件已经摆在桌上。

于是该公司把传递文件的活页夹改成红色，希望通过醒目的颜色管理，能让主管们立即阅读或处理该文件。实行之初，时间果然加快很多，但是过了一阵子，文员又开始抱怨，文件往往又会被停滞在某个车间主管的桌上。原因是：主管们并不是常常坐在办公桌前，甚至有时候会被后来的报表或其他材料给掩盖住。

后来该公司将活页夹改成一个有机玻璃板，上头装了一个蜂鸣器。当夹着文件的有机玻璃板传递到某个车间主管的桌上时，只要将文件板放在桌上，触压开关便被压入，于是会不断地发出蜂鸣的声音，直到有机玻璃板被拿起，从那以后，文件流转再也没有耽搁了。

8. TOC（Theory of Constrains）突破法

TOC 突破法又称“瓶颈管理法”，是以有效产出为目的，通过持续改善瓶颈和设置有效的缓冲，让系统整体最优化，实现“流量 = 需求”。TOC 瓶颈管理原理是由以色列物理学家和企业管理大师艾利•高德拉特博士提出的，其理论核心是：不管是个人还是企业，其绩效总是由少数的关键因素决定，这些因素就是系统的瓶颈，也是改善的突破点。

艾利•高德拉特博士在其《目标》一书中，阐述了基于现实的物质制约因素进行持续改进的 TOC 瓶颈突破 5 步流程。

第 1 步：识别系统中的制约因素。在系统中增加哪些因素，可以提高目标达成率？哪些物质实体限制了系统进一步朝其目标改进？链条中最薄弱的环节在哪里？

第 2 步：如何挖尽系统制约因素的潜能。为了确保系统在已有的资源条件下尽可能实现其目标，你希望制约资源都做什么？该如何充分利用我们已有的资源？

第 3 步：使其他一切都服从第 1 步和第 2 步中做出的决定。确保组织其他部门服从上一步中挖尽潜能的决定。组织中每个人的工作，就是要使组织能够做到让其物质制约因素物尽其用。

第 4 步：给系统制约因素松绑。提高制约因素资源的产能，使系统能够超越当前最佳产能，达成更高的目标。

第 5 步：不要让惰性成为系统的制约因素。当打破所有制约因素后，回到第 1 步，重新开始。

TOC 瓶颈管理往往用于企业中独特的、复杂的问题分析与解决，通过找到系统中薄弱的环节，运用思维流程来做出决定，以突破流程中的薄弱点、难点，最终提升组织的效率，降低成本。

9.3.2　有效决策的艺术

当我们通过各种思路找到解决问题的系列方案后，要对其进行有效的决策，从而找出最优解决方案，因为找到最优解决方案不仅能提升解决问题的有效性，更能减少因为时间延误带来的机会成本。但有效决策不仅是一门科学，更是一门艺术，因为有些决策可以用科学量化的方式在事前进行有效的衡量，但相当一部分决策只能通过感性来判断或只有经过事实结果才能检验决策的正确性。

为了寻找最优决策方案，我们整理出 5 种有效的决策方法，供大家参考。

1. 多元思维模型决策法

多元思维模型，简单地说，是集中了众多学科的知识后形成的一个思维模型的复式框架。它是一系列思考问题、解决问题的框架组合，它往往揭示事物的规律。多元思维模型的概念由查理 • 芒格提出，用芒格的话说，所有能够持续有效地解决问题的策略，都可以称为模型，当这些模型集合在一起就形成了多元思维模型，能有效避免我们解决问题时只依靠头脑中的单一学科知识带来的弊端。比如，企业管理中许多管理者都喜欢依据自己单一的专业知识和经验来说事讲理，结果往往是盲人摸象，只知局部而不了解全貌。

因此，管理者要尽量成为复合型人才，知识面要广，并学会有效的自我总结与复盘，不断提升自己的多元思维系统。

比如，任正非在 2012 年华为公司的会议上提出用物理学的“熵”概念来指导公司经营，后来又引入物理学的“耗散结构”指导企业管理；在制定组织战略时，任正非又提出要借鉴当年李冰建造都江堰水利工程的“深淘滩，低作堰”理念。

我们会很好奇，在经营企业、面对未知风险时，为什么会引用这些无关学科的概念呢？其实任正非在做决策时已经超出了绝大多数人用的经验决策法，他选择了各个学科最重要的基础原理和规律来做决策，而这些被反复验证的其他学科的原理和规律有着非常实用的借鉴价值。

有一次李善友教授见到滴滴的CEO程维，问他最近在读什么书。

程维回答："最近在读物理学、生物学。"李善友教授好奇地问："你为什么要读这些书呢？"

程维回答："善友教授，还有什么比探索宇宙更复杂呢？弄懂这些东西后，再来看企业问题就简单了。"

程维这就是多元思维模型，往往高手都是综合学科的跨界高手，比如马云把武侠文化融入阿里巴巴，阿里文化体现了浓厚的武侠气息。

2. 四维量化决策法

多元思维模型决策法是需要经过长期积累而形成的高手思维，一般管理者可能做不到，那我们来介绍一种简单的四维量化决策法。

把已经想出的问题解决策略按照效益性、可行性、困难度、成本四个维度进行评估，按照每个维度1到10分进行量化打分，效益性、可行性越好分数越高，困难度越低、成本越小分数越高，待每个维度打分出来后再进行合计，总分最高的决策方案代表的就是最优的决策，如表9-1所示。此种决策方法更简单、量化，从而让你拿着方案去说服领导或团队成员时更有说服力。

表9-1　有效决策四维量化评估表

	效益性	可行性	困难度	成本	合计	排序
决策一						
决策二						
决策三						
决策四						
决策五						
……						

3. 集思广益决策法

俗话说："众人搭柴火焰高""三个臭皮匠抵过一个诸葛亮"，每个人对问题的看法都是有限的，其观点也是有限的，如果管理者能把大家召集起来，鼓励每个人各抒己见，踊跃发表自己的看法，就很容易找到更多、更好的解决方案。同时，由大家集思广益决策出来的方案一定会得到大家的拥护，因为那毕竟是自己选出来的。

心理学家埃伦·朗格（Ellen Langer）曾做过一个经典实验，向被试者出售奖券，价值 1 美元，有机会赢得 50 美元的奖金。在第一种条件下，被试者自己选择买哪张具体的奖券；在第二种条件下，被试者同意购买后，由研究人员为他 / 她指定一张奖券。到了开奖日，研究人员重新找到被试者，告诉他们有人还想参加抽奖，但奖券已卖光，如果被试者愿意，可以报一个价格，将自己的奖券卖出去。

结果显示，奖券是被试者自己选的，那么平均标价是 8.67 美元；如果奖券不是自己选的，平均标价只有 1.96 美元，足足缩水了 4 倍有余。抽奖本身是随机的，无论是自己挑的还是别人挑的奖券，中奖率都不会有任何差别；但是，仅仅是选择这种行为本身，就会改变我们对于结果的评估，让我们变得过度乐观。毕竟，是我们自己“选”的嘛！

4．客户导向决策法

有时管理者如果只站在自身或公司的角度来做决策，从逻辑上或理论上可能没有问题，但实际执行起来的效果不尽人意，那是因为企业的决策一定要面向市场、面向社会，不能闭门造车，最终应该由客户与市场说了算。

因此，华为成立了专门的“蓝军部”，设立“蓝军部”的目的只有一个，那就是站在客户、竞争对手的立场，审视华为自身，专职“唱反调”，提出华为的不足和缺陷。任正非非常重视“蓝军”的作用，他曾说：“要想升官，先到‘蓝军’去，不把‘红军’打败就不要做司令。‘红军’的司令如果没有‘蓝军’的经历，也不要再提拔，你都不知道如何打败华为，说明你已经到天花板了。”

在企业管理中，如果我们不了解客户的需求，或明知客户的需求却将其忽视，一味地强调自己的解决方案多么有创意、多么有个性，是不能让客户满意而买单的。试想一下，如果客户想以最小的成本，在最短的时间内解决问题，而你给出的解决方案却让客户耗时又费钱，这样的解决方案，客户会满意吗?

我曾经带领一个咨询项目的时候，遇到一个困难，项目方案总卡在一个关键决策人物那里，沟通多次未果，方案改了好几遍，分析佐证材料一大堆，但他总能挑出问题，甚至有时还专门挑方案里面标点符号错误的毛病，一时搞得我很生气。

后来，客户项目团队提供的背景资料帮了我们，真实的情况是：这位高管是个空降兵，而他的前任在团队中威信极高，他的当务之急是建立团队对自己的信任。我们的方案对他的团队利益分配有影响，他很难向下沟通和交代。

最后，我们在此基础上建议了一个过渡方案，给一个过渡期，问题迎刃而解。倘若不是客户的项目团队提示，我们不知还要在表象问题上做多少无用功，却发现不了真正的问题。所以我又总结出一条做咨询的成功经验：不在乎你的咨询方案有多专业，而要符合对方的需求，给对方带来真正的价值，客户说好才是真的好。

5. 最佳时机决策法

在决策中没有真正的最佳决策之说，只能是寻找当下的最优决策，因为环境、时间、问题都在不断变化之中。因此，在最佳时机、最有利于问题的解决方案便是最优决策。决策高手往往善于把握时机，因势利导，最终赢得最大的收益，但这有时需要决策者具备极高的智慧和极强的耐心。

芒格在《穷查理宝典》中说道："在进行投资时，我向来认为，当你看到某样真正喜欢的东西，你必须依照纪律去行动。"为了解释这种哲学，他喜欢用棒球来打比方。他讲了一个棒球运动员泰德·威廉斯的故事。

泰德·威廉斯是过去70年来唯一单个赛季打出400次安打的棒球运动员。在《击球的科学》中，他阐述了他的技巧，他把击打区划分为77个棒球那么大的格子，只有当球落在他的"最佳"格子时，他才会挥棒，即使他有可能因此而三振出局，因为挥棒去打那些"最差"格子会大大降低他的成功率。

9.4　守局：有效执行与经验固化的艺术

要打赢一场球赛，不仅要有好的团队进攻策略，还需要球员的有效配合与严格执行，以及极好的的防守技术。就像作战一样，只有懂得保存实力才能更好地进攻，时刻关注战场的变化，才能在关键时刻扭转全局。

9.4.1　有效执行的艺术

当问题分析与解决方案制作出来后，有效执行便成为关键，俗话说：“三分战略，七分执行”。许多公司不差好的战略，差得是好的执行。因此，再好的解决方案若不立即执行，也是白搭。

将解决方案付诸实施，让执行落地，不仅要强化员工执行意识，还需要讲究执行的策略与方式方法。就好像我们在做企业咨询时，有时明明咨询方案很专业也很落地，但一旦在改革过程中触犯某些人员的利益，他们便会想方设法阻止企业的改善措施。同理，管理者要想有效解决企业的某些顽疾，提出的问题解决方案往往也必须是创新性的，甚至会触犯公司某些员工的利益，那么在推行的过程中自然会遭遇到阻力，因此讲究执行的策略与方式方法也很重要。

接下来，我们整理了有关执行的 6 个原则，供大家参考，如图 9-13 所示。

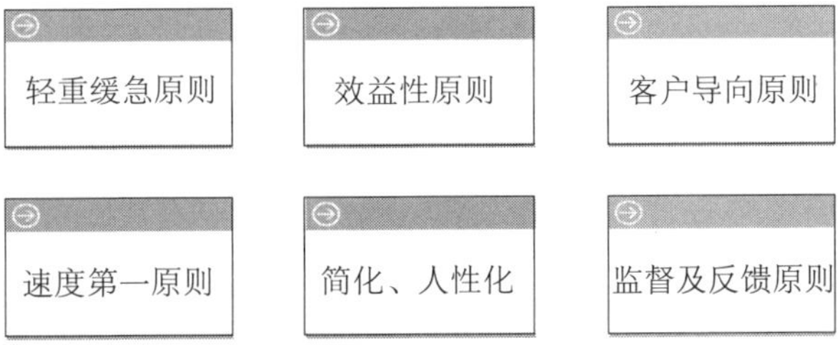

图 9-13　落地执行 6 原则

1. 轻重缓急原则

往往在企业管理过程中会同时迸发多个问题，那么管理者在解决问题时就应该学会分清轻重缓急，首先把对公司影响大、比较紧迫的问题放在第一时间解决，比如客户投诉、危机公关、重大突发事件的处理；其次是快速处理紧急而重要性稍差一些的问题，比如员工的离职问题、销售人员的培训问题、公司部门例会等。以此类推，把公司的问题进行有效的轻重缓急区分，逐一解决。

同时，我们在落实解决方案时，也要根据轻重缓急原则，考虑好是按逐一解决排列好优先顺序的各个子方案；还是分配任务，让参与任务的部门或个人各司其职，同时落实多个可以并列进行的解决方案。这要根据公司的规模、实力、人员配置情况因地制宜地开展相关工作。

2. 效益性原则

效益性原则是指在解决问题的过程中，不要太纠结于逻辑上的对错，而要讲究效益和效率，因为管理没有绝对的对错，只看结果。很多管理者往往喜欢用高大上的系统、工具、方法论来解决问题，实际上在许多中小微企业行不通，所以，管理者不能变成纸上谈兵的赵括和自高自大的马谡。

3. 客户导向原则

彼得•德鲁克说企业存在的目的就是创造更多的客户，客户是提供企业利润的源泉。因此客户导向原则是我们执行落地的一个重点，华为的任正非说："我们的干部要眼睛盯着客户，屁股对着领导。"这样才是真正的客户至上。

在问题的执行过程中，我们要第一时间响应客户的要求并及时向他们反馈，尤其在处理复杂问题的时候，如果不能让客户在短时间内看到成果，或看到解决问题的希望，你就很可能被客户视为无能，甚至引起客户的无端猜测，从而影响客户对你的信心，进而影响整个问题的解决过程。

有一次我们的咨询师团队进驻广东某企业进行一个为期一年的综合咨询项目，项目包括战略梳理、精益管理、人力资源及组织优化四大模块。按照咨询的惯例，要想见到一定的成果至少需要3到6个月的改善期，但公司的老板是一个急性子，不断地询问项目的进展情况，什么时候才能见到效果？

针对这种情况，我们迅速调整了策略，先从容易见到效果的精益管理和组织优化着手，一方面有效降低公司的运营成本与完善公司的基础管理，另一方面聚焦公司的业务流程、全生命周期研发流程的优化，提升研发水平和营销业绩。定期交给客户一些看得见、摸得着、感受得到的成果，比如产品销量增加、客户投诉率降低、研发周期变短、迭代加速、一线现场5S改善、成本降低等。

当客户看到成果之后，就会对我们的咨询顾问充满信心并有效支持项目的开展，而不会再给我们施加压力。这样，咨询顾问就可以静下心来，不受干扰地继续落实解决方案，从而从根本上解决问题。最终，一年的项目期结束，客户对项目的成果非常满意。

4．速度第一原则

速度是解决问题的“必杀技”，《孙子兵法》曰：激水之疾，至于漂石者，势也。极速流动的水能够将石头漂浮起来，这就是速度的力量。金庸的武侠小说中也描述了至高的武功秘诀：“天下武功，唯快不破”，可见速度的伟大力量。

当问题出现后，管理者应该在第一时间分析问题、找出症结、制订对策，然后以最快的速度将对策落实，这既是分析解决问题应有的态度，更是解决问题的高超智慧。管理者以身作则快速执行，才能带动团队快速执行，但凡成功的企业家大多是言必行、行必果。比如，军人出身的任正非、王健林、张瑞敏等领导人所在企业都是快速执行力的典范。

在 VUCA 时代，速度更意味着机会，许多行业的机遇稍纵即逝，要求企业的领导和管理者要有高度的预见性、全局的思维性及快速的执行力，才能让我们有效把握机会、快速突围。

5．简化、人性化原则

问题的解决方案不仅要考虑严谨性、时机性，更要考虑落地性、简化与人性化原则，因为最终还是需要员工一起来解决问题，如果流程太繁杂、严重触犯员工的利益，便会对问题的解决方案天生形成阻力。

多年前，英特尔公司的员工从仓库领取一支价值 2.79 美元的笔，要经过 95 道流程，填写 12 张表单。如此烦冗的流程，直接造成时间的浪费，让人疲惫不堪。后来，英特尔高层意识到这种官僚体系的问题，大力倡导流程优化，只留下极为重要的流程，而将那些无关紧要的环节毫不留情地删除。领取物件的流程简化之后，95 道环节变成了 9 道，12 张表单变成了 1 张表单。

6．监督与反馈原则

员工只会做你检查的事情，不会主动做领导期望的事情。监督考核、有效反馈是促进执行落地的有效保障。制度的落实需要管理者不断跟进和检查，解决方案的落实同样需要如此。管理者在分配任务、部署工作之后，不能有“坐等结果”的心理，而应及时跟进下属，关注下属的进展。同时，当下属在实施解决方案遇到问题或资源需求时，管理应及时给予帮助与支持。

9.4.2 成果固化三部曲

当问题解决后，并不意味着事情结束，而是要进一步固化成果、内部管理升级并加强防范意识，防止问题再次发生。根据实践，我们将问题解决后的成果固化分为三大阶段，简称为“成果固化三部曲”，如图 9-14 所示。

图 9-14 成果固化三部曲

1. 有效固化，复制成功的经验与方法

固化意味着将成功解决问题的成果和经验固定下来，包括将工作方法作为正式的标准、制度公布；将成功经验作为团队解决问题的方法论；通过培训、宣导等方式在公司中进行推广、借鉴等。这样可以有效防止大家重复的劳动，让组织经验得以有效传承，正如华为的任正非说：“企业最大的浪费就是组织经验的浪费。”

这个阶段，我们借鉴成功的经验、方法，刚开始时可以依葫芦画瓢，甚至可以达到僵化的程度，因为只有固化、僵化才能进一步优化。就像李小龙学武术，最开始跟叶问学的是咏春拳，后面才能创造出自己的截拳道。

2. 进一步优化，防止失效与僵化

当进行有效的经验与成果固化后，还需要在此基础上进一步优化，要因地制宜、因时制宜，因为没有包治百病的良药，要把经验与成果用活，才能达到李小龙截拳道的境界，一切以实用为准。

就跟我们讲师一样，每讲完一次课程，都要尽量去把课程的内容进行迭代，防止授课内容的过时与失效，根据企业的实际问题，因地制宜地设计授课内容。

下面来看一个广为流传的“不拉马的士兵”的故事。

在英国，有一位年轻有为的炮兵军官上任伊始，看到几个部队训练中有一个相同的情况：在每门火炮的操练中，总有一位士兵自始至终站在炮管下面，纹丝不动。后经了解，原来这是炮兵操练条例规定的。该军官回去后反复查阅军事文献，终于发现，炮兵现行的操练条例是马车牵引时代制定的。在那个时代，火炮由马车运送到前线，站在炮管下的士兵的任务是负责拉住马的缰绳，以便在火炮发射后调整由于后坐力产生的距离偏差，减少再次瞄准所需的时间，同时拉住马可以避免马因受惊而乱跑。而现在的火炮自动化和机械化程度已经很高，根本不需要这样一个角色，可操练条例没有及时修订更改，结果就出现了“不拉马的士兵”。该军官于是建议裁掉“不拉马的士兵”，并因此获得英国国防部的嘉奖。

3. 融合联结，逐步走向强大

成果固化的第三阶段是“融合化”，包括三个部分：一是，将解决问题的成功经验、成果经标准化后融合到公司的日常管理工作中，成为公司的组织能力；二是，将成果与其他管理经验进行融合成为新的方法论，甚至跨界融合成为新的成果；第三，将成果与管理者自身经验、思维融合，以提升管理者的判断力、决断力。

领导力的核心是融合经验成果的决断力，对于领导者来说，最重要的事情就是做正确的决断，因为在智能时代、新知识经济时代，领导管理的本质是一种认知管理。高层领导要有战略决断力，要指挥好团队作战，即市场洞察、战略规划、运筹帷幄；中层领导要有策略决断力，要能解决企业中遇到的实际问题，即组织构建、流程优化、现场问题解决；基层领导要有执行决断力，要能带领一线员工瞄准目标，快速执行。

第 10 章

赢得欣赏：卓越领导力塑造

10.1　领导特质打造：塑造领导魅力的八大特质

所谓领导力，本质上就是别人对你的追随力。如今的商业环境进入了高度不确定的时代。一个组织，它的资金、规模、资源、战略，哪一样都不是必胜的保证，而人才和团队的重要性越来越凸显。对于企业管理而言，一个看起来非常靠谱的目标，如果没有强悍的领导力，领导者不能带领团队往前走，一样没戏；相反，一个看起来不靠谱的目标，在领导过硬的团队努力下，没准也能打出一片天下，异军突起。未来创业的最终结局，不取决于你明智不明智，战略高明不高明，而是你能否说服你的团队，摆脱原来的惰性和惯性认知，相信你的判断和选择，跟着你往黑洞洞的陌生地带前进。正如阿里巴巴的成功源于当初的创业团队在马云的鼓动与说服下坚定地向未知地带前行。

因此，关于领导力，我见过最好的定义就是：领导力，就是引领众人去一个未知地方的能力。

领导力可分为权力性领导力和非权力性领导力两类。权力性领导力依靠的主要是领导岗位职责的法理规定，具有强制性和约束性，对领导者来说，是依托岗位而外赋的、相对暂时的一种领导力。而非权力性领导力主要依靠领导干部的道德、才能气度、个人魅力、情感公心等非权力因素，这种领导力往往表现为下属自觉地心理认同与支持，是长久的欣赏与追随力。

一位交警，制度让他有管理行人和车辆的权力。当你在路上开车的时候，交警如果让你靠边停下，你就应乖乖地照办，这是制度、岗位赋予交警的权力；作为公民，你必须要服从这样的规定。

领导力的核心是影响力，就是赢得别人对你由心而发的追随力，而不是简单的控制与服从。要赢得别人的欣赏与追随更多的是依靠你的非权力性领导力，那么领导的特质就显得非常重要。

新经济时代，对管理者的要求越来越高，要想成为团队追随的领袖型人物，必须不断修炼自己的领导特质，提升自己在团队中的影响力，打造自己独特的领导魅力。

根据众多管理学专家对领导力特质的研究，我们总结整理出新经济时代下的八大主要领导力特质：先时而变的洞察力、远见卓识的决断力、共情共识的凝聚力、勇于负责的担责力、自信乐观的受挫力、拥抱变化的学习力、令行禁止的推动力和带人育人的教导力。

图 10-1　新经济时代下赢得下属追随的八大领导力特质

10.1.1　先时而变的洞察力

领导力中的“领”字本身有引领、带领、指引之意，在商业环境快速变化的时代，预见性、洞察力成为企业领导的核心特质。马云就是凭借超强的预见性和商业洞察力才能带领团队一步步走向成功。当初身边很多人质疑马云是一个骗子，他讲的那些高大上的未来愿景往往大家听不懂，后来却都被证实了。马云之所以每次都能够那样自信，是因为他有预见性的眼光。

阿里巴巴的投资者中有些人曾质疑过阿里巴巴的模式，马云在接受采访时说：“投钱给我的创投基金，从第一天开始就听不懂我的话，但还是每年投钱进来，现在他们都说：‘Jack，我不跟你吵，你去干吧！’我跟公司的COO（Chief Operating Officer，首席运营官）也是吵了6年了，结果第7年他都不跟我吵，也不再跟我打赌了。”

目前，阿里文化是在原来的“六脉神剑”（客户第一、团队合作、拥抱变化、诚信、激情、敬业）的基础上加上了三点而形成的，这三点就是：眼光、胸怀和超越伯乐。也就是说，在做到“六脉神剑”的基础上，再做到这三点，才符合领导者的价值观考核标准。

其中的“眼光”就是我们这里所说的“先时而变的洞察力”。作为公司的Leader（领导者），能够看到别人没有看到的机会，并且能防止灾难，它要求领导者有洞察力，并且是预见性、全面的洞察。

机会和灾难是用来考验洞察力的，“知为明、观为见”，能够洞察到没有发生或还没有看到的事物，具有敏感、敏锐的预知力。这怎么可以做到呢？扎得越深，才会看得越远，只有真正渗透进去，对于真实、基础的东西才能有很深的洞察，才会有很好的洞察力。

10.1.2　远见卓识的决断力

有了洞察力还要有决断力，因为如果老是谋而不断，就容易错失商业良机，因此，作为领导者更应具备远见卓识的决断力，敢于决断、善于决断是成大事的前提。世界管理大师彼得•德鲁克说：“每当你看见一个成功的企业，必定是有人做出过勇敢的决策。”领导者处处领先一步最根本的原因，就是他们具备做出勇敢决策的能力，而勇敢决策的前提是对未来趋势的超前预见和清晰洞察。

华侨实业家、教育家陈嘉庚就是一位具有远见卓识的决断力的人。

第一次世界大战爆发后，许多商船在东印度洋上受到德战舰攻击，航运几乎停顿，极大地影响了新加坡的出口业和制造业。这时候陈嘉庚企业的仓库里堆放了 1 万多包熟米，产品积压的直接后果是资金流转困难，工厂租金预期无法清还，员工的工资又绝对不可拖欠，他遇到了前所未有的危机。但同时他又发现自己难以克服的困难，也是其他商家难以克服的，于是他从中看到了新的商机，果断地决定经营航运业。这使得他在战争 4 年中，仅航运一项就盈利了 160 万元。但是在第一次世界大战之后，他意识到航运业的短暂性和危险性，于是见好就收，继续扩展自己的橡胶王国。

1922 年，国际市场整体疲软，橡胶价格连续 3 年下滑，许多小规模的胶园、胶厂被迫停产，陈嘉庚认定橡胶是朝阳行业，发展前景广阔。在对马来西亚各地进行考察之后，一口气买下 9 家橡胶厂，进一步扩大生产规模，为之后大规模生产橡胶产品解决了原料供应问题，又一次抢占了商机。

陈嘉庚的果敢决断、理性取舍，使他总能及时抓住商机，并化危机为契机，逆袭成功。

10.1.3 共情共识的凝聚力

《孙子兵法》曰：上下同欲者胜。团队制胜的核心法宝是上下同欲，凝心聚气。共情共识的凝聚力表现为对团队成员的不抛弃、不放弃，同理心对待，善于理解与肯定下属，懂得有效的激励。

《亮剑》中的李云龙就是典型的例子，首先李云龙不抛弃任何一个弟兄。《亮剑》中有多处场景描述他的这一特性。

场景一：刚开场独立团被日军包围的时候，他带领的一支队伍冲出了包围圈，可一营营长被鬼子重兵包围，李云龙知道冲回去可能全军覆没，但他还是带兵冲进去救出了一营营长张大彪。

场景二：比较极端，为了替被土匪谋杀的“爱将”和尚报仇，他带领部队违抗军令剿灭土匪。从他上级的行为来看，李云龙抗命又莽撞；但从下级来看，能跟这么一个心里装着下属安危，为下属拼命的领导，就算搭上性命也值得。

李云龙还善于激励与肯定下属，善于充分运用下属的长处，让士兵们有一种“士为知己者死”的心理认同感。

10.1.4 勇于负责的担责力

优秀的领导者知道，不管在工作中还是其他情况下，他们都需要对所遭遇的失败承担责任，这体现了一个领导者的担当。如果当团队遭遇失败或工作失误时，领导者只会找借口，老是把责任推给下属，就非常容易引起下属的反感，认为自己的领导没有起码的责任担当，根本不配做领导人。

松下幸之助曾说过，作为一个经营者，一定要有担负绝对责任的心理准备才可以，不管员工是 100 人，还是 200 人，就算聘用了 1 000 人或 2 000 人，责任还是由他一个人负。自己既然站在最高的位置上，一切应当是自己的责任了，这个道理应是古今不变的。

由此可见，对于任何一名企业领导者来说，你就是你所在部门的“一把手”，也是本部门出了问题后的第一责任人。只有勇于承担责任，你才配得上所在的位置，才配拥有部属们的尊敬和上级领导的信任。

10.1.5 自信乐观的受挫力

优秀的领导者总是表现出积极的、自信的态度，即使在团队遭遇最糟糕的情况下依然保持积极的态度，并带领团队找到解决问题的方法。把危机变成机遇，是一种稀缺的领导能力。当危机来临时，领导者除了保持自信乐观的态度外，还应具有转危机为机遇的有效洞察力与决策力。

迪士尼的创始人沃尔特·迪士尼在管理工作中也曾遭遇过艰辛和挑战。和任何优秀的领导者一样，他设法保持积极态度并寻找新的机会。1928 年，迪士尼发现他的电影制片人查尔斯·明茨希望减少他对《奥斯华》系列赛的付款。如果迪士尼不接受他的条款，明茨威胁要完全切断合作关系，迪士尼最终选择分道扬镳。在这之后，迪士尼决定打造一些全新的东西：米老鼠。

10.1.6 拥抱变化的学习力

许多企业管理者反馈说，如今经营企业越来越难，机会越来越少，钱越来越难赚，只要有好的商业机遇大家便会一哄而上，竞争异常激烈。

彼得·圣吉在《第五项修炼》一书中写道：未来唯一的持续优势，是有能力比你的竞争对手学习得更快。因此说企业的学习力，尤其是领导者的学习力是企业的核心竞争优势。

在知识经济时代，知识正经历指数级的增长，工作内容每天都在不断发生变化，几乎每个学科都在不断进步，使我们与其对话的能力变得陈旧与落后，因此，拥抱变化的学习力，是新时代领导者应掌握的核心技能之一。

10.1.7 令行禁止的推动力

令行禁止的推动力就是管理者通过制度约束、绩效考核、命令授权等一系列行为来推动团队干事创业的领导能力，它是保障组织目标执行落地的关键。三分战略，七分执行，在组织目标的执行过程中，管理者发挥着重要的推动与监督作用。

《左传》曾记载孙武练兵的故事。孙武去见吴王阖闾，与他谈兵打仗，说得头头是道，吴王心想：“纸上谈兵管什么用，让我来考考他”，便给孙武出了个难题，让孙武替他来操练姬妃宫女。

一开始，孙武将队伍操练要领讲得清清楚楚，但正式喊口令时，这些女人们笑作一团，乱哄哄的，谁也不听他的，孙武再次讲解动作要领，并以身作则。但他一喊口令，宫女们还是满不在乎，两个当队长的姬妃更是笑弯了腰。孙武严厉地说道：“这里是演武场，不是王宫；你们现在是军人，不是宫女；我的口令就是军令，不是玩笑。你们不按口令操练，两个队长带头不听指挥，这就是公然违反军法，理当斩首！”说完，便叫武士将两个宠姬杀了。

场上顿时肃静，宫女们吓得谁也不敢出声，当孙武再喊口令时，她们步调整齐，动作划一，真正成了训练有素的军人。孙武派人请吴王来检阅，吴王正为失去两个宠姬而惋惜，没有心思来看宫女操练，只是派人告诉孙武：“先生的带兵之道我已领教，由你指挥的军队一定纪律严明，能打胜仗。”孙武便没说什么，而是从立信出发，换得了军纪森严、令出必行的效果。

10.1.8 带人育人的教导力

带人育人是管理者的立人之基，也是其常规工作。彼得•德鲁克给领导力曾下过这样的定义：领导力是把一个人的视野提升到更高的境界，把一个人的绩效提升到更高的水准，是锻造一个人的人格，使之超越通常的局限。

很显然，彼得•德鲁克说的是领导力的长期任务，是育人。彼得•德鲁克这里说的“一个人”，不仅指下属，也指自己：领导者不仅育人，也是自我修炼。无独有偶，领导力专家诺埃尔•蒂奇也认为，一个组织应该努力成为教导型组织，因为领导者的主要角色就是老师：“组织中的任何层级上，一个人要想成为领导者，必须是一个老师。如果你不是在教别人，你就不是在领导。就是这么简单。”

一个好的领导者往往是身边跟着一帮强兵，但这些下属并不是天生能力就这么强，而是在团队领导的带领下，不断实践，长期传帮带、不断教导的结果。

企业人才的培养需要经过一系列的过程，包括“识别人才—能岗匹配—加强培训—设立目标—发掘潜能”5 个步骤，如图 10-2 所示。

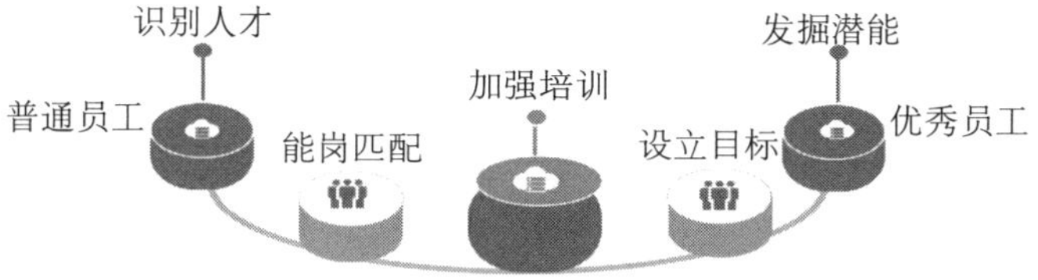

图 10-2　将普通员工培养成为优秀员工

10.2　魅力素质修炼：赢得职场成功的五大领导者素质

前一节讲了赢得下属追随的八大领导者特质，这些特质有可能是天生的，只有天生具有领导特质的人才有可能成为优秀的领导者，因此，并不是什么人都适合做领导。接下来讲的领导者素质，是指充当领导角色的个体为了完成其特定的职责，发挥其特定影响和作用而必须具备的自身条件，是在一定的心理条件基础上，通过学习、教育和实践锻炼而形成的在领导工作中起作用的那些基础条件和内在要素的总和。因此，领导者素质可以靠后天修炼。

大家公认的新型领导者素质可以将其归纳为 5 个方面，又称“5 种商数”，即智商（IQ）、情商（EQ）、逆商（AQ）、财商（FQ）、健商（HQ），这 5 商一个都不能少，如图 10-3 所示。

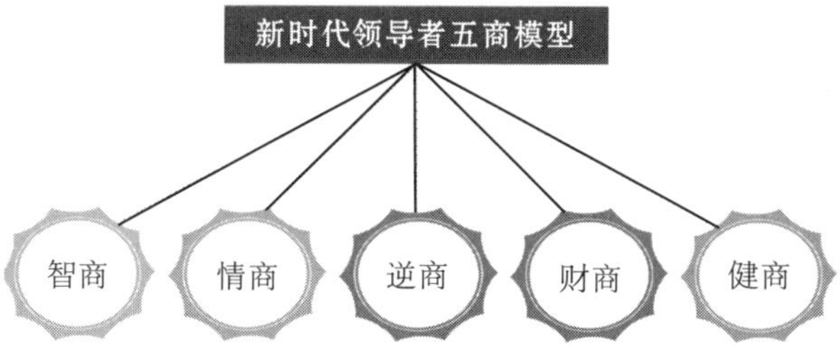

图 10-3 新时代领导者五商模型

1. 智商

所谓智商，就是通过一系列标准测试测量人在其年龄段的认知能力，即智力的得分。智商表现为多个方面，如观察力、记忆力、想象力、创造力、分析判断能力、思维能力、应变能力、推理能力等。智商更多表现为理性的部分，大多发挥抽象思维、逻辑推理、分析判断的左脑功能。

智商主要跟遗传及后天的教育培养有关，也受到幼年时期营养状况等的影响。人类从胚胎形成到出生、成长的最初几年对智商的形成异常重要，如果这个阶段智力发育得较好，那么成年后的智商就会相对比较高。

在职场中发现一般能做领导的人智商都不会低，关键是如何在职场中运用。比如，智商在处理市场变化、应付政治僵局、开发新产品等方面发挥着重要作用。再比如，记忆力是智商的重要组成部分，如果你是一个领导，刚跟别人握完手就忘了人家叫什么名字，那你就不能成为一个优秀的领导者。好的记忆力、快速的思维能力是领导者重要的智商能力。

但也有专家提出：智商过高反而会损坏领导力。

美国加州大学戴维斯分校的心理学家迪恩·西蒙顿曾经提出："智商过人的领导者发表的言论可能会过于天马行空，使得普通人更加难以理解。"同时，智商高的领导者推行的改革方案也可能会因为过于深奥难懂而无法得到有效的理解和实施。

西蒙顿他们研究了来自超过 25 个国家和地区涉及银行、零售和技术领域的 423 名商业领袖，这其中男女领导者都有。受试者首先参加了一项智力测验，通过测验研究人员会拿到这些参与者的智商水平。然后再由约 10 名同事就这些领导者的领导风格和行事效率做出评估。调查结果表明，在达到某一临界点之前，受试领导者的智商水平和他们的领导效率、决断力、领导力等特质呈现出正相关的关系。但是，当领导者的智商水平达到 120 这个临界点之后，曲线发生反转，智商和领导力出现负相关的关系。

2. 情商

"情商"又称情绪智能，随着丹尼尔·戈尔曼的畅销书《情商：为什么情商比智商更重要》的出版与流行，"情商"这一术语已成为人们的日常用语。作者利用大脑与行为科学的突破性研究，说明普通智商的人也可以表现出色的影响因素，这些因素包括自我意识、自律和同理心，它们不是天生固有的，却能对我们提高智力和领导力有着重要帮助。

至于究竟对领导力而言，是智商重要还是情商重要？目前科学界尚未准确定义。据专家研究表明，IQ（Intelligence Quetient，智商）在预测与业务相关的领导表现方面做得更出色——商业头脑和财务敏感度；而 EQ（Emotional Quotient，情商）则与人为中心的领导能力表现联系更为紧密，如带领团队、员工激励与营造人际网络等。

我们认为智商、情商对于领导力发展都重要，缺一不可，领导者在任何一方的不足都可能造成失衡以及严重的失败风险。所以，丹尼尔·戈尔曼在《情商：为什么情商比智商更重要》一书中写道："智商高、情商也高的人，春风得意；智商不高、情商高的人，贵人相助；智商高、情商不高的人，怀才不遇；智商不高、情商也不高的人，一事无成。"

历史上的项羽就是典型的智商高、情商低，项羽一生驰骋沙场，所向披靡，许多看似毫无胜算的战役，项羽都能迎刃而解，反败为胜，可见智商之高。无奈项羽的智商与情商不成正比，先是在与下属共事的过程中放不下身段，一意孤行，强硬地逼迫下属绝对服从于他，致使许多将士寒了心，转身去投奔刘邦，比如韩信就是其中一个。后又在到达咸阳后，暗杀楚怀王（义帝），放火大烧阿房宫，寒了民众的心，也断了他的帝王之路。

如果项羽的情商有他智商的十分之一，在咸阳的时候，他完全可以扭转局面，也就没有刘邦什么事了。可惜上天给了他高智商，却没有给他相应的情商。

3. 逆商

逆商是指人们面对逆境时的反应方式，即面对挫折、摆脱困境和超越困境的能力。通俗地讲，就是遇到挫折以后能不能很快地爬起来，并从中吸取教训。

逆商这个概念是由美国管理学者保罗·斯托茨提出来的，在他的著作《逆商》一书中，他认为逆商与智商、情商一样，是成功的关键要素之一，只有逆商高的人，才能积极面对人生的各种艰险，并最终获得超越大多数人的成功。

关于智商、情商、逆商总结了三句话：智商决定你是否能入局，情商决定你是否能破局，而逆商决定你能否在触底时反弹，它决定你的生死。

巴顿将军曾说过："衡量一个人成功的标准，不是看他登到顶峰的高度，而是看他跌到谷底的反弹力。"

很多成功者都经历过很多挫折与失败，史蒂夫·乔布斯、董明珠、史玉柱、任正非都是如此，但是他们有很强的反弹力，并最终战胜挫折与失败，走向辉煌。

任正非是这个时代最杰出的企业家之一，他领导的华为公司更是中国企业的骄傲。2019年，华为和任正非面临创业以来最大的挑战，任正非却保持乐观和积极的态度，并对未来充满信心，他说："现在是华为最好的时候。"

一次会议中，任正非把"烧不死的鸟是凤凰"和"从泥坑中爬出来"作为主题，作为华为的一种精神，也充分体现了任正非对于逆境的态度。

在耀眼的成功背后，任正非其实经历了许多不为人知的艰辛。

任正非幼时家境贫寒，一家七口人，全靠着父亲微薄的收入养家糊口，常常捉襟见肘，到处借钱度日。二三个人穿一条裤子；食物有限，要靠母亲合理分配，才能够保证活下来。一家人虽然吃不饱穿不暖，但在那个年代，任正非却凭借自己的努力考上了大学。

任正非44岁的时候，在经营中被骗200万元，被迫离开工作多年的国企，还背上了200万元的债务，这时妻子又与他离婚，他带着老娘老爹弟弟妹妹一家老小在深圳住棚屋。

此时的任正非人到中年，上有老下有小，背负巨大的债务，心里要承受多大的压力，可想而知。

然而，他没有被逆境打倒，而是在逆境中奋然走向下海经商的道路。1987年，他筹集21 000元人民币创办了华为公司，靠代理某公司的程控交换机获得第一桶金。

在任正非的努力下，华为一步步发展壮大，并发展到今天的规模。如今的任正非身价过百亿，华为更是中国的骄傲，胡润对华为的估值为一万多亿元。

任正非能取得今天的成就，一个关键因素就是，面对生活的挫折与打击，他没有一蹶不振，而是选择迎难而上，冷静思考，步步为赢，这可能是对领导者"逆商"诠释的最佳案例。

4. 财商

财商是指个人、集体认识、创造和管理财富的能力。财商包括两方面的能力：一是，创造财富及认识财富倍增规律的能力；二是，驾驭财富及应用财富的能力。对应企业管理中的领导力维度，就是指领导者能有效掌握企业的商业营利模式、财务管理方面的知识，能有效为企业开源节约、降本增效，这是管理者的核心素质之一，往往老板与股东们关注的是企业利润的增长，一个领导者能为企业持续创造价值与利润是领导水平高低的核心评价要素。

5. 健商

健商是指一个人已具备和应具备的健康意识、健康知识和健康能力，这三个方面缺一不可。健商理论认为，一个人的情感、心理状态以及生存环境和生活方式，都可以对他的健康产生直接影响。因此，健商不仅是把健康定义为没有疾病，而且更广义地指一个人的良好状态。

心理学研究表明，一个人的情绪、状态可以影响一个人的行动，从而影响他创造的业绩。因此，健商也是作为领导者必不可少的素质之一。

10.3　领导力提升：驱动组织发展的五项领导技能突破

领导者的特质是成为优秀领导者的先天条件，要持续赢得老板的欣赏、赢得下属的追随，还需要领导者努力带领团队打造卓有成效的管理业绩。在带领团队作战的过程中，需要有效发挥管理才能，修炼自己卓有成效的领导艺术，才能既让企业目标执行落地，又能保证团队沟通畅通、上下同心，心往一处想，劲往一处使。

领导力要显得卓有成效一定要回归企业经营本质，聚焦组织目标，驱动组织的有效发展。领导者要在做好自我管理的前提下，通过团队来完成企业交给的工作任务和目标，确保企业的领导管道畅通。根据多年的培训实践及对众多绩优企业经理人的调研，我们总结出卓越领导者必须突破的 5 项领导能力，分别是：目标协同、团队激活、委派授权、绩效评估与反馈、变革赋能，如图 10-4 所示。

图 10-4　驱动组织发展的 5 项领导技能

组织目标的实现，为每一级领导者都留下了创新的余地，反过来讲，各级领导者都有机会在实现组织目标的过程中进行创造性的发挥，用自己独特方式达成目标，在产品、服务、管理中体现出自己的独特风格、核心优势和匠心独具。

10.3.1　聚焦目标，关注高价值工作

目标管理是领导者的核心工作技能之一，只有聚焦目标，关注高价值工作才能让领导者的工作卓有成效，就像射箭一样，明确的目标就像靶心，瞄准靶心才能让射出去的箭不偏离轨道。

1. 目标设定——让目标更精准、具有激励性

首先，团队目标的制定要符合 SMART 原则，即具体的、可衡量的、可达成的、相关的和有一定期限的。比如，减肥虽说是一个目标，但不是精准的目标，如果改为以下的说法就算是精准目标：3 个月内成功减肥 5 斤，既明确量化又有时间限制，并可以达成。

其次，个人、团队和组织目标要一致，个人目标是团队目标的承接，团队目标是组织目标的承接；有一致性和关联性。并且要层层分解，责任到人，只有事事有人管，才能件件落实到位。

第三，目标的制定要具有激励性，能跳起来摸得着。目标定得太高，大家都完成不了从而失去信心；目标定得太低，就失去了激励的意义，也完成不了组织的目标。

2. 目标协同——GPS 原则

在团队管理中，团队业绩不是简单的个人业绩叠加，而是要进行有效的目标协同，才能发挥团队 1+1 ＞ 2 的效果。这里介绍一个 GPS 原则，既可以

定位到个人，做好调适，又可以提高团队的目标协同能力。

在 GPS 原则中，G=Goal（目标），即目标一致性，就是说，在团队里面，个人目标一定要同团队目标协调一致。团队好比一趟驶向终点站的火车，只有一个方向，你可以中途上下车，如果你想一起走却有不同的方向，那么容易脱轨。良好的团队应有三个要素：①共同的目标；②确定的动作机制；③各司其职的角色分配。

在 GPS 原则中，P=Profession（专业），即要提高每个人的能力，增强员工的专业深度，提高意味着要多承担责任，多为团队做事情。不断地以工匠精神要求员工精进技能、磨炼意志。

在 GPS 原则中，S=Support（支持），即增强弹性，主动补位，即调高团队成员的适应性，拓宽能力以提升团队的灵活性。在 VUCA 时代，外界环境复杂多变，对新技能型员工、综合型员工的需求越来越明显，因此增强团队的弹性，提升团队的适应性与应变性非常重要。

3. 方法选择——GROW 模型

GROW 模型由约翰·惠特默在 1992 年提出，是有效的教练工具，是围绕设定目标和寻找解决办法的一种工具，可有效帮助管理者进行员工辅导，让员工自行负责并有效找到解决答案并确定行动方案。其主要包括以下 4 个步骤，如图 10-5 所示。

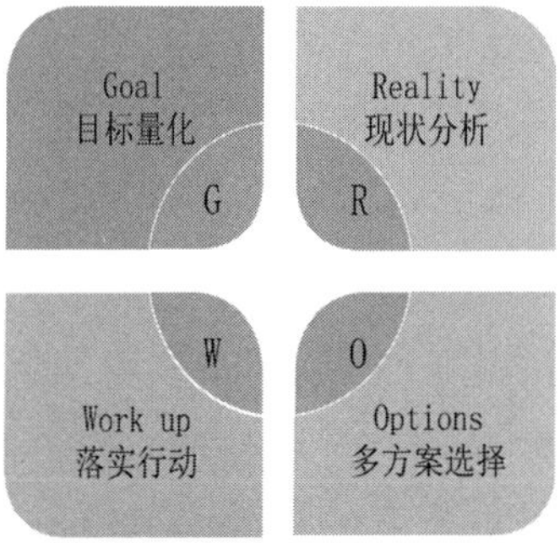

图 10-5　GROW 模型

（1）目标量化（Goal）：将目标进行精准量化。

（2）现状分析（Reality）：分析现状与目标之间的差距，了解与目标相关的各种要素和资源。

（3）多方案选择（Options）：探索可达成目标的方案并制订行动计划。

（4）落实行动（Work up）：落实行动计划，快速执行。

GROW 模型给领导者提供了结构化的问话框架，使得与下属的对话不偏离目标，在 Goal 阶段，其重点是将目标清晰量化；在 Reality 阶段，其重点是现状分析与资源开放，充分调动下属的积极性，在表达时不要单纯告诉下属“你必须怎么做”，而是要转变话语体系，问对方：“我该怎么协助你才能一起克服这个困难？”在 Option 阶段，重点是打开思维，多方案选择，你可以问他“即使有困难请思考三个解决方案？”“如果这种方法做不到，还有没有其他替代性方案，绕开这个困难？”在 Work up 阶段，其重点是将行动目标具体化，促进下属落实行动。

为了熟练使用这个工具，我们举一个管理者辅导下属的案例。

管理者：小李，最近你的工作状态好像不是特别好，能跟我说说为什么吗？

小李：对不起，领导，最近连续丢了两个业务单，心情烦躁，感觉力不从心。

管理者：我知道你的工作有难度，但是你要知道，目前你跟进的这几个客户是公司的大客户，如果你跟他们达成协议，以后公司的业务量可能会增长不少，这样你就是咱们销售部的功臣，并且我承诺在这个月的项目中把你的销售提成从原来的 8% 提到了 10%，这是一个挑战，更是一个机会，对吧？（量化目标）

小李：领导，我知道这是我的绝好机会，但的确很难做到。

管理者：你的现状是怎样？离你的目标还有哪些差距？（现状分析）

小李：主要困难有三点，一是因为前期还没有与我们合作过，客户对我们不太信任；二是由于是大客户订单，客户希望我们能定制化为其生产，并且成本压得非常低；三是我们内部目前的研发与生产能力尚满足不了客户的要求。

管理者：你认为目前困难的关键突破点在哪里？

小李：我认为目前困难的关键突破点在于公司的研发、生产与营销的协同性。

管理者：请问能否提供三个有效的解决方案？（多方案选择）

小李沉思了一段时间后，说：一是带领研发与生产人员代表跟我一起去跟客户谈一次，充分了解客户的需求，好定制化开发产品；二是加大客户的公关力度，及时与客户互动，寻找机会进行深度链接；三是需要领导你跟公司高层反馈一下，看能否增加对大客户的政策倾斜与服务力度。

管理者：你认为哪一种办法更容易着手？

小李：从第一种着手比较容易。

管理者：什么时候开始你的行动，具体计划是怎样的？（落实行动）

小李：……

10.3.2　激活团队，管理就是激活团队

管理从某种意义上来说就是激活团队，就像打游戏，当你准备进入某个游戏关卡准备激烈战斗时，系统会提示你："对不起，你的 ×× 还没有激活。"看到这些字眼，你有什么样的感受呢？再好比，一个老板赤膊上阵准备在战场上跟敌人大战一场，大喊一声："弟兄们，冲啊！"结果发现身后的团队成员全跑了，请问这时老板该是怎样的悲哀呀。因此，作为领导者，就是要激活你的团队，激发他们的战斗力与执行力，并且这个战斗力与执行力不仅仅是用钱换来的，而是自发地、自驱地表现出来的，这才体现一个领导者的管理水平和领导艺术。

激活团队需要多维的管理与激励手段同时进行，包括团队组建、团队赋能、有效激励、高效执行、有效驱动、有效评价与反馈机制等，我们把它们概括总结为激活团队的"六招十八式"，如表 10-1 所示。

表 10-1　激活团队的六招十八式

六招	十八式		
团队组建	分工明确	责任共担	有效协同
团队赋能	目标激励	文化牵引	以身作则
有效激励	物质激励	优胜劣汰	赛马机制
高效执行	制度约束	有效授权	优化流程
有效驱动	榜样激励	绩效考核	新陈代谢
反馈支持	有效沟通	后勤支持	鼓励试错

在激活团队的过程中有一个管理理念叫"水烧到 99° C 也无法沸腾"，因此，激励必须是持续的、组合式的，要把"激励之水"烧到"沸腾"，甚至

超过员工的期望，要创新激励手法，让他们感觉到“情理之中，意料之外”。因为满意度是一个相对的心理概念，根据公式：满意度 = 实际体验值 − 期望值，我们要降低员工的期望值，提升他们的体验值，才能让员工感到满意，而不是一味地用钱去激励，不断把员工的胃口搞得很大。

10.3.3 委派授权，实现员工自我管理

成功的领导者肯定不是忙得团团转的人，而是一切尽在掌握中、悠然自得的人。领导者不要事无巨细充当救火队员，而要将大部分决策权和执行权授予团队成员来做，这样才能有充足的时间思考团队的前进方向。

授权是现代企业领导者的一项重要管理工作，不懂得授权，领导者的工作就变得细小琐碎，最终不堪重负。如果不能有效、顺利地授权，无论是领导者还是团队，其潜力都不可能充分发挥出来。管理的最终目的是实现员工自我管理，变“要他干”为“他要干”。而委派授权不仅是实现员工自我管理的有效手段，同时，有效授权可以加速员工培育和团队接班人的培养。

授权时要因人而异，因事而异。同时，授权不是放权，也不是设立新的权力和职位，只是领导者行使自己权力的一种方式。领导者在授权时，授出的权力必须在自己完全控制之下，使适度授权成为一个领导者胸有成竹的手段。

根据授权制约的程度，可以将授权程度分为 5 个等级。不同的等级，授权的范围与被授权者的权利、义务都不同，如图 10-6 所示。

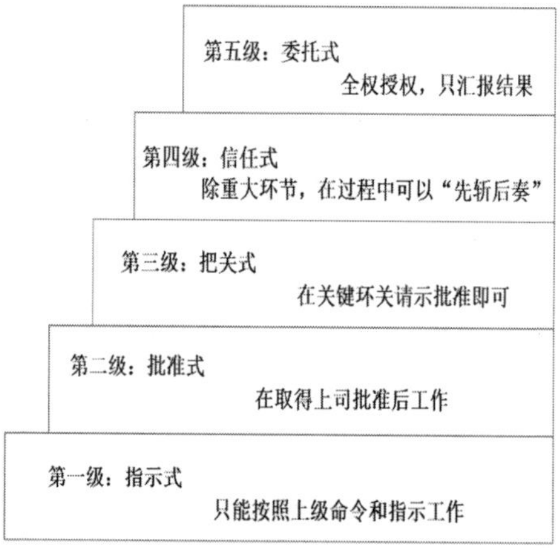

图 10-6　授权的 5 种程度

在领导者授权的过程中，要有效避免反授权的情况发生，避免下属身上的“猴子”再次爬上领导者的肩膀。在授权过程中，要明确下属的责、权、利，加强对下属的工作知识和技能的培训，培养下属工作的自信心，并明确要求下属自行拟定解决方案，而不是领导者再次亲力亲为，那跟没授权是一样的。也不要让下属成为一个只会听话的机器，而要让下属主动思考、主动进步，这样才能让授权的作用真正发挥出来。

10.3.4　绩效评估与反馈，促进员工进步

绩效考核与过程反馈是监督员工努力工作、不断前进的利器，但在现实的企业管理中，很多企业的管理者都曾被考核工作带进了死胡同。考核辅导的工作不仅没有起到帮助员工的作用，反而成为“杀死”优秀员工的凶器。因此，熟悉并有效掌握正确的考核辅导方法成为领导者们急需解决的问题。

首先，加强对绩效管理的认知。一是绩效考核不等于绩效管理，它只是绩效管理的一个环节。二是要清晰企业实施绩效考核的根本原因：促进团队达成战略目标、直接提升团队绩效、支持员工提升个人能力，而不是为了控制员工、迫使员工听话。

其次，掌握绩效考核的五大原则：公平合理原则、结果公开原则、结合奖惩原则、差别原则和严格原则。让绩效管理工作有原则、有依据，做到让大家心服口服，这样才有效果。

再次，能较熟练地掌握绩效考核的常用工具，比如目标考核法（MBO）、关键绩效指标（KPI）、平衡计分卡（BSC）、360 度考核法、主基二元考核法等。

最后，要学会有效的绩效过程辅导与绩效反馈面谈，基于绩效合作伙伴的基础上，促进员工能力提升与业绩改善。

10.3.5　变革赋能，在突破与融合中成长

在 VUCA 时代，变革与赋能成为领导者的新任务与新要求。在外界环境剧烈变化的今天，领导者最不能回避的事情就是引领变革。变革已然成为时代的最强音，如果领导者不能带领自己的组织或团队主动求变，就有可能被淘汰。

变革又分为三类，预期性变革、反应性变革和危机性变革，如图 10-7 所示。

图 10-7　组织变革三层次

（1）预期性变革，指企业在现有发展模式最辉煌时候就能敏锐地嗅到新的机会或预见潜在风险，如华为、阿里巴巴的主动求变。

（2）反应性变革，指大势已经形成，组织已经感受到环境变化带来的威胁和压力，领导者决定采取变革以适应变化。如苏宁大量开展线上销售模式，收购万达部分产业。

（3）危机性变革，就是为形势所迫，不变革就要被市场淘汰了，这个时候的变革成本就很大，难度也很大，极有可能被淘汰出局，如诺基亚的手机市场。

同时，未来领导者的职能由传统的管理职能向赋能职能转变，人聚到一起就是一个团队，只有赋能才能让团队变得更强大，实现 1+1 > 2 的效益。根据赋能的发展，也可分为三个阶段，分别是个体赋能、团队赋能和组织赋能，如图 10-8 所示。

图 10-8　赋能发展的三层次

个体赋能指企业由上而下释放权利，尤其是员工自主工作的权利，从而驱动员工的自我管理和自我能力提升；团队赋能是企业化小组织单位，从而驱动组织结构的扁平化，同时，领导者通过赋能整个团队，从而起到激活团队，打造问题解决型团队的目的；组织赋能指组织不断拥抱变化，积极把握时代趋势，不断提升组织能力，打造企业的核心竞争力。

10.4　共情领导：赢得大家的信任与欣赏

共情能力不仅是沟通、打造亲密关系的撒手锏，更是领导力的终极秘诀。共情能力又分为认知共情和情感共情两项能力，认知共情是指你对他人情感的感知力、分辨力；情感共情更多指同理心、移情等情感上的共鸣与具体的行动。

10.4.1　共情的程度，决定了你跟员工的关系

我们先来看一个小故事。

一天，丈夫看到妻子正在厨房炒菜，就走到她旁边一直唠叨："慢一些""火太大了""赶快把鱼翻过来""油放太多啦"。

妻子不胜其烦："我知道怎样炒菜，不用你来教。"

丈夫理直气壮地说："你当然会炒菜，但我只是想让你知道，当我在开车时你就在旁边喋喋不休，我的感觉是怎样的……"

生活中，人们总是很容易忽略他人的感受，而习惯用自己的标准去审视别人，简单来说就是缺乏"共情"的能力。关于"共情"，人文主义创始人卡尔·罗杰斯的定义就是：站在别人的角度思考问题，并进入其私人认知世界，然后完全扎根于此。

所以，你与他人的关系是日益加深还是逐渐疏远，就要看你们之间的"共情"能力如何了。

曾任微软、谷歌副总裁，久经职场的李开复将同理心摆在了职场沟通的重要位置，设身处地为别人着想，尽力理解别人，对于更好与同事、下属沟通，

提高领导力来说至关重要。

2020 年，随着电视剧《安家》的热播，大家开始讨论这部电视剧背后各维度的职场哲学与社会现实。

新来的店长房似锦面对清高、严厉和挑剔的宫蓓蓓，本着从同理心出发为客户服务，抓住了博士医生的痛点，“量体裁衣”地为他们定制了心仪的房子，既能满足三代同堂六口之家居住，还能在喧嚣的城市中独辟一方可以随时“抬头看星星”的独立空间。不要说他们，连电视机前的我们，看到这样精心的房子设计与细心服务都会感动。

在这一段场景里，房似锦从同理心出发为客户服务，取得了关键性的胜利，同时拿下了店员老谢手里根本不可能啃动的两块硬骨头：宫蓓蓓买房子和跑道房出售。好一个一举两得的连环交易环节。

但在团队管理中，作为业务能力极强的店长房似锦似乎没能得到下属的认同，甚至连电视剧前的观众都开始有点讨厌她：房似锦对员工总是板着脸，唯业绩致上，只讲业务，不讲人情；喜欢单打独斗，而不擅长带兵打仗。甚至有点意气用事，撬下属客户还理直气壮，强迫员工按自己的方式做事。给客户打电话不接，就换不同的电话打十几个。

在职场中，类似房似锦这类的领导者有很多，不能说这种领导方式不好，只能说存在缺陷。一个好的领导者不可能只要能赚钱的员工，也要看到其他员工的价值。因为这个世界上除了要有狼性，还要有开心、快乐、鼓励和被依靠，只有这样才能让工作更有人情味。尤其对于现在 90 后、00 后的新生代员工来说，他们可能更看重后者。

只讲人情不讲业务的企业是活不下去的，而只讲业务不讲人情的企业是不得人心的。作为领导者要有效学会“共情领导”，在与员工沟通交流、与客户相处时要以心换心、为别人的处境着想，只有这样才能引起对方的共鸣，才能与对方同频共振。

10.4.2 共情领导的秘诀，建立和谐亲密的团队关系

丹尼尔·戈尔曼在《情商：为什么情商比智商更重要》一书中说，爱与

工作是标志着人全面成熟的双重能力。哈佛大学精神病学家乔治·瓦力恩特说，爱、温暖和亲密关系会直接影响一个人的“应对机制”。每个人都难免会遇到挫折和挑战，一个被爱包围的人可以选择自嘲、运动流汗、和朋友 K 歌或者接受家人的抚慰和鼓励，从而迅速进入健康振奋的良性循环中，而不会沉湎于失败的沮丧当中。

因此，建立和谐、亲密的团队关系与提升团队员工的能力同样重要。员工在轻松愉悦、高效协同的团队中工作自然比内耗严重、尔虞我诈的团队中工作创造的效率要高。

1. 改变别人太难，先学会调适自己

领导者与下属相处的过程就跟夫妻相处一样，既需要相互理解包容，又需要讲究策略方法。我们不要总试图强迫改变下属，而应该用对方更容易接受的方式去影响他们。当你总想去改变别人时，你就把幸福的钥匙交到了对方手里，比如你总想小孩朝你期望的样子改变，可一旦小孩由于叛逆而出现不是你期望的情况，你就会变得很焦虑。但当你不去改变对方，而是去影响对方，这时幸福快乐的钥匙就掌握在你自己手上。

有一次，一个朋友问我：“管老师，问一下你家女儿为什么那么喜欢看书，而我家小孩从来都不喜欢主动看书，天天都是我逼着他做作业，你是怎么管的？”我笑了笑回答说：“我从来不逼着女儿写作业与看书，我只是自己喜欢看书，受我的影响她自然从小就喜欢看书。”

作为团队领导者，首先，应以身作则，要求下属做到的自己先做到；其次，不要总是喜欢做团队气氛的破坏者，不要天天以命令式、强迫式的口吻向员工发号施令，而要以心换心、与员工同频交流；第三，学会不断调适自己，通过自己的言行去影响下属而不是强迫他们。学会把看不惯的人和事看惯，这也是领导者的必修功课。

2. 减少内耗，改善团队信任与沟通文化

团队内耗、消极情绪是破坏团队和谐、亲密关系的“元凶”，团队内耗的主要原因是团队缺乏信任、没有良好的沟通机制造成的，从而出现团队成员间相互猜忌和斗争。信息不对称，沟通中普遍喜欢从自己的角度出发，本位主义思想严重。

因此，改善团队的信任关系与构建良好的沟通文化，能有效减少团队内耗，从而提升团队的运作效率。《论语·子路》曰：“君子和而不同，小人同而不和”，当大家在一起时，观点可以不一样，但一个真正的君子会认真倾听、理解和尊重他人的观点，同时也能坚持自己的观点。

团队冲突是不可避免的，适当的团队冲突还可能有助于团队的发展，但不良的团队冲突就有可能导致团队内耗与组织涣散。对于不良团队冲突，领导者就要采取适当的方法进行协调。

根据托马斯·基尔曼冲突模型，团队冲突会有5种表现形式：竞争、合作、回避、迁就和妥协。因此管理者在解决团队冲突时可采取5种方式，如图10-9所示。

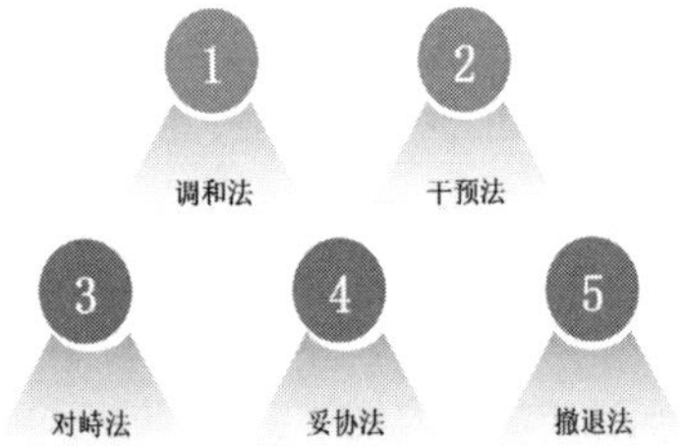

图 10-9　团队冲突解决5种方法

（1）调和法是指管理者运用调和的方式，减少双方之间的分歧，尽量对事不对人，把焦点放在那些双方能达成一致的地方。这也是解决团队冲突最好的方法。

（2）干预法是指管理者利用其权力终止冲突，强制冲突一方接受另一方的建议，或者听从管理者另外的建议安排，这是一种强制性的冲突解决办法，简单粗暴，有时也可能比较有效，但是会给团队造成一定的影响，因为下属要服从于权力，但并不意味着他们同意你的观点。

（3）对峙法也是解决冲突的有效方式之一，力求了解事情原委，揭露真相，将相关信息、事实全部呈现给冲突的双方，从而让双方平心静气地解决问题。这是一种永久的解决方案，这是项目经理最常用的冲突解决方法，直面问题本身，有效解决，甚至达到双赢的结局。

（4）妥协法是指管理者为化解团队冲突，承诺或答应当事人双方或其中一方的条件，从公司的角度给予更多帮助或补偿，这是管理者向团队成员示弱的一种冲突化解方式，这种方式不能多用，如果用得太多容易把员工惯坏而损坏组织利益。

（5）撤退法是指管理者面对团队成员能化解的小冲突或一些无法化解的冲突，暂时回避的一种冲突化解方式，这种方式有时也会有大用处，因为团队中不是所有的冲突都必须解决。高明的领导者有时会故意制造团队冲突来挑起团队内双方的 PK，让双方的权力相互制衡，这是领导的高阶艺术。

3. 激活士气，提升团队幸福感

幸福来自满足，而痛苦来自比较。曾经有一段时间网上曝光了一些大型公司的食堂，让各位网友羡慕不已，比如京东、阿里巴巴、华为等公司的食堂，简直就是吃货的天堂，天南地北的美食应有尽有，大家纷纷表示在这样的公司上班，员工简直太幸福了。

而另一部分网友更羡慕海底捞的员工，因为海底捞的企业文化让员工充满幸福感。海底捞的核心文化是尊重、信任和家的营造，尽量为员工创造公平公正的工作环境。海底捞特别善于管理人心，员工的工资在餐饮行业是偏高的；员工的宿舍与上班地点距离不到 20 分钟路程，都是标准公寓中的两三居室，房间配备电脑、洗衣机、空调、网络，还有专职的保洁负责打扫。若夫妻二人共同在海底捞上班，则提供单独房间。员工每年享受 12 天带薪年假，给绩优员工配备股份，这是对员工极大的激励。海底捞体面的生活，让员工从内心有了尊重感和幸福感。

因此，当企业真心打造“以人为本”的企业文化，从内心去尊重员工、欣赏员工，员工自然发自内心感到幸福，从而更好地服务顾客，为公司带来更多的效益。

同时，作为团队领导者要拓展团队成员的价值感来源，降低其对物质激励的依赖。如果一个人的价值感来源于多种渠道，那么即便在其中一个领域里没有得到满足，也不会有失落感，依然可以从其他渠道获得满足感。

2016 年 10 月 13 日，诺贝尔文学奖揭晓，美国艺术家鲍勃·迪伦获奖。尽管直到 9 月底，日本作家村上春树一直是提名名单中呼声最高的作家，但这次依旧是陪跑者，从2009年一直陪到2016年，整整7个年头，但村上春树依然没有失落感。

有人说他早期的作品里，看上去总是不带一点成功的欲望，是因为他开的酒吧保证了他物质层面的需要，所以做文学就有底气，还带着些许骄傲。年近70岁的村上春树除了写作和开酒吧，还爱好跑步和旅行，拥有一位他挚爱的妻子高桥阳子。

谈到陪跑诺贝尔奖，村上春树很旷达："诺贝尔奖并不重要，读者才是重要的。"

从村上春树的故事中我们可以看出，他能从写作之外的生活中找到意义和价值，这些也能给其带来快乐与愉悦。因此，作为团队领导者可以通过拓宽员工的价值感来源降低员工的幸福剥夺感，比如及时肯定员工在工作中的小成就、鼓励员工的特长与爱好、平时多组织团队活动与PK赛。

10.5 危机领导：带领团队在危难中突围

在VUCA时代，各种危机、各种不确定性频发，"黑天鹅""灰犀牛"事件不断出现。

GE前总裁，全球第一CEO杰克·韦尔奇在他的著作《赢》开篇就强调了危机："一场意外的灾难足以毁灭一个组织，人们经常会陷入恐慌的情绪中，实际业务反而陷入停顿。当危机发生时，只要公司是由人组成，就会有错误、争吵和愤怒。对于领导者来说，危机常常是自己职业生涯中最痛苦、最令人烦恼的经历。"对于GE这样的大公司而言，高层管理者最担心的不是日常运营，甚至不是战略方向，而是不期而至的各种危机。

10.5.1 适应不确定的快速变化环境

过去我们喜欢用"线性思维"来思考问题，因为之前的事物总是沿着事物的"线性"逻辑展开，是可以预测的，所以我们可以做各种准备。而现在事物越来越向"非线性"发展，越来越多的事情是突发的，不可预测的。我们身边有许多优秀的企业不是被同行打败，而是被跨界的"第三者"打败，比如曾经辉煌一时的百丽鞋业退市、富贵鸟破产、达芙妮没落，都是受线上电商销售的冲击造成的。

因此，有专家预测：未来所有的东西都将有可能处于失控状态，都是从固定不变的状态，变成不断迭代和更新的状态，充满各种不确定性。

《孙子兵法》曰："故兵无常势，水无常形，能因敌而取胜者，谓之神。"

因此，未来的领导者要快速适应外界的变化，能够根据外界的变化快速调整，做好各种应变准备，不断刷新自己的认知和状态。

中国还有一句古话："盛极必反，福祸相依"，往往在危难中存在巨大的机遇。古代善于作战的将领都非常懂得时机的把握，往往能反败为胜，以少胜多。2003 年的"非典"使得淘宝、京东、携程崛起，每一次大变革都意味着行业的洗牌，一批企业倒下，另一批企业重新崛起。

全球风险专家迪伦·埃文斯在其所著的《风险思维：如何应对不确定的未来》中提出，很多人会犯过度自信或信心不足相关的错误；过度自信是把不确定的事情视为确定的事情，而信心不足则是低估自己已经掌握的资料，总觉得资源不够齐全，不足以做出判断。有些人甚至将"过度自信"与"乐观"等同起来，它不应该站到风险思维的对立面。

10.5.2　学会反脆弱

纳西姆·尼古拉斯·塔勒布在畅销书《反脆弱：从不确定性中获益》一书中说："当我们面对不确定和波动的时候，反而变得越来越强大，并从中受益，这个能力就叫反脆弱能力。"

脆弱性的事物，遭受压力、随机、混乱和不确定时，往往会崩溃，比如一个玻璃杯子，摔一下就变成了碎渣，它是脆弱的。还有一些事物是介于脆弱与反脆弱之间，称其为强韧性，比如红木茶几，它具有坚固性和强韧性。

作为个体，如果我们能不断增强反脆弱性，就能更好地生存、发展。

俗话说："困难是检验能力的重要标准"。一个组织遇到问题才能验证其制度优劣，一个领导者遇到问题才能分辨其能力高低。

接下来从三个方面来讲解管理者提升反脆弱能力，分别是：强化经验与预见性、加强"熵减"管理、培养坚韧的性格，如图 10-10 所示。

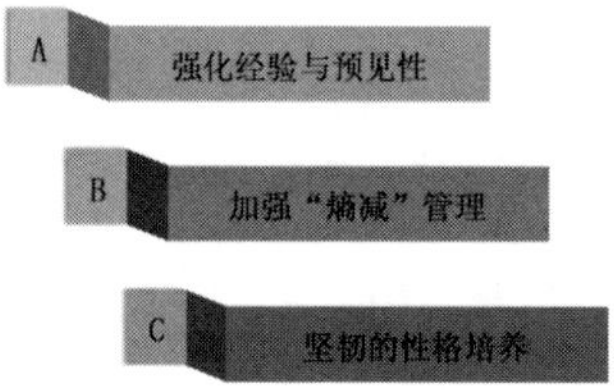

图 10-10　提升领导者的反脆弱能力

1. 强化管理经验与预见性

有人说在 VUCA 时代，经验已变得越来越成为领导者的负担，其实这是一种误解，因为根据《易经》"三易"原则中的"不易"原理得知：虽然世界万事万物都在不断变化中，但其本体、本质是不变的，企业经营也是如此。虽然外界商业环境不断变化，但经营的本质与规律是不变的，往往优秀的企业家经过长期的管理实践、经验沉淀将变为敏锐的商业视角和管理直觉，能有效预见外界环境的基本变化。

接下来看看 2019 年国内热映的《中国机长》背后的原型故事。

2018 年 5 月 14 日，川航一架 3U3688 飞机执行重庆至拉萨航班，机组成员发现右侧内风挡玻璃出现裂纹，立即申请返航。关键时候，力挽狂澜的是驾驶舱的机长刘传健和副机长徐瑞辰。在万米高空驾驶风挡玻璃脱落、座舱释压的极端罕见险情下，机组成员凭借着极少仍在工作状态的仪表，艰难地进行手动操作，最终使飞机平安降落，确保机上全体人员的安全，创造了世界民航史上的奇迹。

在如此生死关头能完成这么罕见的应急处理，源于机长刘传健 20 多年的战斗机飞行经验，原来机长刘传健是一名空军飞行员。在这场史无前例的困境之中，刘传健没有慌张，他小心翼翼地操作着每个动作。当时，机舱温度曾骤降到 −40℃，刘传健身着单衣，忍受着常人难以忍受的低温坚持飞行。危急时刻能把失压的飞机控制好，这需要丰富的经验、高超的技术和超强的心理素质。

我国的民用航空公司喜欢招募一些退役的空军飞行员，无疑这种选择是理性的。正因为空军飞行员具备这种高强度、高压力的飞行经验，再加上此前刘传健机长已经有超过百次以上飞行这条重庆至拉萨的航线经验，使得这次史诗级挽救成为可能。

在这样快速变化、移动互联的时代，很多人认为经验已经不再重要了，问题是你真的具备经验吗？你的经验含金量是多少？这是需要我们深思的课题。只有具备良好的经验，才具备较高的价值。

2. 熵减：团队的活力之源

多年前任正非在《一江春水向东流》文章里说过一句话："历史规律就是死亡，而我们的责任就是延长生命。"而"熵减"是华为应对危机管理的有效哲学、活力之源。

"熵"是热力学的概念，鲁道夫·克劳修斯发现热力学第二定律时，定义了"熵"。热量的传递是自动从高温向低温转移，在一个封闭系统里最终会达到热平衡，这个过程就叫"熵增"，平衡最后的状态就是"熵死"，也称热寂。热力学第二定律也被称为"熵增定律"。

后来不同学科的科学家又发表了多种表述。比如量子物理学和现代生物学的奠基人欧文·薛定谔 1943 年在三一学院的演讲《生命是什么》中提到"自然万物都趋向从有序到无序，即熵值增加。而生命需要通过不断抵消其生活中产生的正熵，使自己维持在一个稳定而低的熵水平上，生命以负熵为生。"

2014 年 9 月，华为发布了《华为之熵，光明之矢》的邮件，系统阐述了华为的"熵减"理论。强调封闭的系统导致熵增，开放的系统才有可能导致熵减。于是华为在耗散结构的基础上提出了华为活力引擎模型（包括开放性、远离平衡、非线性三个主要特征），即要消耗掉企业多余的能量，打破企业平衡静止的超稳态，保持开放。于是华为又提出了两个管理概念：厚积薄发与合作开放。

因此，广大的企业管理者要学习华为的"熵减"管理哲学，加强组织内部的开放与流动，通过删除、开放、迭代的方式来激活团队的活力。比如，及时删除团队中没有责任感、负能量、不务正业的员工；引进竞争机制，发挥鲶鱼效应，保持团队的活力；通过不断的产品与管理创新、迭代来提升公司的核心竞争力。

3. 培养坚韧的领导性格

应对外界越来越快的变化，培养坚韧的领导性格是培养我们反脆弱能力的重要工作之一。作家三毛说过，苦难对我们成了一种功课，一种教育，你好好利用了这苦难，就是聪明。梁启超先生说：“患难困苦，是磨炼人格之最高学校。”华为任正非也说：“烧不死的鸟就是凤凰。”

时止则止，时行则行，动静不失其时，其道光明。意思是说，在应该停止的时候就停止，在应该行动的时候就行动，行动或停止都不失最好的时机，这样就会前途光明。作为领导者，面对外界巨变，唯有磨炼自己百折不挠的品质，快速应变与突围才能使自己立于不败之地。

10.6 工作中修行：成就自己，成就团队

稻盛和夫说“工作是修行的最好道场”，明朝“一哥”王阳明也说“勤在事上磨，方能立得住”。领导者所从事的工作本身就是自己修行的功课，只有领导者自身的能力、格局、修为远超团队下属，才能持续有资格站在领导岗位上，才能避免下属在背后议论：“天天扯着虎皮当大旗，没能力站在领导岗位上就知道瞎嚷嚷，要是我坐在那位置上，可能比他做得要好得多。”

10.6.1 在工作中修炼自己

想要成为未来的领导者，在工作中可以从 4 个方面来修炼自己，分别是深度工作、复盘反思、知行合一、情商修炼，如图 10-11 所示。

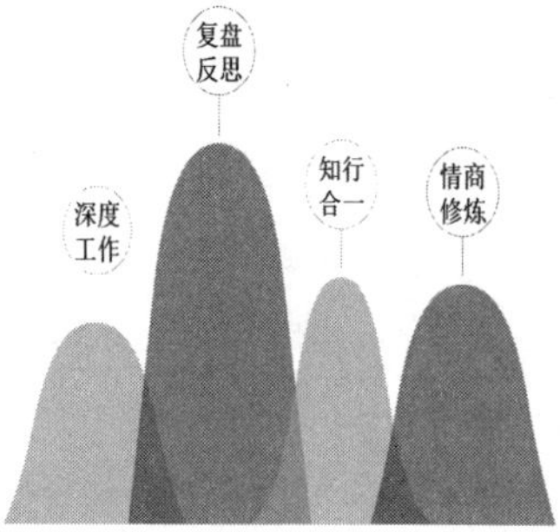

图 10-11 在工作中修炼自己四维度

1. 深度工作，专注极致

将军赶路，不追小兔。专注与聚焦才能让你变得更加优秀。如今知识经济时代下，时间成为一种稀缺资源。俗话说：时间在哪里，结果就在哪里。领导者要养成深度工作的习惯，以提升自己的工作效能，避免成天忙于一些简单低效的重复性工作。彼得•德鲁克在《有效的管理》中说过，有效工作者必须先做首要的事情，而且要专一不二，不参与、不接触与自己无关的小事，以保证集中时间和精力做计划中重要的事情，进入高效工作模式。因此，有人说：深度工作是走向成熟的标志。

麻省理工大学计算机博士卡尔·纽波特在他的著作《深度工作：如何有效使用每一点脑力》中提出“深度工作”的概念，指的是在无干扰状态下，专注进行职业活动，使个人的认知能力达到极限。这种努力能够创造新价值，提升技能，而且难以复制。深度工作是我们在碎片化时代取得成就的核心技能。

“深度工作”理念的运用在各个领域的专家身上非常普遍。

比尔·盖茨每年都要进行两次“思考周”，在这段时间里，他会远离城市，通常是去自己的湖边小屋，用大段完整的时间读书，思考未来互联网的方向。在 1995 年的一次思考周中，比尔·盖茨写下了著名的“互联网浪潮”备忘录，给微软公司注入了新活力。

2. 反思与复盘

以前人们说：“失败是成功之母”，现在我们应将其改为“总结反思与复盘才是成功之母”。复盘最早源于古代围棋，现广泛应用于管理领域，联想集团将“复盘”作为三大主要工作方法之一，从 2001 年开始推广，使业绩迅速增长。复盘是一种提取经验的高效方法，其核心价值是“避免在同一个地方再次摔倒”，其关键在于：不断优化假设、不断获得事物的本质规律、不断获得个人原则与信念体系、持续优化自己的决策系统。

复盘一般包括回顾目标、评估结果、分析原因、总结经验，如图 10–12 所示。

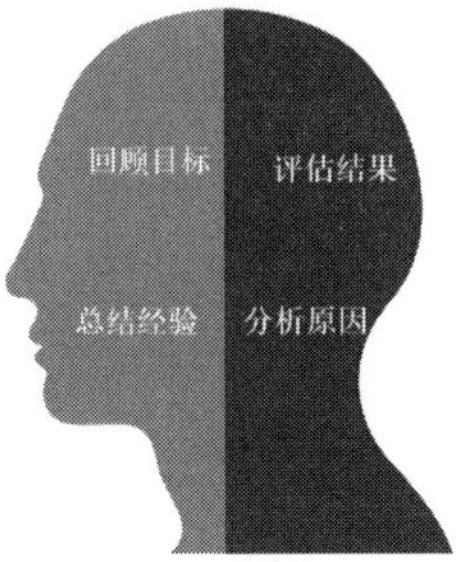

图 10-12 管理复盘常见 4 步框架

复盘又可分为事件复盘、方法论复盘和价值观复盘。事件复盘是对过去的事件进行总结复盘，以总结其中的成功经验或失败教训，有时失败的教训对管理更有价值。方法论复盘是对过去工作中的优秀方法或失败方法进行复盘，重点是对工作中的方法进行有效的提炼、总结。价值观复盘就是通过复盘不断筛选管理者在做决策、判断时价值观的正确性，从而提升管理者以后做决策的速度与正确性。

3. 知行合一

王阳明先生在《传习录》中说道："知行合一，止于至善。知是行之始，行是知之成。"意思是说，以"知"为指导的"行"才能行之有效，脱离"知"的行动是盲目的；同样，以"行"验证的"知"才是真正的"知"，脱离"行"的"知"是空知。

知行合一是领导者核心修炼要素之一，彼得·德鲁克说"管理不在于知，而在于行"，因此管理是一门实践的艺术，领导者要努力践行"知行合一""学以致用"理念，说得好不如做得好，避免养成"夸夸其谈"的弊病。

4. 情商的修炼

情商的修炼是领导者软实力的打造，智商高、情商高的领导者在职场能如鱼得水。但高情商不意味着在职场拉帮结派、一味做老好人讨别人喜欢，而是有理有节，做人做事都恰到好处。

领导者在职场要重点修炼情商的以下 4 个维度：同理心表达、换位思考、适当示弱和有效的自我情绪管理，如图 10-13 所示。

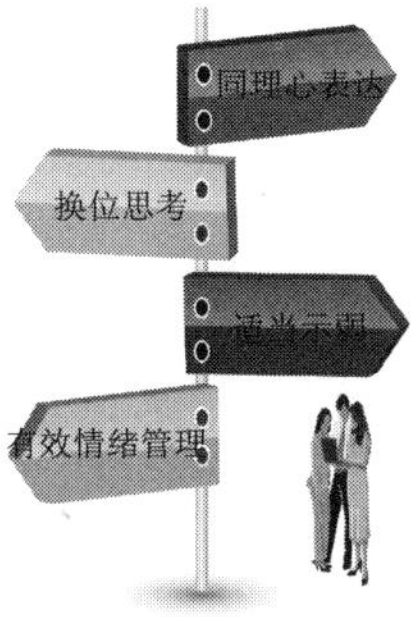

图 10-13　领导者职场情商修炼

我的一个朋友是某公司 HRD，他以前经常抱怨他的老板特别强势，是典型的老虎性格，曾经有一段时间两人之间配合得不太好，很郁闷，工作很不顺利。后来，我朋友进行了反思，换了一种和领导相处的方式，结果柳暗花明。以前自己处处展现得很专业，觉得领导不一定比自己了解情况、不懂 HR 专业，现在在上级面前不这样了，而是会适度示弱，甚至会认错。结果也赢得了领导的尊重与示弱。

10.6.2　在管理中成就他人

当组织运转到一定规模后，组织的许多弊端就会呈现出来，比如管理体制不完善、激励机制不健全、监督不到位、组织官僚化、内耗严重等，其实根本原因不在于此，而在于领导者要明确管理之道。管理之道重于“渡人”，因为企业的一切都是由人在操作，人对了，企业就对了。佛教中有言：“一切事、一切人、一切时、一切境、一切物皆为修行的好道场。”

电影《肖申克的救赎》里有一句经典台词：“强者自救，圣者渡人。”作为领导者，不仅要成为自救者，更要成为渡人者。

1. 善于识人、用人

善于识人、用人是领导者渡人的第一步，下面看一下郎平的人才任用之道。

2019 年，郎平带领的中国女排完成了 11 连胜的壮举，成功卫冕，十度成为世界冠军，感动了无数中国人。回顾中国女排的胜利，首功就在于郎平会用人，她的排兵布阵深思熟虑，敢于启用敢闯敢拼的新人，发掘了朱婷在内的多名新秀。同时，针对每个人的特点，要求她们发挥相应的作用。

郎平也非常重视教练组及后勤保障队伍的建设，像西方强队一样进行配置，由主教练、助理教练、陪打教练、医生、康复师、体能师、营养师、信息情报研究、数据统计等专业人才组成。

同时，郎平为团队制定良好的机制，建立信任合作的文化。每次参加国家队集训的也有二三十人，老中青结合，每个位置总是保持三四人在竞争，老队员和年轻队员在一起，可以传授经验，帮助年轻队员成长。同时，郎平带领的教练组不惧怕挑战，主动积极和队员们敞开心扉沟通，整个团队的氛围向着良性方向发展。

2. 帮助员工制定目标

目标对于人的向导价值犹如灯塔对于船的指引，一个员工的发展、一个团队的执行力如何，从是否科学合理地设定明确的目标和制订精准的计划开始。

明朝王阳明先生在龙场悟道后，在龙冈书院向学生提出了“立志、勤学、改过、责善”的四事教条，规劝教导学生成圣成贤，并且把“立志”放在了四事之首。先生说：“志不立，无下无可成之事。”意思是志不立，如无舵之舟，无衔之马，人生会迷失方向，会失去目标，终日漂荡奔逸，终将一事无成。

孟子也说：“志，气之帅也！”所以说立志、树立目标是人生成功的根本，在此基础上不断拓展自己的职业，努力发展自己的能力，最终才能成就精彩的人生。

现在有些职工缺乏明确的职业目标，喜欢自由散漫的工作状态，作为管理者应帮其树立明确的目标，并辅导其职业生涯规划，将大大有利于员工的稳定与健康发展。既能打造和谐的上下级关系，完成组织目标，又能帮助员工有目标地成长。

3. 引导员工向善

任何人都有两面性，每个人心中既住着一个天使，又住着一个魔鬼。因此员工管理有两大维度：一是用规章制度、机制来约束员工“恶”的一面，二是用道德与文化来感化员工以提升其“善”的一面。

因此，管理的本质就是致良知，激发员工的善意，引导其正确的思想与行动。好的管理就是《道德经》里说的：“功成事遂，百姓皆谓我自然。”当企业里人人都践行良知、遵守纪律时，我们的员工就会说，这些事情不是领导让我做的，而是我们自然就应该做的，这也是新范式的管理。所以，管理的本质不是在“管”，而是在“理”。

正如意大利艺术家米开朗琪罗•博那罗蒂所说：“大卫本来就在石头里面，我只不过凿掉了他身上多余的部分。”良知本来就在每个人的心里，团队中每个员工把私欲去除，留下的就是一心一意为公司谋发展的公心。

参考文献

[1] 李海峰，彭洁 . 赢得欣赏，在社交圈收获好人缘 [M]. 北京 : 机械工业出版社 ,2018.
[2] 郑振佑 . 教练领导力的概念与基础 [M]. 北京 : 电子工业出版社 ,2017.
[3] 田俊国 . 赋能领导力 [M]. 杭州 : 浙江人民出版社 ,2017.
[4] DISC 双证班社群 . 百万年薪，培训师进阶之路 [M]. 北京 : 电子工业出版社 ,2018.
[5] 段烨 , 晋纪书 . 看不懂人，怎么带团队 [M]. 北京 : 北京联合出版社 ,2016.
[6] 黄俊华 . 教练的智慧，成就每颗心 [M]. 北京 : 北京联合出版社 ,2015.
[7] 惠特默 . 高绩效教练 [M]. 林菲，徐中，译 . 北京 : 机械工业出版社 ,2013.
[8] 李筱懿 . 情商是什么，关于生活智慧的 44 个故事 [M]. 杭州 : 浙江文艺出版社 ,2018.
[9] 戈尔曼 . 情商（实践版）[M]. 杨春晓，译 . 北京 : 中信出版社 ,2012.
[10] 李中莹，舒瀚霆 . 心智力，商业奇迹的底层思维 [M]. 北京 : 电子工业出版社 ,2018.
[11] 陈春花 . 管理的常识 [M]. 北京 : 机械工业出版社 ,2010.
[12] 刘澜 . 领导力必修课 , 动员团队解决难题 [M]. 北京 : 北京联合出版社 ,2019.
[13] 孟德凯 . 中层领导力白金手册 [M]. 北京 : 民主与建设出版社 ,2018.
[14] 陈丰 . 制胜，从知到行的精进之路 [M]. 北京 : 金城出版社 ,2019.
[15] 周月亮 . 心学大师王阳明 [M]. 北京 : 长江文艺出版社 ,2012.
[16] 考夫曼 . 穷查理宝典：查理 • 芒格智慧箴言录 [M]. 李继宏，译 . 北京 : 中信出版社 ,2016.
[17] 李善友 . 第二曲线创新 [M]. 北京 : 人民邮电出版社 ,2019.
[18] 李增翔 . 管理就是解决问题 .[M]. 北京 : 金城出版社 ,2018.
[19] 赵昂 . 洞见 .[M]. 北京 : 文化发展出版社 ,2018.
[20] 宋振杰 . 做管理就是带员工带队伍 .[M]. 北京 : 人民邮电出版社 ,2014.